Verfahrensrechte in der Europäischen Fusionskontrolle

Europäische Hochschulschriften

Publications Universitaires Européennes
European University Studies

Reihe II
Rechtswissenschaft

Série II Series II
Droit
Law

Bd./Vol. 3662

PETER LANG
Frankfurt am Main · Berlin · Bern · Bruxelles · New York · Oxford · Wien

Silke Korth

Verfahrensrechte in der Europäischen Fusionskontrolle

PETER LANG
Europäischer Verlag der Wissenschaften

Bibliografische Information Der Deutschen Bibliothek
Die Deutsche Bibliothek verzeichnet diese Publikation in der Deutschen Nationalbibliografie; detaillierte bibliografische Daten sind im Internet über <http://dnb.ddb.de> abrufbar.

Zugl.: Kiel, Univ., Diss., 2003

D 8
ISSN 0531-7312
ISBN 3-631-51033-0

www.peterlang.de

Meinen Eltern

und Jochen in Dankbarkeit gewidmet

Vorwort

Die vorliegende Arbeit wurde im September 2002 abgeschlossen und lag der Rechtswissenschaftlichen Fakultät der Christian-Albrechts-Universität zu Kiel im Wintersemester 2002/03 als Dissertation vor.

Bedanken möchte ich mich sehr herzlich bei meinem Doktorvater, Herrn Prof. Dr. Dr. R. Hofmann, für seine stete Bereitschaft zur Unterstützung dieser Arbeit. Insbesondere für sein Engagement im Hinblick auf die Aktualität des Themas möchte ich ihm danken.
Herrn Prof. Dr. J. Jickeli danke ich sehr für die äußerst zügige Erstellung des Zweitgutachtens.

Mein aufrichtiger Dank gilt zudem Herrn Dr. H. Schröter, aus dessen Anregungen das Thema dieser Dissertation hervorging. Seine immerwährende Bereitschaft zu konstruktiven Gesprächen erhöhte nicht nur den Wert dieser Arbeit, sondern ebenfalls meine Motivation.

Für ihren jeweiligen Beitrag zum Gelingen dieser Dissertation und ihre Zeit für ausgiebige Gespräche möchte ich den jeweiligen Firmenvertretern, den Rechtsanwälten der angesprochenen internationalen Kanzleien sowie Frau E. Müller vom Bundeskartellamt und Herrn Dr. A. Möhlenkamp vom Bundesverband der Deutschen Industrie e.V. danken.

Herrn Prof. Dr. Dr. U. Immenga möchte ich für die Teilnahme an seinem Seminar danken, die mir die Gelegenheit gab einige Ansätze meiner Arbeit zu diskutieren.

Außerdem danke ich Sebastian Hanelt, der mir bei allen Problemen der Informationstechnologie immer hilfreich zur Seite stand.

Schließlich gilt mein besonderer Dank meinen Eltern für ihre liebevolle Unterstützung während meiner gesamten beruflichen Ausbildung sowie meinem Verlobten Jochen Marx für seine Geduld und sein Verständnis in den Stunden einer genervten Doktorandin. Ohne ihre Unterstützung wäre dies nicht möglich gewesen.

Inhaltsverzeichnis

Einleitung: Gegenstand und Ziel der Untersuchung

Eine erfolgreiche Wirtschaft beruht auf einem ausgeglichenen Verhältnis von Unternehmenskonzentration und Wettbewerb. „Denn nur unter Wettbewerb ist die ständige Suche nach Verbesserungen und neuen Lösungen gewährleistet, die Fortschritt und Wachstum sichert.“[1]
Das Instrument der europäischen Zusammenschlusskontrolle dient dazu, Zusammenschlüsse von gemeinschaftsweiter Bedeutung einer Kontrolle zu unterwerfen, um oligopolistische Marktstrukturen zu verhindern und somit den Wettbewerb im Gemeinsamen Markt zu sichern.
Werden Zusammenschlüsse jedoch nicht innerhalb eines möglichst kurzen Zeitraumes vollzogen, so können die ökonomischen und industriellen Vorteile eines Zusammenschlusses aufgrund der Änderungen der Wirtschaftslage kaum noch in dem Maße genutzt werden, wie es ursprünglich von den Unternehmen vorgesehen war. Deshalb ist „Schnelligkeit ein wesentlicher Erfolgsfaktor: Je länger sich das Genehmigungsverfahren hinzieht, umso schlechter werden die Startvoraussetzungen für das Zusammenwachsen“[2]. Diese Tatsache setzt alle Beteiligten unter erheblichen Zeitdruck. Das System der europäischen Zusammenschlusskontrolle wird deshalb aufgrund des engen Fristengefüges sehr geschätzt. Es ist aber zu hinterfragen, ob und wie es gelingt, den anmeldenden Parteien im Rahmen einer kurzen Verfahrensdauer auch angemessene Verfahrensgarantien zu sichern.

Der Arbeit liegt deshalb folgende Überlegung zugrunde:
Das Verfahren der Fusionskontrolle sollte so ausgestaltet sein, dass ein Ausgleich zwischen den folgenden Komponenten erreicht wird. Auf der einen Seite muss es ein möglichst kurzes Verfahren geben, welches dem Zeitdruck der anmeldenden Parteien gerecht wird. Andererseits muss das Verfahren ungeachtet dieses enormen Zeitdrucks möglichst umfangreiche Strukturen zur angemessenen Wahrung und Sicherung der Verfahrens- und Verteidigungsrechte der beteiligten Unternehmen aufweisen. Wichtig ist hierbei zu klären, ob die Rechte der Parteien aufgrund eines Kompromisses zugunsten der Kürze des Verfahrens nicht zu stark beschnitten sind und eine ausreichende Gewährleistung mithin nicht gegeben ist. Untersucht werden hierbei nur die Rechte der anmeldenden Parteien, die am Verfahren unmittelbar beteiligt sind.

Um einen Einblick in das europäische Fusionskontrollverfahren zu erhalten, erfolgt im ersten Teil neben der Darstellung der Verfahrensstruktur zunächst ein kurzer Überblick über die Entstehungsgeschichte sowie die materiellrechtlichen Grundzüge der Fusionskontrollverordnung. Die Erläuterung des Verfahrens dient

---

[1] Schrempp in: Megafusionen – eine neue Herausforderung für das Kartellrecht, S. 54 (56).
[2] Schrempp in: Megafusionen – eine neue Herausforderung für das Kartellrecht, S. 54 (65).

dazu, die zugrundeliegenden Strukturen, Fristen und Begriffe vorzustellen, welche Grundlage der Untersuchung im zweiten Teil sind.
Im zweiten Teil wird durch die Untersuchung der Problembereiche der einzelnen Elemente des Verfahrens geklärt, ob eine Balance der zwei Komponenten (kurze Verfahrensdauer vs. umfangreiche Verfahrensstrukturen zur Sicherstellung der Verfahrensrechte) im gegenwärtigen System der Fusionskontrolle erreicht wird. Ferner dient die Untersuchung des neuen Mandats des Anhörungsbeauftragten aus dem Jahre 2001 dazu, die Auswirkungen auf die Verfahrensrechte der Parteien zu überprüfen. Als Schwerpunkt der Arbeit werden hierbei die nach dem Methodikteil gewonnenen Informationen aus der Praxis ausgewertet und in die Beurteilung mit einbezogen. Die Fragestellung, der sich diese Arbeit widmet, ist es daher, anhand der Ergebnisse, die die Gespräche mit Unternehmen, Beamten, Wirtschaftsvertretern und Kanzleien ergaben, die gegenwärtige Situation der Verfahrensrechte betroffener Parteien in der Fusionskontrolle abzubilden und etwaige Schwächen ausfindig zu machen. Durch die umfassende Auseinandersetzung mit möglichst unterschiedlich Beteiligten soll trotz der Konzentration auf die Frage nach der Gewährleistung der Verfahrensrechte für die anmeldenden Parteien eine einseitige Ausrichtung vermieden werden. Der Analyse schließen sich dann je nach Bedarf Lösungsvorschläge zur Optimierung des Verfahrens hinsichtlich einer bestmöglichen Effizienz im Sinne einer umfangreichen Gewährung von Verfahrensrechten innerhalb möglichst kurzer Zeit an.

Teil 1: Das Europäische Fusionskontrollverfahren – Historie, Inhalt und Verfahrensstruktur

A. Geschichtliche Entwicklung der europäischen Fusionskontrolle

„Eine Analyse der Marktstrukturen in der Gemeinschaft zeigt, dass sich der Konzentrationsprozess beschleunigt und der Konzentrationsgrad derart zunimmt, dass die Aufrechterhaltung eines wirksamen Wettbewerbs im Gemeinsamen Markt in Frage gestellt und damit die Verwirklichung des in Art. 3 Buchstabe g (ehemals f) umschriebenen Zieles gefährdet werden könnte. Es ist daher erforderlich, Unternehmenszusammenschlüsse einer systematischen Kontrolle zu unterwerfen."
Diese Zeilen stammen aus den Erwägungsgründen der Europäischen Kommission zum ersten Vorschlag für eine einheitliche europäische Fusionskontrolle von 1973.[3] Bereits damals, so zeigt diese Passage, ist die Kommission von einer dringenden Notwendigkeit der Regelung von Unternehmenszusammenschlüssen ausgegangen.
Und doch dauerte es daraufhin noch sechzehn Jahre bis die Verordnung Nr. 4064/89 über die Kontrolle von Unternehmenszusammenschlüssen[4] nach zähen Verhandlungen am 21. Dezember 1989 vom Rat der Europäischen Gemeinschaften verabschiedet werden konnte. Sie stellte einen lang diskutierten Kompromiss politischer Interessen der damals zwölf Mitgliedstaaten im Hinblick auf eine einheitliche europäische Fusionskontrolle dar und trat gemäß Art. 25 Abs. 1 Fusionskontrollverordnung (im Folgenden: FKVO) am 21. September 1990 in Kraft.[5]

Ausschlaggebend für derartige Verzögerungen waren insbesondere zwei Faktoren, auf die im weiteren Verlauf der Arbeit noch weiter eingegangen werden soll. Zum einen befürchteten die Mitgliedstaaten eine erhebliche Einbuße ihrer Souveränität[6]. Zum anderen bestanden bereits seit Beginn der Verhandlungen in den verschiedenen Mitgliedstaaten sehr konträre Auffassungen bezüglich der Konzeption einer Fusionskontrolle und die damit einhergehende Zusammenschlusspolitik[7]. Diese Spannungen mussten derart gelöst werden, dass die Vereinigung der einzelnen Zugeständnisse das Ziel der Aufrechterhaltung des wirksamen Wettbewerbs auf dem Gemeinsamen Markt erreichte. Wichtig war in diesem Zusammenhang jedoch, dass der Kompromiss nicht nur den kleinsten gemeinsamen Nenner der

---

3 ABl. EG, Nr. C 92 vom 31.10.1973, S. 1.
4 ABl. EG, Nr. L 395 vom 30. Dezember 1989 – berichtigte Fassung ABl. EG, Nr. L 257 vom 21.09.1990, S. 13.
5 Schröter in: GTE, 4. Auflage, Bd. 2, Art. 87 EWGV – Zweiter Teil Rn. 250.
6 Stockenhuber, Die Europäische Fusionskontrolle, S. 59.
7 Zilles, Die Anfechtungslegitimation von Dritten im europäischen Fusionskontrollrecht, S. 33.

verschiedenen Auffassungen darstellte, sondern stattdessen ein Höchstmaß an Effizienz gewährte.
Die nunmehr 1989 verabschiedete Fusionskontrollverordnung gab der Kommission ein neues Instrument zur Wahrung eines wirksamen Wettbewerbs und zum Schutz vor Verfälschungen innerhalb des Binnenmarktes.
Um die Gründe für die Notwendigkeit und die Bedeutung der verabschiedeten Verordnung erfassen zu können, wird auf den folgenden Seiten die bisherige Praxis vor Entstehung der Verordnung sowie die daraus resultierende Entwicklung dieser erläutert.

I. Historie / Bisherige Rechtsanwendung

Im Gegensatz zum Vertrag der Europäischen Gemeinschaft für Kohle und Stahl (im Folgenden EGKS-Vertrag), der in Art. 66 eine Fusionskontrolle für Unternehmen der Montanunion vorsah, waren im Vertrag der Europäischen Wirtschaftsgemeinschaft (im Folgenden EWG-Vertrag) ursprünglich keine Vorschriften hinsichtlich einer Zusammenschlusskontrolle enthalten. Der Grund dafür lag in der Tatsache, dass die seinerzeit sechs bei Ausarbeitung des EWG-Vertrages beteiligten Staaten 1957 selbst über keine derartigen Regelungen verfügten und zu dem damaligen Zeitpunkt auch keine Veranlassung zu derartigen Vorschriften im Bereich der Wirtschaft auf europäischer Ebene sahen.[8] Die Regelungen zum Wettbewerbsrecht auf europäischer Ebene beschränkten sich damals somit auf das Kartellverbot, den Missbrauch einer marktbeherrschenden Stellung sowie die Vorschriften über öffentliche Unternehmen und Beihilfen.
Problematisch war daran jedoch, dass der Kommission somit im Bereich der Zusammenschlusskontrolle kein Instrument zur Aufrechterhaltung eines wirksamen Wettbewerbs an die Hand gegeben war. Es war demnach schwierig die in Art. 3 Buchstabe g (ehemals Buchstabe f) des Vertrags der Europäischen Gemeinschaften (im Folgenden: EGV) beschriebene Aufgabe der Errichtung eines Systems, welches den Wettbewerb vor Verfälschungen schützt, zu erfüllen. Für das Erreichen dieses Zieles musste die Kommission allerdings uneingeschränkt auch vor Inkrafttreten der Fusionskontrollverordnung 1990 Sorge tragen. Neben der in den vorhandenen Artikeln 81 und 82 EGV geregelten Verhaltenskontrolle bzgl. des Verbots wettbewerbsbeschränkender Vereinbarungen und Abstimmungen, musste es deshalb gelingen, ebenfalls eine das externe Unternehmenswachstum betreffende Marktstrukturkontrolle durchzuführen[9]. Grund für diese Auffassung war die

[8] Grund für die Fusionskontrolle im Rahmen des EGKS-Vertrags waren politische Zielsetzungen und nicht ordnungspolitische Überlegungen. Es sollte lediglich die erneute Konzentration der deutschen Ruhrindustrie verhindert werden, Caspari/Schwarz in: Festschrift für Benisch, S. 383 (383).
[9] Lampert, Die Anwendbarkeit der EG-Fusionskontrollverordnung im Verhältnis zum Fusionskontrollrecht der Mitgliedstaaten, S. 147; Axster in: Festschrift für Quack, 569 (569 f.).

Erkenntnis im Gemeinsamen Markt, dass eine funktionierende Wettbewerbsordnung nicht allein auf eine Verhaltenskontrolle gestützt werden kann, sondern ebenfalls eine Strukturkontrolle umfassen muss[10]. Nur so konnten schädliche Veränderungen der Marktstruktur, wie sie zum Beispiel bei Unternehmenszusammenschlüssen, durch die eine beherrschende Stellung auf dem Gemeinsamen Markt begründet oder verstärkt wird, auftreten können, verhindert werden[11]. Um diese Aufgabe zu erfüllen, blieb – mangels ausdrücklicher Regelung einer Zusammenschlusskontrolle – allerdings vor 1990 nur die Möglichkeit, den Weg über die vorhandenen Vorschriften des Vertrags der Europäischen Gemeinschaften zu nehmen.

Für die Durchführung einer derartigen Fusionskontrolle kamen insbesondere zwei der vorhandenen Wettbewerbsvorschriften in Frage. Eine Möglichkeit stellte die Anwendung der Regelung des Verbots wettbewerbshindernder Vereinbarungen dar, Art. 81 EGV (Amsterdamer Fassung, früher Art. 85). Zum anderen schien ebenfalls eine Kontrolle über die Anwendung des Art. 82 EGV (Amsterdamer Fassung, früher Art. 86), den Missbrauch einer den Markt beherrschenden Stellung, denkbar.[12]
Bereits von Anfang an war allerdings umstritten, in welchem Umfang die Kontrolle von Zusammenschlüssen auf diese Artikel gestützt werden konnte[13].

1. Das „Continental Can" - Urteil, Art. 82 EG-Vertrag

Gemäß Art. 82 EGV ist die missbräuchliche Ausnutzung einer beherrschenden Stellung auf dem Gemeinsamen Markt oder auf einem wesentlichen Teil desselben durch ein oder mehrere Unternehmen mit dem Gemeinsamen Markt unvereinbar und verboten, soweit dies dazu führen kann, den Handel zwischen Mitgliedstaaten zu beeinträchtigen. Demnach untersagt Art. 82 EGV zwar die missbräuchliche Ausnutzung einer beherrschenden Stellung, nicht aber deren Begründung.
Bereits in ihrer 1966 veröffentlichten Studie „Das Problem der Unternehmenskonzentration im Gemeinsamen Markt"[14] hat die Kommission die Anwendbarkeit

---

[10] Axster in: Festschrift für Quack, 569 (570).
[11] Verordnungsvorschlag von 1973, erste bis neunte Begründungserwägung, ABl. EG, Nr. C 92 vom 31.10.1973, S. 1; Schröter in: GBTE, 3. Auflage, Bd. 1, Art 86 EWGV Rn. 65.
[12] Kerber, Die Europäische Fusionskontrollpraxis und die Wettbewerbskonzeption der EG, S. 6.
[13] Lampert, Die Anwendbarkeit der EG-Fusionskontrollverordnung im Verhältnis zum Fusionskontrollrecht der Mitgliedstaaten, S. 147.
[14] Vgl. Europäische Kommission, Das Problem der Unternehmenskonzentration im Gemeinsamen Markt, Kollektion Studien, Reihe Wettbewerb Nr. 3, Brüssel 1966, abgedruckt in: WuW 1966, S. 330 ff.

des Artikel 82 EGV auf Unternehmenszusammenschlüsse grundsätzlich bejaht[15]. Ebenfalls schlug sich diese Auffassung in der Entscheidungspraxis der Kommission 1971 im Fall des Unternehmenszusammenschlusses „Europemballage Continental Can“[16] nieder. Darin heißt es, dass ein Missbrauch im Sinne des Art. 82 EGV vorliege, „wenn durch den Zusammenschluss eines beherrschenden Unternehmens mit einem anderen die beherrschende Stellung derart verstärkt wird, dass der Wettbewerb, der trotz der anfänglichen beherrschenden Stellung tatsächlich oder potentiell fortbestanden hätte, für die betreffenden Waren in einem wesentliche Teil des Gemeinsamen Marktes praktisch ausgeschaltet wird“.[17] In dem beschriebenen Fall ging es darum, dass Continental Can auf den Märkten der Leichtverpackungen für Fleisch- und Fischkonserven und der Metallverschlüsse für Einmachgläser bereits eine beherrschende Stellung innehatte und nun den Erwerb der Mehrheitsbeteiligung am letzten selbständigen europäischen Konkurrenzunternehmen anstrebte[18]. Dadurch wäre der Wettbewerb praktisch zum Erliegen gekommen.

Zwar hob der Europäische Gerichtshof (im Folgenden: EuGH) diese Entscheidung 1973 aus Gründen der fehlerhaften Marktabgrenzung auf, er billigte jedoch die von der Kommission dargestellten Rechtsgrundsätze und dehnte darüber hinaus ihren Anwendungsbereich noch aus[19]. Es sei nicht einmal erforderlich, dass der Wettbewerb praktisch vollkommen ausgeschaltet werde, es genüge, „dass der Wettbewerb so wesentlich beeinträchtigt werde, dass die verbleibenden Wettbewerber kein ausreichendes Gegengewicht mehr bilden“[20].

Der Fall „Continental Can“ besaß somit eine über den Einzelfall hinausgehende Bedeutung und kennzeichnete den Anfang einer europäischen Fusionskontrolle auf der Grundlage des EG-Vertrages[21].

a) Tragweite der Entscheidung

Die Besonderheit des „Continental Can“ Falles lag darin, dass die Marktanteile sehr hoch lagen und eine dementsprechend hohe Eingreifschwelle der Kommissi-

---

[15] Europäische Kommission, Das Problem der Unternehmenskonzentration im Gemeinsamen Markt, in: WuW 1966, 330 (346).

[16] Entscheidung der Kommission vom 9. Dezember 1971 – IV/26811, ABl. EG, Nr. L 7 vom 8.1.1972, S. 25 = WuW/E EV 353.

[17] ABl. EG, Nr. L 7 vom 8.1.1972, S. 25, 37.

[18] ABl. EG, Nr. L 7 vom 8.1.1972, S. 25 ff.

[19] EuGH, Urteil vom 21.2.1973, in der Rs. 6/72 „Europemballage Corporation und Continental Can Inc. gegen Kommission der Europäischen Gemeinschaften“, Slg. 1973, 215 (240 ff).

[20] EuGH, a.a.O., Slg. 1973, 215 (247).

[21] Lampert, Die Anwendbarkeit der EG-Fusionskontrollverordnung im Verhältnis zum Fusionskontrollrecht der Mitgliedstaaten, S. 149.

on erreicht wurde[22]. Darauf folgende Fälle konnten jedoch kaum an dieser hohen Eingreifschwelle gemessen werden, so dass, trotz der Untersuchung auch weiterer Zusammenschlüsse anhand von Art. 82 EGV[23], keiner der Fälle seit der „Continental Can“ – Entscheidung mehr untersagt wurde[24]. Einzig durch Androhen des Eingreifens auf der Grundlage von Art. 82 EGV seitens der Kommission konnten einige größere Zusammenschlüsse verhindert oder zumindest durch Zusicherungen der beteiligten Parteien abgeändert werden[25].
Die Tragweite einer Fusionskontrolle anhand des Art. 82 EGV war somit trotz der grundsätzlichen Anerkennung seiner Anwendung auf Zusammenschlüsse gering.

b) Unzulänglichkeiten einer Kontrolle nach Art. 82 EGV

Darüber hinaus bot eine Kontrolle nach Art. 82 EGV grundlegende Schwachpunkte.
Zwar wurde durch das Urteil anerkannt, dass die Verstärkung einer bereits beherrschenden Stellung einen Missbrauch im Sinne des Art. 82 EGV sein kann. Strittig blieb aber, ob ebenfalls die erstmalige Begründung der Marktbeherrschung von Art. 82 EGV erfasst wird.[26] Dagegen spricht vor allem der Wortlaut des Art. 82 EGV, der als Voraussetzung verlangt, dass zumindest ein am Zusammenschluss beteiligtes Unternehmen bereits eine beherrschende Stellung besitzt. Nach Auffassung vieler (vgl. Fußnote 26) scheidet demnach eine Anwendung des Artikels bei den Fusionen aus, durch die erst eine beherrschende Stellung begründet wird.

---

[22] Für die Anwendbarkeit des Art. 82 EGV hatte die Kommission die enge Voraussetzung entwickelt, dass der Wettbewerb praktisch ausgeschaltet sein muss, vgl. Emmerich in JuS 1973, 508 (509); Lampert, Die Anwendbarkeit der EG-Fusionskontrollverordnung im Verhältnis zum Fusionskontrollrecht der Mitgliedstaaten, S. 149; auch Monopolkommission, Hauptgutachten III, 1978/1979, Tz. 642, die in dem der Entscheidung zugrundeliegenden Sachverhalt einen „Extremfall“ sieht.
[23] Für eine Übersicht über Fälle, die nach Art. 82 EGV geprüft wurden, s. Monopolkommission, Sondergutachten 17, S. 25, Fußnote 16.
[24] Niemeyer, Die Europäische Fusionskontrollverordnung, S. 9; Bergmann, Nachfragemach in der Fusionskontrolle, S. 144/145; Bartosch, BB 2000, 1897 (1897).
[25] Aufzählung der Fälle bei Bergmann, Nachfragemach in der Fusionskontrolle, S. 145, Fußnote 12.
[26] Auffassung, die erstmalige Begründung der Marktbeherrschung wird von Art. 82 EGV nicht erfasst: Schütz in: GK Hootz, Einführung, S. 6 Rn. 6; Schröter in: GBTE, 3. Auflage, Bd. 1, Art. 86 EWGV Rn. 68b; Gleiss/Hirsch, 3. Auflage, Art. 86 EWGV Rn. 109; Monopolkommission, Sondergutachten 17, S. 27, Tz. 27; Hefermehl in: Festschrift für Nipperdey, Bd. II, 771 (789); Sauter in: Festschrift für Quack, 657 (658); Emmerich, JuS 1972, S. 280 (280 f.); Huber, Europäische Fusionskontrolle, S. 4; Kleinmann/Bechtold, EWG-Recht Rn. 20 (vor Anhang); Bechtold, RIW 1985, 442 (445/446).
a.A.: Mestmäcker, Europäisches Wettbewerbsrecht, S. 417; soweit zusätzlich ein Missbrauch hinzutritt auch: Fikentscher in: Festschrift für Böhm, 261 (276).

Eine weitere Unzulänglichkeit zeigt sich darin, dass mit Art. 82 EGV nur eine nachträgliche Kontrolle von Unternehmenszusammenschlüssen, nicht aber eine präventive Kontrolle möglich ist[27]. Probleme bereitet diesbezüglich insbesondere die Tatsache, dass nach Vollziehung eines Zusammenschlusses eine Entflechtung praktisch kaum noch möglich ist.

Ebenso spricht auch der folgende Umstand gegen eine Anwendung des Art. 82 EGV auf Zusammenschlüsse. Als Marktverhaltenskontrolle hat der Art. 82 EGV das Ziel, gegen wettbewerbsbeschränkende Maßnahmen vorzugehen. In Bezug auf Zusammenschlüsse bedeutet dies allerdings ein Vorgehen gegen die Herbeiführung und nicht gegen das Ergebnis des Zusammenschlusses, gerade letzteres ist jedoch entscheidend bei einer Zusammenschlusskontrolle. In Form der Marktstrukturkontrolle muss eine Zusammenschlusskontrolle gegen das zielen, was entsteht. Damit stellt die in Art. 82 EGV geregelte Verhaltenskontrolle kein optimal geeignetes Instrument für eine für Zusammenschlüsse erforderliche Strukturkontrolle dar.[28]

Zuletzt ist hier auf den Schutzzweck des Art. 82 EGV einzugehen. Dieser liegt bei Art. 82 EGV allein im Schutz des Verbrauchers, nicht dagegen, wie bei der Kontrolle von Zusammenschlüssen, in der Aufrechterhaltung einer Marktstruktur, die wirksamen Wettbewerb gewährleistet[29].

Eine derart bedenkliche Lösung bietet nicht nur Zweifel hinsichtlich der Rechtssicherheit, da die Kommissionsbefugnisse gegenüber den Unternehmen nicht ausreichend geklärt sind[30]. Sie gestattet zudem keine beständige Politik gegenüber den Unternehmen, für welche ohne die Entwicklung gleich bleibender Kriterien für Fusionskontrollentscheidungen das Ergebnis ihres Vorhabens nicht einschätzbar oder vorhersehbar ist[31]. Eine Einstellung auf die wettbewerblich verfolgten Ziele der Kommission ist ihnen daher nicht möglich.

2. Die frühen Verordnungsentwürfe

Aus genannten Gründen wurde die Anwendung des Art. 82 EGV auf Unternehmenszusammenschlüsse bereits 1973 von der Kommission im Rahmen der „Continental Can“ - Entscheidung bemängelt[32].

---

[27] Bartosch, BB 2000, 1897 (1897), Monopolkommission, Sondergutachten 17, S. 27, Tz. 27.
[28] Schmidt, BB 1990, 719 (721).
[29] Emmerich, JuS 1973, 508 (508).
[30] Monopolkommission, Sondergutachten 17, S. 30, Tz. 33.
[31] Vgl. dazu Kerber, Die Europäische Fusionskontrollpraxis und die Wettbewerbskonzeption der EG, S. 145.
[32] Kerber, Die Europäische Fusionskontrollpraxis und die Wettbewerbskonzeption der EG, S. 6.

Schon damals bestand aus ihrer Sicht Bedarf an einer Verordnung zur systematischen, präventiven Kontrolle von Unternehmenszusammenschlüssen[33]. Daher legte sie noch im gleichen Jahr dem Rat einen ersten Vorschlag für eine Verordnung über die Kontrolle von Zusammenschlüssen vor[34].
Einer Verabschiedung dieses Verordnungsvorschlags standen jedoch einige Differenzen der Mitgliedstaaten hinsichtlich einer einheitlichen europäischen Fusionskontrolle im Wege. Nicht zuletzt waren verfahrensrechtliche Differenzen sowie nationale Vorbehalte, wie die Angst vor der Behinderung nationaler Wirtschaftspolitik durch die Kommission, ausschlaggebend dafür, dass die Verhandlungen im Ministerrat nicht zu dem gewünschten Erfolg der Verabschiedung des Verordnungsvorschlags führten[35]. Zudem war erkennbar, dass seinerzeit noch keine große Bereitschaft der Mitgliedstaaten zur Übertragung weitreichender Befugnisse bestand[36].
Dennoch versuchte die Kommission auch weiterhin in den Jahren 1982[37], 1984[38] und 1986[39] jeweils geänderte Verordnungsvorschläge zur Lösung des Problems der Zusammenschlusskontrolle einzureichen. Ein Scheitern dieser lag trotz jeweils substantieller Änderungen[40] letztlich nur an der ablehnenden Haltung und am politischen Widerstand des Ministerrates, während sowohl das Europäische Parlament als auch der Wirtschafts- und Sozialausschuss die jeweiligen Vorhaben befürworteten[41].

Während der langjährigen Diskussionen war es insbesondere in drei Bereichen schwierig, eine Einigung zu erzielen.
Bei dem ersten Bereich handelte es sich um den strittigen Punkt der zukünftigen „Philosophie“ der Fusionskontrollverordnung. Zum einen bestand die Auffassung, die zukünftige Verordnung solle rein wettbewerblich orientiert sein[42], zum anderen wurde vertreten, dass sie zumindest auch eine industriepolitische Ausrichtung[43] aufweisen sollte. Diese Meinungen wurden durch die in den jeweiligen Mitgliedstaaten bereits vorhandenen Fusionskontrollverordnungen geprägt. Wäh-

---

[33] Europäische Kommission, 19. Wettbewerbsbericht, 1990, S. 33.
[34] ABl. EG, Nr. C 92 vom 31.10.1973, S. 1; nähere Ausführungen zur Beschaffenheit bei Schröter in: GTE, 4. Auflage, Bd. 2, Art. 87 EWGV – Zweiter Teil Rn. 250.
[35] Miersch, Kommentar zur EG-Verordnung Nr. 4064/89, S. 4/5; Miersch, Die Europäische Fusionskontrolle, S. 24.
[36] Caspari/Schwarz in: Festschrift für Benisch, S. 383 (389).
[37] ABl. EG, Nr. C 36 vom 12.2.1982, S. 3.
[38] ABl. EG, Nr. C 51 vom 23.2.1984, S. 8.
[39] ABl. EG, Nr. C 324 vom 17.12.1986, S. 5.
[40] Vgl. dazu Caspari/Schwarz in: Festschrift für Benisch, S. 383 (389/390).
[41] Niemeyer, Die Europäische Fusionskontrollverordnung, S. 10.
[42] darauf bestanden vor allem Deutschland und in schwächerem Maße auch England, vgl. Janicki, WuW 1989, 193 (197 f.); Lampert, Die Anwendbarkeit der EG-Fusionskontrollverordnung im Verhältnis zum Fusionskontrollrecht der Mitgliedstaaten, S. 151; Hölzler, WM 1990, 489 (491).
[43] hier handelte es sich vor allem um Frankreich und die südeuropäischen Länder, vgl. Ruppelt, WuW 1989, 187 (190); Kartte in: Festschrift für Rittner, S. 251 (260).

rend zum Beispiel in Frankreich industriepolitische Erwägungen Eingang in die Zusammenschlusskontrolle finden und somit eine national ausgerichtete Strukturpolitik ermöglicht wird[44], so steht in Deutschland eine Orientierung ausschließlich an wettbewerbsrechtlichen Kriterien im Vordergrund[45].

Ein weiterer sehr umstrittener Punkt war das Verhältnis zwischen der europäischen und der nationalen Zusammenschlusskontrolle. Ende der achtziger Jahre bestanden bereits in der Bundesrepublik Deutschland, in Frankreich, Großbritannien, Irland sowie jüngst auch in Spanien und Portugal eigene Verordnungen für die Kontrolle von Fusionen. Ebenfalls in Italien lag zu diesem Zeitpunkt bereits ein Entwurf eines Kartellgesetzes vor[46]. Diese Mitgliedstaaten wollten möglichst viel an eigenen nationalen Kompetenzen aufrecht erhalten.[47]

Der dritte lang diskutierte Aspekt hing mit dem vorigen Punkt eng zusammen. Umstritten waren hierbei die Aufgreifkriterien für den Anwendungsbereich der Fusionskontrollverordnung. Je enger diese gefasst sein würden, desto mehr Fälle blieben in der Zuständigkeit der Mitgliedstaaten.[48]

In all diesen drei Komplexen musste Einigkeit erzielt werden, da das Rechtssetzungsverfahren der Europäischen Wirtschaftsgemeinschaft hinsichtlich des Entschlusses des Ministerrates Einstimmigkeit vorsah. Jeder der damals zwölf Mitgliedstaaten konnte somit alleine das Zustandekommen der Verordnung blockieren.[49] Dieses integrationshemmende Rechtssetzungsverfahren war die Konsequenz der sogenannten „Luxemburger Vereinbarung" vom 29. Januar 1966, wonach bei entscheidenden Beschlüssen, d.h. bei der Betroffenheit sehr wichtiger Interessen, gegen den Willen eines Mitgliedstaates keine Mehrheitsentscheidungen mehr zustande kommen konnten[50].
Bevor diesbezüglich eine Einigung erzielt werden konnte, fällte der Europäische Gerichtshof ein weiteres Urteil in Zusammenhang mit einer von der Kommission durchgeführten Kontrolle eines Zusammenschlusses.

---

[44] Immenga, Die Europäische Fusionskontrolle im wettbewerbspolitischen Kräftefeld, S. 9, 24; Axster in: Festschrift für Quack, S. 569, (580 f.); Monopolkommission, Sondergutachten 17, S. 17, Tz. 15.
[45] nur in Ausnahmefällen kann der Bundesminister für Wirtschaft einen vom Bundeskartellamt untersagten Zusammenschluss gem. § 42 des Gesetzes gegen Wettbewerbsbeschränkungen (GWB) aus übergeordneten Gemeinwohlinteressen genehmigen; Monopolkommission, Sondergutachten 17, Tz. 14.
[46] Hölzler/Rohardt, in: Festschrift für Benisch, S. 399, (401ff.); Monopolkommission, Sondergutachten 17, S. 15 f.; Weitbrecht, EuZW 1990, 18 (18).
[47] Veelken in: Die Europäische Fusionskontrolle, S. 7.
[48] Lampert, Die Anwendbarkeit der EG-Fusionskontrollverordnung im Verhältnis zum Fusionskontrollrecht der Mitgliedstaaten, S. 151.
[49] Miersch, Kommentar zur EG-Verordnung Nr. 4064/89, S. 1.
[50] Streinz, Europarecht, Rn. 265.

3. Das „Philip-Morris"-Urteil, Art. 81 EG-Vertrag

Mit einem vom EuGH im Fall „Philip-Morris"[51] gefällten Urteil kam wieder Bewegung in die Diskussion um eine europäische Fusionskontrollverordnung. In diesem Fall wurde insbesondere entgegen der herrschenden Auffassung die Anwendung des Art. 81 EGV auf Unternehmenszusammenschlüsse diskutiert.
Dies war insofern von Bedeutung, da die Kommission seit ihrer Stellungnahme zum Problem der Unternehmenskonzentration von 1966 einer Anwendung des Art. 81 EGV auf Zusammenschlüsse ablehnend gegenüberstand[52]. Art. 81 EGV gelte nicht für Vereinbarungen, die „den Erwerb von Eigentum an Unternehmen oder Unternehmensteilen sowie die Neugestaltung von Eigentumsverhältnissen an Unternehmen zum Gegenstand haben (Fusion, Beteiligungserwerb, Erwerb von Vermögensteilen)"[53]. Das Urteil des EuGH vom 17.11.1987 im Fall „Philip-Morris" schien demnach die bisherigen Konturen der ablehnenden Haltung gegenüber einer Anwendung von Art. 81 EGV aufzulösen.
Es ging im Fall um folgenden Sachverhalt, der dem Urteil zugrunde lag. Die zwei Konkurrenten „BAT" und „Reynolds" hatten ein Einschreiten der Kommission gegen eine die vorausgegangene Fusion von „Rembrandt" und „Philip-Morris" betreffende Vereinbarung beantragt. Die in diesem Fusionsfall zunächst geäußerten Bedenken der Kommission im Hinblick auf Art. 81 EGV wurden durch eine Änderung in dem zwischen beiden Parteien geschlossenen Vertrag beseitigt, so dass im Ergebnis das erwerbende Unternehmen eine direkte Minderheitsbeteiligung an dem Konkurrenten erhielt. Für die Kommission bestanden somit keine kartellrechtlichen Bedenken mehr und das Verfahren wurde eingestellt.[54] Der Antrag von „BAT" und „Reynolds" bezüglich des Einschreitens der Kommission gegen diese Vereinbarung wurde jedoch abgelehnt[55]. Eine bei Gericht gegen diese ablehnende Entscheidung eingereichte Klage wurde vom Gerichtshof abgewiesen.[56] Bezüglich einer Zusammenschlusskontrolle anhand des Art. 81 EGV machte der Gerichtshof jedoch richtungsweisende Ausführungen.
Anders als die bisher herrschende Rechtsauffassung stellte der EuGH fest, dass bestimmte Formen des Beteiligungserwerbs, wie im angesprochenen Fall eine Minderheitsbeteiligung am Kapital eines Konkurrenzunternehmens, wettbewerbsbeschränkende Wirkung i.S.d. Art. 81 EGV haben kann.

---

[51] EuGH, Urteil vom 17.11.1987, Rs. 142 und 156/84 „British-American Tobacco (BAT) und R.J. Reynolds Industries Inc. (Reynolds) / Kommission", kurz: „Philip-Morris-Urteil", Sammlung, 1987, 4487 ff., NJW 1988, 3083 ff.

[52] Europäische Kommission, Das Problem der Unternehmenskonzentration im Gemeinsamen Markt, in: WuW 1966, 330 (344); Schröter in: GBTE, 3. Auflage, Bd. 1, Art. 86 EWGV Rn. 65.

[53] Europäische Kommission, Das Problem der Unternehmenskonzentration im Gemeinsamen Markt, in: WuW 1966, 330 (344).

[54] Vgl. Europäische Kommission, 14. Wettbewerbsbericht, 1985, Tz. 98 ff.

[55] Vgl. Europäische Kommission, 14. Wettbewerbsbericht, 1985, Tz. 100.

[56] EuGH, a.a.O.

Zwar fällt eine Vereinbarung grundsätzlich nur dann unter Art. 81 EGV, wenn sie eine Verhinderung, Einschränkung oder Verfälschung des Wettbewerbs innerhalb des Gemeinsamen Marktes bezweckt oder bewirkt. Insbesondere dann, wenn der Erwerb jedoch geeignet ist, „das geschäftliche Verhalten der betreffenden Unternehmen so zu beeinflussen, dass der Wettbewerb auf dem Markt, auf dem sie ihre Geschäftstätigkeit entfalten, eingeschränkt oder verfälscht wird", kann ein Beteiligungserwerb am Kapital eines Konkurrenzunternehmens unter Art. 81 EGV fallen. Gelingt es somit dem Erwerber, die rechtliche oder faktische Kontrolle über das andere Unternehmen zu erlangen, oder ist im vorhinein bereits eine geschäftliche Kooperation zwischen den Unternehmen vorgesehen, so kann demnach eine wettbewerbsbeschränkende Wirkung i.S.d. Art. 81 EGV in Frage kommen.[57]

a) Tragweite der Entscheidung

Bezüglich der Aussage dieses Urteils entwickelten sich schnell unterschiedliche Auffassungen. Einige sahen das Urteil als Einführung einer europäischen Fusionskontrolle[58]. Während andere dagegen die Ansicht vertraten, dass es dabei lediglich um einzelfallbezogene Aussagen gehe, die aber nicht verallgemeinert werden können[59]. Somit führte das Urteil bezüglich der generellen Anwendung des Art. 81 EGV auf Unternehmenszusammenschlüsse zu einer nicht hinnehmbaren Rechtsunsicherheit.

Darüber hinaus ließ die Kommission auf dieses Urteil verlauten, „dass diese Auslegung .... durch den Gerichtshof die Zugriffsmöglichkeiten der Kommission gegenüber Transaktionen erweitert, welche die Aufrechterhaltung eines wirksamen Wettbewerbs innerhalb des Gemeinsamen Markts gefährden"[60]. In diesem Sinne nahm auch Wettbewerbskommissar Peter Sutherland nach Erlass des Urteils Stellung, indem er eine zukünftige Fusionskontrollpolitik basierend auf den Art. 81 und 82 EGV ankündigte, solange der Rat sich nicht auf den Erlass einer Verordnung für die Kontrolle für Zusammenschlüsse einigen könne[61]. Diese Drohung der Kommission einer extensiven Auslegung der vorhandenen Wettbewerbsvorschriften und die damit einhergehende Kompetenzerweiterung sollten zweifellos die Diskussion um eine einheitliche europäische Fusionskontrollverordnung wie-

---

[57] EuGH, a.a.O., 4487 (4577).
[58] Satzky, DB 1988, 379 (384); Schrödermeier, WuW 1988, 185 (190, 193).
[59] Riesenkampff, WuW 1988, 465, 470; so auch die Monopolkommission, Sondergutachten 17, S. 29, Tz. 31.
[60] Europäische Kommission, 17. Wettbewerbsbericht, 1988, S. 98.
[61] Europäische Kommission, WuW 1987, 876; Europäische Kommission, WuW 1988, S. 3 und S. 28.

der notwendig erscheinen lassen und dementsprechende Bemühungen zwingend erforderlich machen[62].
Somit ist die Entscheidung des EuGH eher als politisches Signal[63] zu werten, um als Druckmittel den Ministerrat zur Konstituierung einer einheitlichen europäischen Fusionskontrolle anzuhalten.

b) Unzulänglichkeiten einer Kontrolle nach Art. 81 EGV

Vor allem folgende Aspekte ließen im Hinblick auf Art. 81 EGV kritische Stimmen[64] bezüglich des „Philip-Morris"-Urteils laut werden.

Problematisch war insbesondere die mit der Anwendung des Art. 81 EGV auf Unternehmenszusammenschlüsse einhergehende Rechtsunsicherheit, denn die in Art. 81 Abs. 2 EGV enthaltene Nichtigkeit stellt für eine nachträgliche Fusionskontrolle eine untragbare und unzumutbare Rechtsfolge dar. Sie kann in einigen Fällen über die Wiederherstellung des alten Zustandes hinausgehen.[65]

Ebenfalls in einer weiteren Weise schien die Anwendung des Art. 81 EGV nicht auf Zusammenschlüsse zu passen. Nach Art. 81 EGV sind mit dem Gemeinsamen Markt unvereinbar und verboten, „alle Vereinbarungen zwischen Unternehmen, Beschlüsse von Unternehmensvereinigungen und aufeinander abgestimmte Verhaltensweisen, welche den Handel zwischen den Mitgliedstaaten zu beeinträchtigen geeignet sind und eine Verhinderung, Einschränkung oder Verfälschung des Wettbewerbs innerhalb des Gemeinsamen Marktes bezwecken oder bewirken, ...". Damit wird von dieser Vorschrift grundsätzlich das Marktverhalten der Unternehmen i.S.v. wettbewerbsbeschränkenden Vereinbarungen erfasst, nicht jedoch die Änderung der Unternehmensstruktur selber.[66]

Gleichermaßen unhaltbar schien die Tatsache, dass Fusionen, bei denen zwei Unternehmen zu einem verschmelzen und nicht nur einige Anteile erworben werden, gar nicht erst in den Kontrollbereich von Art. 81 EGV fallen[67]. Dies liegt daran,

---

[62] Cook/Kerse, EEC Merger Control – Regulation 4064/89, S. 3; Bartosch, BB 2000, 1897 (1898); Axster in: Festschrift für Quack, S. 569 (572).
[63] Vgl. von Winterfeld, RIW 1988, 958 (961); Immenga/Fuchs, NJW 1988, 3052 (3059); Markert, Nationales Kartellrecht im Europäischen Binnenmarkt, S. 17; Sedemund/Montag, NJW 1988, 601, (609).
[64] Schrödermeier, WuW 1988, 185, (191 ff.); Sedemund/Montag, NJW 1988, 601 (608 f.); Steindorff, ZHR 1988, 57 (61 ff.); Riesenkampff, WuW 1988, 465 (470); Immenga/Fuchs, NJW 1988, 3052 (3059).
[65] Europäische Kommission, Das Problem der Unternehmenskonzentration im Gemeinsamen Markt, in: WuW 1966, 330 (343).
[66] Niemeyer, Die Europäische Fusionskontrollverordnung, S. 9.
[67] Riesenkampff, WuW 1988, 465 (470).

dass das Kartellverbot voraussetzt, dass die an einer Vereinbarung beteiligten Unternehmen selbständige Einheiten bleiben[68]. Derartige Wertungswidersprüche können allerdings keine vernünftige Basis für ein einheitliches Fusionskontrollverfahren darstellen.

Zudem ist der Schutzzweck des Art. 81 EGV ein ganz anderer als der einer Fusionskontrolle. Während Zusammenschlüsse grundsätzlich als etwas Gutes zu bewerten sind und häufig positive Auswirkungen auf die Marktstruktur haben, so stellen Kartelle ein illegales Verhalten dar, das repressive und nicht präventive Maßnahmen erfordert. Charakterlich hat die erwähnte Vorschrift demnach bereits eine andere Wirkungsrichtung, so dass zwar Kartelle wirksam bekämpft werden, das Format jedoch nicht zugleich auch auf die Kontrolle von Zusammenschlüssen zugeschnitten sein kann.[69]
Demnach stellte auch die Anwendung des Art. 81 EGV auf Unternehmenszusammenschlüsse keinen unumstrittenen und optimalen Lösungsweg dar.

4. Resümee

Das somit in den Artikeln 81 und 82 EGV enthaltene Wettbewerbsrecht war demnach auf das Verbot wettbewerbsbeschränkender Vereinbarungen und Abstimmungen und demgemäß auf eine Verhaltenskontrolle beschränkt. Mit diesen Regeln eine Strukturkontrolle im Sinne einer Kontrolle externen Unternehmenswachstums durchzuführen, konnte somit nur provisorisch und nicht umfassend erfolgen.
Aus den beschriebenen Gründen wurde gleichermaßen ersichtlich, dass eine systematische und umfassend präventive Kontrolle von Zusammenschlüssen anhand der Art. 81 und 82 EGV nicht möglich war. Darüber hinaus fehlten ebenfalls geeignete Verfahrensvorschriften, die im Sinne der Effizienz ein zügiges Verfahren (mit zeitlichen Befristungen) gewährleistet hätten[70].

Aus diesen Gründen musste ein neues Rechtsinstrument in Form einer Verordnung geschaffen werden, welches eine wirksame Kontrolle sämtlicher Unternehmenszusammenschlüsse ermöglichte[71].

---

[68] Immenga/Fuchs, NJW 1988, 3052 (3059).
[69] Babusiaux in: Canenbley/Caspari, National and EEC Merger Control, S. 48 (54).
[70] Schütz in: GK Hootz, Einführung Rn. 10; Reynolds in: Canenbley/Caspari, National and EEC Merger Control, S. 94 (94).
[71] so auch: Schröter in: GTE, 4. Auflage, Bd. 2, Art 87 EWGV – Zweiter Teil Rn. 169; vgl. auch siebte Begründungserwägung der Fusionskontrollverordnung.

II. Begründung einer europäischen Fusionskontrolle – der Erlass

1. Wiederaufnahme der Gespräche

Nicht nur das „Philip-Morris"-Urteil führte insbesondere durch die Drohung der Erweiterung der Kommissionskompetenzen zu einer Wiederaufnahme und einer verstärkten Verfolgung der Gespräche über eine Verordnung zur Regelung von Zusammenschlüssen[72].
Ebenfalls die folgenden Faktoren, die etwa zeitgleich mit der Verabschiedung des Urteils in der zweiten Hälfte der achtziger Jahre stattfanden, trugen zu einer intensiveren Befassung mit diesem Thema bei.
Zum einen handelte es sich dabei um eine neue Fusions- und Übernahmewelle, die zu einer verstärkten Unternehmenskonzentration führte[73], und zum anderen um die Realisierung des Binnenmarktes[74], der in der Einheitlichen Europäischen Akte von 1987 als Vertragsziel deklariert wurde und dessen Umsetzung bis zum 31. Dezember 1992 erfolgen sollte[75]. In diesem Zusammenhang herrschte die Auffassung, dass die Vollendung eines marktwirtschaftlich verfassten Binnenmarktes ohne die Prävention schädlicher Unternehmenszusammenschlüsse nicht zu bewerkstelligen sei. Es musste daher ein System geschaffen werden, welches einen effizienten Wettbewerbsschutz gewährleistete, um so die positiven Auswirkungen des Binnenmarktes vor einer Schädigung durch monopolistische Wettbewerbsstrukturen zu bewahren. Deshalb war nicht zuletzt das Konzept des Binnenmarktes eine Veranlassung für die Mitgliedstaaten, ein System zu errichten, welches eine einheitliche Kontrolle der auf Gemeinschaftsebene stattfindenden Unternehmenszusammenschlüsse mit gemeinschaftsweiter Bedeutung ermöglicht.[76]

Als letzter Aspekt sind in diesem Zusammenhang die Schwierigkeiten zu erwähnen, die sich aus einer Zusammenschlusskontrolle über die nationalen Rechtsvorschriften der Mitgliedstaaten ergeben. Da diese Vorschriften nur für das Gebiet des jeweiligen Mitgliedstaates gelten, sind sie für eine Kontrolle von Zusammen-

---

[72] Dazu ausführlich Schröter in: GTE, 4. Auflage, Bd. 2, Art. 85 EWGV – Fallgruppen Rn. 136 ff.; Miersch, Kommentar zur EG-Verordnung Nr. 4064/89, S. 5, 6.
[73] Weitbrecht, EuZW 1990, 18 (18); Veelken in: Die Europäische Fusionskontrolle, S. 7; Krimphove, Europäische Fusionskontrolle, S. 215/216.
[74] Veelken in: Die Europäische Fusionskontrolle, S. 7.
[75] Herdegen, Europarecht, Rn. 273.
[76] Vgl. 1.-5. Begründungserwägung der Fusionskontrollverordnung; Schröter in: GTE, 4. Auflage, Bd. 2, Art. 87 EWGV – Zweiter Teil Rn. 251; Miersch, Kommentar zur EG-Verordnung Nr. 4064/89, S. 2; Europäische Kommission, 19. Wettbewerbsbericht, 1990, S. 33; Europäische Kommission, 20. Wettbewerbsbericht, 1991, S. 37; Faull in: Canenbley/Caspari, National and EEC Merger Control, S. 66 (68); Caspari/Schwarz in: Festschrift für Benisch, S. 383 (392); Ehlermann, WuW 1991, 535 (536).

schlüsse mit gemeinschaftsweiter Bedeutung ungeeignet[77]. Zudem zeigt sich auch ein Problem darin, dass einige Mitgliedstaaten gar keine Zusammenschlusskontrolle besaßen[78]. Bestanden dagegen nationale Vorschriften, so waren diese durch ihre begrenzende Wirkung auf den jeweiligen Mitgliedstaat nicht geeignet, gemeinschaftsweite Zusammenschlüsse zu erfassen.
Überdies kann die Anwendung mehrerer mitgliedstaatlicher Vorschriften auf denselben Zusammenschluss aufgrund ihrer - bereits erläuterten - unterschiedlichen ordnungspolitischen Konzeptionen zu einander widersprechenden Ergebnissen führen und somit sowohl eine beträchtliche Rechtsunsicherheit für die Unternehmen als auch eine Ungleichbehandlung nach sich ziehen.[79] Eine unterschiedliche Behandlung gleichartiger Fälle entspricht aber nicht der Erreichung des Zieles eines einheitlichen Binnenmarktes[80], sondern führt allenfalls zur Gefahr der Förderung „nationaler Champions“[81].
Des Weiteren ziehen Mehrfachanmeldungen auch höhere Kosten sowie eine größere Bindung von unternehmenseigenen Ressourcen nach sich. Ein einziges Fusionsvorhaben kann somit eine Vielzahl von Verfahren zur Folge haben, die zudem sehr zeitintensiv sind.[82]

2. Verabschiedung der Verordnung

Diese genannten Gründe für den Meinungsumschwung nutzte die Kommission im Folgenden, indem sie dem Rat im Frühjahr 1988 einen überarbeiteten Verordnungsvorschlag vorlegte[83].
Im Juli[84], November[85] und Dezember[86] desselben Jahres folgten diesem Vorschlag weitere Neuentwürfe, wobei es sich bei dem Juli-Entwurf lediglich um ein internes Arbeitspapier handelte.

---

77 Europäische Kommission, 19. Wettbewerbsbericht, 1990, S. 34.
78 Über eine Fusionskontrollgesetzgebung verfügten zu diesem Zeitpunkt neben der Bundesrepublik Deutschland noch Frankreich, Großbritannien, Irland sowie Portugal und Spanien; vgl. Monopolkommission, Sondergutachten 17, S. 16 f.; vgl. auch Hölzler/Rohardt in: Festschrift für Benisch, S. 399 (401 ff.).
79 Blank, Europäische Fusionskontrolle im Rahmen der Artikel 85, 86 des EWG-Vertrages, S. 86, 87; Caspari/Schwarz in: Festschrift für Benisch, S. 383 (392).
80 Dies zeigen auch die widersprüchlichen Ergebnisse der Fallbeispiele bei Huber, Europäische Fusionskontrolle, S. 5/6.
81 Caspari/Schwarz in: Festschrift für Benisch, S. 383 (392).
82 Vgl. eine eindrucksvolle Beschreibung eines derartigen Falles von Lindemann in: Wettbewerbsfragen der Europäischen Gemeinschaft, S. 115 (115).
83 ABl. EG, Nr. C 130 vom 19.5.1988, S. 4.
84 „internes Arbeitspapier“, vgl. Monopolkommission, Sondergutachten 17, S. 40 f.
85 ABl. EG, Nr. C 22 vom 28.1.1989, S. 14 ff.
86 Verordnung (EWG) Nr. 4064/89 des Rates vom 21. Dezember 1989 über die Kontrolle von Unternehmenszusammenschlüssen, ABl. EG, Nr. L 395 vom 30.12.1989, S. 1, berichtigt in ABl. EG, Nr. L 257 vom 21.9.1990, S. 13.

Seit 1973, dem Jahr des ersten Verordnungsvorschlags, hatte der Entwurf einige Änderungen durchlaufen und unterschied sich nun grundlegend von seiner ersten Fassung.

In den oben bereits angesprochenen drei Problemkomplexen[87] konnte nun nach langjähriger Diskussion endlich Einigkeit erreicht werden.
Der Kompromiss in diesen Bereichen sah folgendermaßen aus:
Die hinsichtlich der „Philosophie" der Verordnung gefundene Lösung ist zugunsten des Wettbewerbsprinzips ausgefallen[88]. Die Fusionskontrollverordnung stellt somit kein grundsätzliches Mittel zur Industriepolitik, sondern ein an Wettbewerbskriterien orientiertes Instrument dar. Einziges Einfallstor industriepolitischer Interessen könnte das in Art. 2 Abs. 1 lit. b) FKVO genannte Kriterium der „Entwicklung des technischen und wirtschaftlichen Fortschritts sein[89]. Darüber, inwiefern dadurch tatsächlich industriepolitische Zielsetzungen einfließen bzw. berücksichtigt werden können, bestehen unterschiedliche Auffassungen[90]. Die Kommission hat es in ihrer bisherigen Praxis vermieden, nichtwettbewerbliche Kriterien heranzuziehen, um die mittels wettbewerblicher Kriterien ermittelten Nachteile aufzuwägen[91]. Im übrigen ändert das einzelne Kriterium nichts an der grundsätzlich wettbewerbspolitischen Ausrichtung der Verordnung[92].
Des Weiteren wurde im zweiten und dritten umstrittenen Problembereich folgende Lösung erzielt. Die Aufgreifkriterien wurden zunächst hoch angesetzt und eine Fusionskontrolle nach nationalem Recht ist im Umfang des Anwendungsbereiches - abgesehen der festgelegten Ausnahmen – ausgeschlossen worden[93].

Sowohl das Europäische Parlament als auch der Wirtschafts- und Sozialausschuss befürworteten den Verordnungsvorschlag der Kommission[94]. Gleichermaßen schloss sich die deutsche Monopolkommission der Einführung einer europäischen Fusionskontrolle an[95]. Schließlich gelang es in der Sitzung vom 21.12.1989 auch im Ministerrat eine Einigung zu erzielen, die zur Verabschiedung der Verordnung führte[96].

---

[87] S. Teil 1, A. I. 2.
[88] Janicki, WuW 1990, 195 (196).
[89] Veelken in: Die Europäische Fusionskontrolle, S. 20.
[90] Vgl. Verweise bei Elben, Der Zusammenschluss von Großunternehmen im deutschen und europäischen Kartellrecht, S. 174/175.
[91] Kerber in: Oberender, Die Europäische Fusionskontrolle, S. 68 (88).
[92] Immenga, WuW 1990, 371 (377 f.).
[93] Veelken in: Die Europäische Fusionskontrolle, S. 8.
[94] Stellungnahme des Europäischen Parlaments, ABl. EG, Nr. C 309 vom 5. 12.1988, S. 55; Stellungnahme des Wirtschafts- und Sozialausschusses, ABl. EG, Nr. C 208 vom 8.8.1988, S. 11.
[95] Monopolkommission, Sondergutachten 17, S. 109.
[96] Verordnung (EWG) Nr. 4064/89 des Rates vom 21.12.1989 über die Kontrolle von Unternehmenszusammenschlüssen, ABl. EG, Nr. L 395 vom 30.12.1989, S. 1 berichtigt in ABl. EG, Nr. L 257 vom 21.9.1990, S. 13.

Somit wurde ein Instrument geschaffen, welches wettbewerbsfördernde oder unbedenkliche Zusammenschlüsse innerhalb enger Fristen in einem einzigen Verfahren genehmigen kann und welches auf der anderen Seite wettbewerbsbehindernde Konzentrationsvorgänge von vornherein verhindert[97].

Ebenfalls 1989 wurde die erste Verfahrensverordnung von der Kommission verabschiedet, die bereits 1994 durch eine zweite Verfahrensverordnung ersetzt wurde. Sie regelt die einzelnen Modalitäten der Anmeldung, der Fristen sowie der Anhörung nach der Fusionskontrollverordnung.
Eine erste Änderung der Fusionskontrollverordnung erfolgte am 30. Juni 1997 durch die Verordnung 1310/97, die am 1. März 1998 in Kraft trat[98]. In diesem Zusammenhang erfolgte auch die dritte Änderung der Verfahrensverordnung, Verordnung (EG) Nr. 447/98[99].
Des Weiteren hat die Kommission einige Mitteilungen erlassen, die dazu dienen, die Anwendung der Vorschriften zu erleichtern und bezüglich der Auslegung der Verordnung durch die Kommission Transparenz zu schaffen.

3. Aktuelle Entwicklung der Fusionskontrollverordnung

Am 11.12.2001 legte die Kommission ein „Grünbuch über die Revision der Fusionskontrollverordnung“ vor[100]. Das Grünbuch stellt einen ersten Anstoß zur Reform dar, auf dessen Grundlage die Kommission bereits im Jahr 2002 konkrete Rechtsvorschläge vorlegen will[101]. Insbesondere die EU-Erweiterung, zunehmend weltweite Zusammenschlüsse sowie die Währungsunion stellen Änderungen dar, auf die mit einer Untersuchung der Leistungsfähigkeit der Fusionskontrolle auf Grundlage des Grünbuches eingegangen werden soll. Inhaltlich geht es dabei sowohl um Zuständigkeitsfragen als auch um materiell- und verfahrensrechtliche Fragen.[102]

---

[97] Ehlermann, WuW 1991, 535 (537).
[98] Verordnung (EG) Nr. 1310/97 des Rates vom 30 Juni 1997 zur Änderung der Verordnung (EWG) Nr. 4064/89 des Rates über die Kontrolle von Unternehmenszusammenschlüssen, ABl. EG, Nr. L 180 vom 9. Juli 1997, S. 1, Berichtigung im ABl. EG, Nr. L 40 vom 13.2.1998, S. 17.
[99] Verordnung (EG) Nr. 447/98 der Kommission vom 1. März 1998 über die Anmeldungen, über die Fristen sowie die Anhörung nach der Verordnung (EWG) Nr. 4064/89 des Rates über die Kontrolle von Unternehmenszusammenschlüssen, ABl. EG, Nr. L 61 vom 2.3.1998, S. 1.
[100] Europäische Kommission, KOM (2001) 745/6.
[101] Financial Times Deutschland vom 12.12.2001, Industrie warnt vor dezentraler Fusionskontrolle, S. 14.
[102] Europäische Kommission, Pressemitteilung IP/01/1795 vom 11.12.2001.

B. Materiellrechtliche Grundzüge der Fusionskontrollverordnung

Um einen Überblick darüber zu erhalten, welche Zusammenschlüsse in den Anwendungsbereich der Verordnung fallen und wie sie beurteilt werden, findet im Folgenden ein kurzer Einblick in die materiellen Kriterien statt.

I. Anwendungsbereich

Der Anwendungsbereich der Fusionskontrollverordnung ist in Art. 1 Abs. 1 FKVO festgelegt, wonach die Verordnung für alle Zusammenschlüsse von gemeinschaftsweiter Bedeutung im Sinne der Absätze 2 und 3 gilt. Damit regelt der Anwendungsbereich, welche Zusammenschlüsse überhaupt von der Verordnung aufgegriffen werden. Für diese besteht dann eine alleinige Zuständigkeit der Kommission (Art. 21 Abs. 1 FKVO). Hiermit soll insbesondere eine Erleichterung für die Unternehmen eintreten, die infolgedessen eine Prüfung ihres Zusammenschlusses im Falle gemeinschaftsweiter Bedeutung in einem einzigen Verfahren („one-stop-shop“) durchführen können[103].

1. Zusammenschlusstatbestand

Voraussetzung für die Anwendbarkeit der Fusionskontrollverordnung ist zunächst einmal, dass ein Zusammenschluss vorliegt.

Nach Erwägungsgrund 23 FKVO ist der Zusammenschlussbegriff so zu definieren, dass er nur Handlungen erfasst, die zu einer dauerhaften Veränderung der Struktur der beteiligten Unternehmen führen. Eine derartige Strukturveränderung kann sich dabei entweder nach Art. 3 Abs. 1 lit. a) FKVO durch eine Fusion zweier oder mehrerer unabhängiger Unternehmen oder nach Art. 3 Abs. 1 lit. b) FKVO durch Erlangung der unmittelbaren oder mittelbaren Kontrolle über ein anderes Unternehmen ergeben. Unter einer Fusion ist der Zusammenschluss zweier oder mehrerer Unternehmen zu einer neuen rechtlichen oder auch wirtschaftlichen Einheit zu verstehen[104]. Häufiger als die Fusion erfolgt ein Zusammenschluss jedoch in der Art der Erlangung der Kontrolle über die Gesamtheit oder über Teile eines oder mehrerer anderer Unternehmen[105]. Sie erfolgt gemäß Art. 3 Abs. 1 lit. b) FKVO durch den Erwerb von Anteilsrechten oder Vermögenswerten, durch

[103] Ehlermann, WuW 1991, 535 (537); Schwan in: Oberender, Die Europäische Fusionskontrolle, S. 39 (42).

[104] Emmerich, Kartellrecht, S. 460; Vgl. bzgl. der Erfassung ebenfalls der wirtschaftlichen Einheit vom Fusionsbegriff: Mitteilung der Europäischen Kommission über den Begriff des Zusammenschlusses, ABl. EG, Nr. C 66 vom 2.3.1998, S. 5, Ziff. 7.

[105] Heitzer, Konzerne im Europäischen Wettbewerbsrecht, S. 87.

Vertrag oder in sonstiger Weise. Eine nähere Beschreibung der Art der Kontrolle findet sich in Art. 3 Abs. 3 FKVO.
Für Gemeinschaftsunternehmen besteht in Art. 3 Abs. 2 FKVO eine gesonderte Regelung, welche im Hinblick darauf, dass die Hälfte aller Fusionsfälle Gemeinschaftsunternehmen betreffen, eine große Bedeutung einnimmt[106]. Gemeinschaftsunternehmen sind Unternehmen, die von zwei oder mehreren anderen Unternehmen gemeinsam kontrolliert werden[107]. Im Rahmen der Revision von 1997 wurde die Regelung des Art. 3 Abs. 2 FKVO dahingehend geändert[108], dass nunmehr die dauerhafte Erfüllung aller Funktionen einer selbständigen wirtschaftlichen Einheit dafür genügt, dass die Gründung eines Gemeinschaftsunternehmens einen Zusammenschluss darstellt. Solche Gemeinschaftsunternehmen, die diese Anforderungen erfüllen, bewirken eine dauerhafte Veränderung in der Struktur der beteiligten Unternehmen und werden daher als „Vollfunktionsgemeinschaftsunternehmen" bezeichnet[109]. Nach der neuen Regelung fallen nun tatbestandsmäßig alle Vollfunktionsgemeinschaftsunternehmen in den alleinigen Anwendungsbereich der Fusionskontrollverordnung, unabhängig davon, ob sie konzentrativ oder kooperativ sind. Es wird demnach im Anwendungsbereich nicht mehr, wie vor der Revision, zwischen konzentrativen und kooperativen Gemeinschaftsunternehmen unterschieden. Die Unterscheidung wird erst für den materiellen Prüfungsmaßstab relevant. Während konzentrative Gemeinschaftsunternehmen ausschließlich am Beherrschungskriterium gemessen werden, gilt für kooperative zusätzlich der Maßstab des Art. 81 Abs. 1 EGV.[110]

Stellt ein Fusionsvorhaben demnach einen Zusammenschluss dar, so ist die Anwendbarkeit der Fusionskontrollverordnung diesbezüglich gegeben und es kann weiter geprüft werden, ob das Vorhaben auch gemeinschaftsweite Bedeutung aufweist.

2. Gemeinschaftsweite Bedeutung

Gemäß Art. 1 Abs. 1 FKVO gilt die Verordnung nur für Zusammenschlüsse, die von gemeinschaftsweiter Bedeutung sind. Dieser Begriff wird in Absatz 2 anhand von drei Kriterien definiert:

---

[106] Schütz in: GK Hootz, Art. 3 Rn. 54.
[107] Vgl. Mitteilung der Kommission über den Begriff des Vollfunktionsgemeinschaftsunternehmens, ABl. EG, Nr. C 66 vom 2.3.1998, S. 1, I. Einleitung Tz. 3.
[108] zur Darstellung der Sachlage vor und nach der Revision vgl. Schütz in: GK Hootz, Art. 3 Rn. 55.
[109] Vgl. Mitteilung der Kommission über den Begriff des Vollfunktionsgemeinschaftsunternehmens, ABl. EG, Nr. C 66 vom 2.3.1998, S. 1, II. 2. Tz. 11.
[110] Schröer in: Lange, Handbuch zum deutschen und europäischen Kartellrecht, Kap. 5, § 1 Rn. 85; Schütz in: GK Hootz, Art. 3 Rn. 55; Kleemann in: GTE, 5. Auflage, Bd. 2/II, Art. 3 Absatz 2 FKVO Rn. 59 f.; Bartosch, BB 2001, 2013 (2013); Niewiarra, EWS 1998, 113 (114/115).

1. Es muss zunächst ein weltweiter Gesamtumsatz aller beteiligten Unternehmen von mehr als 5 Milliarden ECU (European Currency Unit, heute Euro) bestehen.
2. Der gemeinschaftsweite Gesamtumsatz von mindestens zwei beteiligten Unternehmen muss jeweils mehr als 250 Millionen ECU betragen.
3. Werden mehr als zwei Drittel des gemeinschaftsweiten Umsatzes der beteiligten Unternehmen in ein und demselben Mitgliedstaat erzielt, so ist das grenzüberschreitende Kriterium nicht erfüllt und die Fusionskontrollverordnung findet keine Anwendung[111].

Der Zweck dieser Kriterien liegt darin, dass die Fusionskontrollverordnung nur für große Zusammenschlüsse gelten soll, eben solche von gemeinschaftsweiter Bedeutung[112].

Hinzugekommen ist seit der Änderung der Verordnung 1997 ein dritter Absatz des Art. 1 FKVO. Hiervon betroffen sind die Fälle der Mehrfachanmeldung, also solche Fälle, die zwar nicht die Schwellenwerte des Art. 1 Abs. 2 FKVO erreichen, durch die aber mindestens drei Mitgliedstaaten betroffen werden. Mit dieser Regelung soll den fusionierenden Unternehmen eine mehrfache Anmeldung in den jeweiligen Mitgliedstaaten erspart werden[113], was sich sowohl hinsichtlich der Kosten als auch der Zeit günstig auswirkt.

Die Berechnung des Umsatzes bestimmt sich nach Art. 5 FKVO. Zur Erklärung bzw. Präzisierung hat die Kommission zusätzlich eine Mitteilung über die Berechnung des Umsatzes erlassen, in welcher anhand der gesammelten Erfahrungen verfahrensmäßige und praktische Fragen bezüglich bisher aufgetretener Probleme geklärt werden[114].

3. Ausnahmen

Es gibt zunächst zwei Ausnahmen von der ausschließlichen Zuweisung gemeinschaftsweiter Zusammenschlüsse an die Kommission. Dabei handelt es sich zum einen um die Verweisung des Art. 9 FKVO und zum anderen um den Fall der Geltendmachung „berechtigter Interessen" der Mitgliedstaaten gemäß Art. 21 Abs. 3 FKVO.

Nach Art. 9 FKVO kann die Kommission auf Antrag eines Mitgliedstaates den angemeldeten Zusammenschluss unter den genannten Voraussetzungen durch

---

[111] Vgl. Deimel, Rechtsgrundlagen einer europäischen Zusammenschlusskontrolle, S. 27: die gemeinschaftsweite Bedeutung ist nur dann ausgeschlossen, wenn der Umsatz jedes einzelnen Unternehmens mehr als zwei Drittel seines EG-Umsatzes in einem und demselben Mitgliedstaat erzielt.
[112] Zäch, Grundzüge des Europäischen Wirtschaftsrechts, S. 304.
[113] Emmerich, Kartellrecht, S. 462.
[114] Mitteilung der Kommission über die Berechnung des Umsatzes im Sinne der Verordnung (EWG) 4064/89, ABl. EG, Nr. C 66 vom 2.3.1998, S. 25.

Entscheidung an den betroffenen Mitgliedstaat verweisen. Erfolgt eine Verweisung an die jeweilige nationale Wettbewerbsbehörde, so ist die Prüfungskompetenz der Kommission beendet[115]. Während bei der Beurteilung eines Antrags nach Art. 9 FKVO ausschließlich wettbewerbliche Kriterien herangezogen werden, geht es bei Art. 21 Abs. 3 FKVO dagegen um außerwettbewerbliche Gesichtspunkte[116]. Hiernach besteht für die Mitgliedstaaten die Möglichkeit, geeignete Maßnahmen zum Schutz anderer berechtigter Interessen zu treffen[117]. Bestehen derartige Interessen verweist die Kommission den Fall auf Antrag nach Art. 9 FKVO an die zuständigen nationalen Wettbewerbsbehörden, wenn nicht eine wettbewerbliche Beurteilung der Märkte anderer Mitgliedstaaten erforderlich ist[118].

Über die genannten zwei Ausnahmen hinaus erfährt die Kommission einen Kompetenzzuwachs durch Art. 22 Abs. 3 FKVO. Hiernach kann die Kommission trotz Fehlens der gemeinschaftsweiten Bedeutung ein entsprechendes Zusammenschlussvorhaben auf Antrag eines oder mehrerer Mitgliedstaaten nach den Regeln der Fusionskontrollverordnung prüfen.

Art. 9, 21 und 22 FKVO regeln somit die Verteilung der Zuständigkeiten zwischen der Kommission und den Mitgliedstaaten.

4. Resümee

Liegt somit ein Zusammenschluss von gemeinschaftsweiter Bedeutung i.S.v. Art. 1 FKVO vor, ist der Anwendungsbereich der Fusionskontrollverordnung eröffnet und das Fusionsvorhaben wird von der Verordnung erfasst, soweit keine Ausnahmen eingreifen. Die Unternehmen kommen in den Genuss, ihr mehrere Mitgliedstaaten betreffendes Vorhaben in einem einzigen Verfahren vor der Europäischen Kommission überprüfen zu lassen.

II. Materielle Beurteilungskriterien

Liegt nach Prüfung der vorangegangenen Kriterien ein Zusammenschluss gemeinschaftsweiter Bedeutung vor, so ist weiter zu ermitteln, wie sich das Fusionsvorhaben auf den Gemeinsamen Markt auswirkt.

---

[115] Feldmann, WRP 1990, 577 (579).

[116] Löffler in: Langen/Bunte, 9. Auflage, Bd. 1, Art. 9 FKVO, Rn. 1.

[117] Vgl. zu den anerkannten berechtigten Interessen: Langeheine in: GTE, 5. Auflage, Band 2/II, Art. 21 FKVO Rn. 10 ff.

[118] Langeheine in: GTE, 5. Auflage, Bd. 2/II, Art. 21 FKVO Rn. 9.

1. Marktbeherrschung

Nach Art 2 Abs. 3 FKVO sind Zusammenschlüsse, die eine beherrschende Stellung begründen oder verstärken für unvereinbar mit dem Gemeinsamen Markt zu erklären, wenn sie dadurch den wirksamen Wettbewerb im Gemeinsamen Markt oder in einem wesentlichen Teil desselben erheblich behindern. Es handelt sich somit um zwei Merkmale, die für eine Vereinbarkeit bzw. Unvereinbarkeit ausschlaggebend sind. Einmal die Begründung oder Verstärkung einer beherrschenden Stellung und zum anderen die dadurch hervorgerufene Behinderung des wirksamen Wettbewerbs.

Da die Marktbeherrschung im Gemeinsamen Markt oder einem wesentlichen Teil desselben vorliegen muss, ist zunächst einmal wichtig, den relevanten Markt zu ermitteln.

a) Relevanter Markt

Mit Hilfe des relevanten Marktes wird in sachlicher wie auch in räumlicher Hinsicht ermittelt, „welche konkurrierenden Unternehmen tatsächlich in der Lage sind, dem Verhalten der beteiligten Unternehmen Schranken zu setzen und sie daran zu hindern, sich einem wirksamen Wettbewerbsdruck zu entziehen“[119]. Es geht demnach darum, den Rahmen festzulegen, innerhalb dessen die Unternehmen in Wettbewerb miteinander stehen.

Es ist dabei zunächst zwischen der Ermittlung des sachlichen und der Ermittlung des geographischen Marktes zu unterscheiden.

Die sachliche Marktabgrenzung bezweckt eine Zusammenfassung verschiedener Güter zu einem sachlich relevanten Markt, während andere Güter von diesem Markt ausgenommen werden[120]. Zur Frage der Definition des sachlich relevanten Marktes enthält die Fusionskontrollverordnung keinen Hinweis.

Bei der sachlichen Marktabgrenzung geht die Kommission deshalb in Übereinstimmung mit ihrer Praxis zu Art. 82 EGV vom Bedarfsmarktkonzept aus[121]. Demnach werden vom sachlichen Produktmarkt alle Erzeugnisse umfasst, die aus Sicht der Verbraucher hinsichtlich ihrer Eigenschaften, Preise und ihres vorgesehenen Verwendungszweckes als austauschbar oder substituierbar angesehen werden[122]. Es ist daher zu prüfen, ob der Verbraucher Alternativen hat[123] und dement-

---

[119] Europäische Kommission, Bekanntmachung über die Definition des relevanten Marktes, ABl. EG, Nr. C 372 vom 9.12.1997, S. 5, Tz. 2.

[120] Rösler, NZG 2000, 761 (762).

[121] Vgl. insbes. Immenga in: Immenga/Mestmäcker, EG-WbR, Bd. I, Art. 2 FKVO Rn. 34.

[122] Europäische Kommission, Entscheidung vom 2.10.1991, „Aerospatiale-Alenia/de Havilland“, ABl. EG, Nr. L 334 vom 5.12.1991, S. 42 ff., Tz. 10; Vgl. auch Abschnitt 6 Formblatt CO.

[123] Gugerbauer, Handbuch der Fusionskontrolle, Art. 2, Tz. 7.

sprechend z.B. bei einer Preiserhöhung auf andere Produkte ausweichen kann. Der sachliche Produktmarkt hat insofern eine wichtige Bedeutung, als dass je enger dieser gefasst ist, desto höher die Marktanteile werden und umso leichter der Zusammenschluss dann wegen zu hoher Marktanteile untersagt werden kann[124].
Der geographisch relevante Markt wird in Artikel 9 Abs. 7 FKVO definiert. Danach wird vom räumlichen Referenzmarkt das Gebiet erfasst, in dem die beteiligten Unternehmen als Anbieter oder Nachfrager ihre Produkte oder Dienstleistungen anbieten. Dabei müssen die Wettbewerbsbedingungen hinreichend homogen sein, und es muss sich ferner um ein Gebiet handeln, dass sich von benachbarten Gebieten durch unterschiedliche Wettbewerbsbedingungen unterscheidet.[125]

Häufig kann die Kommission die Frage der Marktabgrenzung (sowohl sachlich als auch geographisch) offen lassen, wenn schon bei der engsten anzunehmenden Abgrenzung keine beherrschende Stellung begründet oder verstärkt wird[126].

b) marktbeherrschende Stellung

Ist der relevante Markt ermittelt, so ist weiter zu prüfen, ob der Zusammenschluss eine beherrschende Stellung zu begründen oder zu verstärken vermag.
Der Begriff der „beherrschenden Stellung" wird synonym mit dem Begriff der „marktbeherrschenden Stellung" verwendet[127], wird aber selbst in der Verordnung nicht definiert. Allerdings kann die Rechtsprechung zur Definition herangezogen werden, wonach eine beherrschende Stellung anzunehmen ist, wenn die beteiligten Unternehmen durch den Zusammenschluss einen unabhängigen Verhaltensspielraum gegenüber Wettbewerbern und Abnehmern erhalten und so die Möglichkeit zur Verhinderung wirksamen Wettbewerbs besitzen[128].
Zur Beurteilung sind in Art. 2 Abs. 1 lit. b) FKVO einige Kriterien aufgeführt, anhand derer ermittelt wird, ob eine beherrschende Stellung vorliegt[129]. Einige wichtige Kriterien stellen zum Beispiel die Marktanteile, die Stärke aktueller Wettbewerber, die Struktur der Nachfrageseite sowie das Bestehen von Marktzu-

---

[124] Drauz/Schroeder, Praxis der europäischen Fusionskontrolle, S. 69/70.
[125] Kommission, Bekanntmachung über die Definition des relevanten Marktes, ABl. EG, Nr. C 372 vom 9.12.1997, S. 5 f., Tz. 8.
[126] Europäische Kommission, 22. Wettbewerbsbericht, 1993, S. 135, Tz. 231; Rösler, NZG 2000, 761,(763).
[127] Europäische Kommission, Das Problem der Unternehmenskonzentration im Gemeinsamen Markt, in: WuW 1966, 330 (345), Tz. 22.
[128] Europäische Kommission, Entscheidung vom 2.10.1991, „Aerospatiale-Alenia/de Havilland", ABl. EG, Nr. L 334 vom 5.12.1991, S. 42 ff., Tz. 51; Europäische Kommission, 21. Wettbewerbsbericht, 1992, S. 406.
[129] Vgl. zur ausführlichen Darstellung der Kriterien, Blank, Europäische Fusionskontrolle im Rahmen der Artikel 85, 86 des EWG-Vertrages, S. 232 ff.; Löffler in: Langen/Bunte, 9. Auflage, Bd. 1, Art. 2 FKVO Rn. 149 ff.

trittsschranken bzw. potentiellem Wettbewerb dar[130]. Ein weiteres, in diesem Zusammenhang mangels reiner Wettbewerbsorientiertheit, exotisches Kriterium ist die „Entwicklung des technischen und wirtschaftlichen Fortschritts“. Wie oben bereits angesprochen handelt es sich hierbei wohl um ein Zugeständnis an die Mitgliedstaaten, die eine industriepolitische Ausrichtung der Verordnung erreichen wollten.[131] Die Kommission hat es in ihrer Praxis bislang vermieden, die Nachteile einer marktbeherrschenden Stellung mit nichtwettbewerblichen Vorteilen abzuwägen, so dass dieses Kriterium in der bisherigen Anwendung eher eine geringe Rolle spielte[132].

2. Erhebliche Behinderung wirksamen Wettbewerbs

Gemäß Art. 2 Abs. 3 FKVO bedarf es neben der beherrschenden Stellung noch eines zweiten Kriteriums. Es handelt sich hierbei um das Merkmal der erheblichen Behinderung wirksamen Wettbewerbs. Bezüglich der Frage, ob dieser Behinderungsklausel eine über die Marktbeherrschung hinausgehende Bedeutung zukommt und sie somit ein eigenständiges Kriterium darstellt, bestehen unterschiedliche Auffassungen[133].
Die Praxis der Kommission lässt erkennen, dass sie dem Merkmal der „erheblichen Behinderung“ wohl eher keine über das Merkmal der Marktbeherrschung hinausgehende Bedeutung beimisst. In den meisten der von ihr getroffenen Untersagungsentscheidungen lässt sich eine gesonderte Prüfung nicht erkennen[134]. Allein in der Untersagungsentscheidung „Aerospatiale-Alenia/de Havilland fand

[130] S. dazu ausführlich: Kerber in: Oberender, Die Europäische Fusionskontrolle, S. 69 (72 ff.).
[131] so auch Niederleithinger/Held, Kartellrechtspraxis und Kartellrechtsprechung 1989/90, S. 277.
[132] vgl. Kerber in: Oberender, Die Europäische Fusionskontrolle, S. 69 (75, 88).
[133] ein eigenständiges Kriterium nehmen an: Miersch, Kommentar zur EG-Verordnung Nr. 4064/89, S. 50 ff.; Albers in: Schwerpunkte des Kartellrechts 1990/91, S. 99 (107); Schütz in: GK Hootz, Art. 2 Rn. 118; Sauter, Arbeitstagung der Studienvereinigung Kartellrecht am 18.1.1990, WuW 1990, 218 (218); Bechtold, RIW 1990, 253 (257); Bechtold, EuZW 1996, 389 (390/391); Riesenkampff in: Festschrift für Rittner, S. 491 (496); Zäch, Grundzüge des Europäischen Wirtschaftsrechts, S. 307; Weitbrecht, EuZW 1990, 18 (20); ebenfalls das EuG folgt der Trennung in zwei Merkmale: EuG, Urteil vom 19.5.1994, Slg. Teil II 1994, S. 327 ff. = „Air France/Kommission“, Tz. 79.
keine selbständige Bedeutung nehmen an: Gugerbauer, Handbuch der Fusionskontrolle, Art. 2, Tz. 91; Kerber, Die Europäische Fusionskontrollpraxis und die Wettbewerbskonzeption der EG, S. 24, 25 und S. 236; Stockenhuber, Die Europäische Fusionskontrolle, S. 228; Löffler in: Langen/Bunte, Art. 2 Rn. 9; Deimel, Rechtsgrundlagen einer europäischen Zusammenschlusskontrolle, S. 33 f.; Immenga in: Immenga/Mestmäcker, EG-WbR, Bd. I, Art. 2 Rn. 21; Veelken in: Die Europäische Fusionskontrolle, S. 18 f.
[134] so z.B. in: „RTL/Veronica/Endemol“, Europäische Kommission, Entscheidung vom 20.9.1995, ABl. EG, Nr. L 134 vom 5.6.1996, S. 32, Tz. 87 und 105; „Gencor/Lonrho“, Europäische Kommission, Entscheidung vom 24.4.1996, ABl. EG, Nr. L 11 vom 14.1.1997, S. 30, Tz. 206; „Bertelsmann/Kirch/Premiere“, Europäische Kommission, Entscheidung vom 27.5.1998, ABl. EG, Nr. L 53 vom 27.2.1999, S. 1, Tz. 118.

eine eigenständige Prüfung in dem Sinne statt, dass bei dem Merkmal der „erheblichen Behinderung“ auf die Dauerhaftigkeit der Marktbeherrschung abgestellt und so der Behinderungsklausel eine zeitliche Komponente beigemessen wurde[135].
Da die Kommission demzufolge eine grundsätzliche Äußerung diesbezüglich vermeidet und tendenziell das Kriterium eher nicht gesondert prüft, ist zumindest davon auszugehen, dass der Schwerpunkt der Prüfung auf dem Kriterium der Marktbeherrschung liegt. Es stellt somit das hauptsächliche Beurteilungskriterium für die Vereinbarkeit bzw. Unvereinbarkeit des Zusammenschlusses mit dem Gemeinsamen Markt dar.

3. Vereinbarte Einschränkungen

Es kann sein, dass ein Zusammenschluss mit Einschränkungen verbunden ist, die in Zusammenhang mit dem Zusammenschluss zwar getroffen worden sind, aber eher dem Bereich der Wettbewerbsbeschränkungen zuzuordnen sind und somit unter Art. 81 EGV und die Verordnung 17/62 fallen würden[136]. Für diese Fälle sieht der Erwägungsgrund 25 der FKVO vor, dass die Anwendung der Verordnung nicht ausgeschlossen ist, wenn sich die am Zusammenschluss beteiligten Unternehmen solchen „Einschränkungen unterwerfen, die mit der Durchführung des Zusammenschlusses unmittelbar verbunden und für diese notwendig sind“. Diese Regelung findet sich im Art. 8 Abs. 2 Unterabs. 2 S. 2 sowie in Art. 6 Abs. 1 lit. b) Unterabs. 2 FKVO wieder, nach denen sich die Entscheidung der Kommission auch auf diese Einschränkungen erstreckt. Allein die Fusionskontrollverordnung findet gemäß Art. 22 Abs. 1 FKVO Anwendung und schließt eine Anwendung u.a. der Verordnung Nr. 17 aus. Eine Doppelkontrolle sowohl nach dem Fusionskontrollrecht als auch nach dem Verbot wettbewerbsbeschränkender Verhaltenskoordination wird somit vermieden, und das Prinzip des „one-stop-shop“ bleibt gewahrt[137].
Ihre Beurteilungsgrundsätze bezüglich dieses „Konzentrationsprivilegs“ hat die Kommission in einer „Bekanntmachung über Einschränkungen des Wettbewerbs, die mit der Durchführung von Unternehmenszusammenschlüssen unmittelbar verbunden und für diese notwendig sind“, dargelegt[138].

---

[135] Europäische Kommission, Entscheidung vom 2.10.1991, „Aerospatiale-Alenia/de Havilland“, ABl. EG, Nr. L 334 vom 5.12.1991, S. 42 ff., Tz. 53.
[136] Löffler in: Langen/Bunte, 9. Auflage, Bd. 1, Art. 8 FKVO Rn. 15.
[137] Daoût in: GTE, 5. Auflage, Bd. 2/II, Art. 8 Absatz 2 FKVO, Rn. 44; Immenga in: Immenga/Mestmäcker, EG-WbR, Bd. I, Art. 8 FKVO Rn. 8; vgl. im übrigen ausführlich zu den Voraussetzungen: Schroeder in: Schwerpunkte des Kartellrechts 1999, S. 93 (95).
[138] ABl. EG, Nr. C 188 vom 4.7.2001, S. 5.

Anders als in der dadurch ersetzten Bekanntmachung von 1990[139], stellt die Kommission darin klar, dass sie nicht verpflichtet ist, die vereinbarten Einschränkungen zu beurteilen und förmlich auf sie einzugehen, da sämtliche Einschränkungen unabhängig einer separaten Bezugnahme gemäß Art. 6 Abs. 1 lit. b) Unterabs. 2 und Art. 8 Abs. 2 Unterabs. 2 S. 2 FKVO genehmigt sind. Insofern sieht sie seitdem von einer Beurteilung der Einschränkungen in ihren Fusionskontrollentscheidungen ab. Sind die Einschränkungen mit der Durchführung des Zusammenschlusses unmittelbar verbunden und für diesen notwendig, werden sie daher automatisch von der betreffenden Entscheidung zur Erklärung der Vereinbarkeit mit dem Gemeinsamen Markt mit erfasst. Mangelt es an der „Unmittelbarkeit" oder der „Notwendigkeit", so findet eine Prüfung der vereinbarten Einschränkungen nach Maßgabe der Art. 81 und 82 EGV statt. Das Vorliegen der Kriterien „unmittelbare Verbundenheit" und „Notwendigkeit" wird objektiv bestimmt und richtet sich nach den in der Bekanntmachung niedergelegten Grundsätzen.

4. Resümee

Die soeben unter Teil 1, B. II. 1. bis 3. beschriebenen materiellen Grundsätze beschreiben somit die inhaltliche Beurteilung der in den Anwendungsbereich der Fusionskontrollverordnung gefallenen Zusammenschlüsse. Entscheidend für die materielle Prüfung sind somit die Ermittlung des sachlich und geographisch relevanten Marktes sowie die Beurteilung, ob der Zusammenschluss von gemeinschaftsweiter Bedeutung eine marktbeherrschende Stellung begründet oder verstärkt.

C. Institutionelle Struktur und Verfahren

Im nun folgenden Abschnitt werden Struktur und Befugnisse der Kommission sowie das Verfahren im Rahmen der Fusionskontrolle erläutert. Die bereits unter diesem Punkt ausgeführten Verfahrenserläuterungen sollen einer besseren Einordnung der unter Punkt D bis F. zu untersuchenden Rechte der Betroffenen im Verfahren dienen.

I. Institutionelle Struktur der 'Merger Task Force'

Für Entscheidungen im Rahmen der Zusammenschlusskontrolle ist die Kommission mit ihren 20 Kommissaren (Art. 213 EGV) zuständig. Zur Vorbereitung ihrer Entscheidungen gibt es Dienststellen, die ressortmäßig geordnet sind. Die Dienst-

---

[139] ABl. EG, Nr. C 203 vom 14.8.1990, S. 5.

stellen unterteilen sich wiederum in gleichgestellte Dienststellen und Generaldirektionen.[140] Es gibt insgesamt 24 Generaldirektionen, wovon in der vierten Generaldirektion, der Generaldirektion Wettbewerb, eine neue Einheit für die Bewältigung der im Rahmen der Fusionskontrolle anstehenden Verwaltungsmaßnahmen gebildet wurde – die 'Merger Task Force'[141]. Ihre Aufgabe besteht maßgeblich in der Prüfung der Anmeldungen sowie der Vorbereitung der Kommissionsentscheidungen nach der Fusionskontrollverordnung[142].
Die angemeldeten Zusammenschlüsse werden ad hoc einem Team zugewiesen. Es besteht daher keine, wie z.B. im deutschen Recht übliche Einteilung in Branchenabteilungen mit sektoriellen Zuständigkeiten[143]. Der dadurch vorhandene Mangel an sektoriellen Kenntnissen wird jedoch zum einen durch enge Kontakte mit den Branchenabteilungen abgefangen, die in der Generaldirektion für die Bearbeitung der Fälle im Rahmen der Art. 81 und 82 EGV zuständig sind. Zum anderen wird dieser Umstand dadurch abgemildert, dass ebenfalls enge Kontakte zu den jeweils betroffenen Wirtschaftsbranchen, wie z.B. den Generaldirektionen VII (Verkehr), XIII (Telekommunikation), XV (Banken und Versicherungen), sowie XVII (Energie), bestehen.[144] In der Regel setzt sich das Team aus dem sogenannten 'Case Manager', der die Aufgabe eines Abteilungsleiters wahrnimmt, sowie aus zwei Berichterstattern zusammen, die nach Möglichkeit unterschiedlicher nationaler Herkunft sind[145]. Neben speziellen Branchenkenntnissen einzelner Mitarbeiter ist insbesondere die Beherrschung der Verfahrenssprache ein bedeutendes Kriterium bei der Besetzung der Teams[146].

II. Verfahren

Bei der Fusionskontrollverordnung handelt es sich um ein System der präventiven Kontrolle von Unternehmenszusammenschlüssen[147]. Das bedeutet, dass die Zusammenschlussvorhaben vor ihrer Durchführung bei der Kommission angemeldet werden müssen.
Im Gegensatz zu einer nachträglichen Kontrolle bietet ein präventives Kontrollsystem den Vorteil der Ersparung eines aufwendigen Entflechtungsverfahrens im

---

[140] Oppermann, Europarecht, § 5 Rn. 341.
[141] Rohardt, WuW 1991, 365 (383); bzgl. der Generaldirektionen vgl. Auflistung bei: Oppermann, Europarecht, § 5 Rn. 342.
[142] Vgl. Europäische Kommission, 20. Wettbewerbsbericht, 1991, Tz. 26.
[143] Drauz in: Schwerpunkte des Kartellrechts 1990/1991, 89 (89 f.).
[144] Kerber, Die Europäische Fusionskontrollpraxis und die Wettbewerbskonzeption der EG, S. 142/143; Drauz in: Schwerpunkte des Kartellrechts 1990/91, S. 89 (90).
[145] Drauz/Schroeder, Praxis der europäischen Fusionskontrolle, S. 186.
[146] Rohardt, WuW 1991, 365 (383); Kögel, Die Angleichung der deutschen an die europäische Fusionskontrolle, S. 219.
[147] Vgl. 17. Erwägungsgrund der Fusionskontrollverordnung.

Falle einer Untersagung[148]. Eine Rückgängigmachung des Zusammenschlusses nach seinem Vollzug müssen die Unternehmen somit nicht befürchten, so dass ihnen durch dieses System ein größeres Maß an Sicherheit gewährt wird[149].
Das Prüfungsverfahren besteht nach der Anmeldung aus zwei Verfahrensphasen: die Vorprüfungsphase, die sogenannte erste Phase (Art. 6 FKVO), und die Hauptprüfungsphase, die sogenannte zweite Phase (Art. 8 FKVO). Während die Kommission in der ersten Phase eine Entscheidung gemäß Art. 10 Abs. 1 FKVO innerhalb von einem Monat bzw. auch sechs Wochen treffen muss, steht ihr in der zweiten Phase nach Art. 10 Abs. 3 ein Prüfungszeitraum von vier Monaten zu.
Die näheren Modalitäten des Verfahrens, insbesondere die der Anmeldungen, der Fristen und der Anhörung, sind in einer entsprechenden Verfahrensverordnung geregelt[150], die die Kommission gemäß Art. 23 FKVO ermächtigt war zu erlassen.

1. Anmeldung

Ein Zusammenschluss ist innerhalb einer Woche nach dem Vertragsabschluss, der Veröffentlichung des Kauf- oder Tauschangebots oder des Erwerbs einer die Kontrolle begründenden Beteiligung bei der Kommission anzumelden (Art. 4 Abs. 1 FKVO).
Es muss sich dabei um einen für die Parteien verbindlichen Vertragsabschluss handeln. Nicht ausreichend dagegen ist eine bloße Absichtserklärung, ein Vorvertrag oder ein „Memorandum of Understanding", da sie grundsätzlich nicht zum Abschluss des endgültigen Hauptvertrags verpflichten[151]. Die rechtliche Ausgestaltung des Zusammenschlussvorhabens muss die Parteien bereits wirksam an die Durchführung des konkreten Vorhabens binden[152], so dass demnach nur noch die Entscheidung ausstehen darf, ob der Zusammenschluss mit dem Gemeinsamen Markt vereinbar ist[153].
Im Gegensatz dazu ist in Deutschland eine Anmeldung früher, d.h. bereits nach der Zeichnung des „letter of intend" (Absichtserklärung), möglich[154]. Der Vorteil dabei liegt in der Zeitersparnis für die Parteien. Während der Zeit, in der das Bundeskartellamt bereits tätig wird, können parallel dazu die abschließenden Gespräche geführt werden. Des Weiteren haben die Unternehmen ein Interesse daran,

---

[148] Kögel, Die Angleichung der deutschen an die europäische Fusionskontrolle, S. 223.
[149] Gugerbauer, Handbuch der Fusionskontrolle, Art. 4, Tz. 1.
[150] Verordnung (EG) Nr. 447/98 der Kommission vom 1. März 1998 über die Anmeldungen, über die Fristen sowie die Anhörung nach der Verordnung (EWG) Nr. 4064/89 des Rates über die Kontrolle von Unternehmenszusammenschlüssen, ABl. EG, Nr. L 61 vom 2.3.1998, S. 1.
[151] Schütz in: GK Hootz, Art. 4 Rn. 7.
[152] Stoffregen in: GTE, 5. Aufl., Band 2/II, Art. 4 FKVO Rn. 6.
[153] Albers in: Schwerpunkte des Kartellrechts 1990/91, S. 99 (111).
[154] Dirksen in: Schwerpunkte des Kartellrechts 1990/91, S. 119 (122); Wagemann in: Wiedemann, § 17 Rn. 2; Schütz in: GK Hootz, Art. 4 Rn. 6.

bereits vor Abschluss des Vertrages Sicherheit zu erlangen, dass das Zusammenschlussvorhaben nicht an einer Kartellbehörde scheitert.
Grundsätzlich will die Kommission mit ihrer Praxis unnötigen Arbeitsaufwand vermeiden, der anfallen würde, wenn das Zusammenschlussvorhaben aus irgendeinem Grund doch nicht vollzogen wird.
Allerdings finden sich Hinweise darauf, dass sich die Kommission bereits 1990 in einem Fall in ihrer Praxis durchaus flexibel gezeigt hat. Dort nahm sie die Anmeldung bereits auf der Basis eines Vorvertrages entgegen.[155] Ebenfalls hat die Kommission im Fall der öffentlichen Übernahme von „Alfa-Laval" durch „Tetra Pak" sogar die öffentliche Ankündigung der Übernahmeabsicht für die Anmeldefähigkeit genügen lassen[156]. Auch das Fusionsvorhaben „Hewlett-Packard/Compaq" durchlief das Verfahren der ersten Phase und wurde am 31.1.2002 genehmigt, obwohl die Zustimmung der Hewlett-Packard-Aktionäre im Zeitpunkt der Anmeldung noch nicht vorlag[157].

Für die Unternehmen ändern diese Fälle jedoch nichts an dem Grundsatz, dass eine Anmeldung vor verbindlichem Vertragsabschluss in der Verordnung sowie in der generellen Praxis der Kommission nicht vorgesehen ist, so dass ihnen während der Schlussverhandlungen des Vorhabens lediglich die Vorgespräche und eine gute Vorbereitung der zukünftigen Anmeldung bleiben.

a) Anmeldeverfahren – Formblatt CO

Gemäß Art. 2 Verfahrensverordnung (im Folgenden: VerfVO) ist für die Anmeldung das Formblatt CO[158] zu verwenden. Wichtig dabei ist, dass die Angaben vollständig und richtig sind (Art. 3 Abs. 1 VerfVO). Ist die Anmeldung jedoch in einem wesentlichen Punkt unvollständig, so muss die Kommission dies den anmeldenden Parteien gemäß Art. 4 Abs. 2 VerfVO mitteilen sowie eine Frist zur Ergänzung der fehlenden Angaben setzen. Erst die vollständige Anmeldung setzt dann die Monatsfrist der ersten Verfahrensphase gemäß Art. 10 Abs. 1 FKVO in Gang (Art. 10 Abs. 1 S. 2 FKVO, Art. 4 Abs. 2 S.2 VerfVO).
Gemäß Art. 2 Abs. 2 VerfVO wird das Formblatt der Kommission zusammen mit den als Anlagen beigefügten Schriftstücken im Original und in 23 Ausfertigungen übermittelt. Allein 15 dieser Anmeldesätze werden sofort an die zuständigen Behörden der Mitgliedstaaten weitergeleitet (Art. 19 Abs. 1 FKVO).

---

[155] Vgl. Dirksen in: Schwerpunkte des Kartellrechts 1990/91, S. 119 (122).
[156] Drauz/Schroeder, Praxis der europäischen Fusionskontrolle, S. 191.
[157] Financial Times Deutschland vom 1.2.2002, Mario Monti ermutigt Carly Fiorina, S. 4.
[158] Das Formblatt CO bildet den Anhang der Durchführungsverordnung (ABl. EG, Nr. L 61 vom 2.3.1998, S. 11 ff.) und wurde ebenfalls im Rahmen der Reform der Verfahrensverordnung 1998 geändert, vgl. ausführliche Darstellung der Änderungen bei Hirsbrunner, EuZW 1998, 613 (615).

Mit seinen zwölf ausführlich zu beantwortenden Abschnitten ist das Formblatt CO sehr umfangreich. Es dient dazu, dass sich die Kommission möglichst bereits innerhalb der Monatsfrist der ersten Verfahrensphase einen ausreichenden Überblick über komplexe Sachverhalte verschaffen und in einigen Fällen bereits zu einer Entscheidung gelangen kann.[159] Es soll dadurch vermieden werden, dass für Fusionsvorhaben allein aus Gründen mangelnder Daten unnötigerweise die zweite Verfahrensphase eingeleitet werden muss[160]. Insofern stellt der Umfang des Formblatts bei derart großen Zusammenschlüssen auf Gemeinschaftsebene den Preis für die kurzen Prüfungsfristen insbesondere hinsichtlich der ersten Phase dar[161].

Aufgrund des großen Umfangs hat die Kommission die Möglichkeit, im Rahmen einer Anmeldung eines konkreten Zusammenschlusses die Parteien von der Pflicht zur Vorlage einzelner Angaben und Unterlagen zu befreien (Art. 3 Abs. 2 VerfVO). Diese Möglichkeit zum Dispens ist unter anderem Gegenstand der Diskussion der bereits vor der Anmeldung stattfindenden Vorgespräche[162]. Somit kann das Formblatt dem einzelnen Fall angepasst werden, so dass unwichtige und überflüssige Informationsbeibringungen vermieden werden.

Enthalten die eingereichten Unterlagen Geschäftsgeheimnisse, wird eine getrennte Einreichung dieser Angaben sowie eine entsprechende Kennzeichnung empfohlen[163]. Gemäß Art 17 Abs. 2 VerfVO ist zusätzlich eine Begründung der Geheimhaltungsbedürftigkeit erforderlich.

b) Anmeldepflichtige Unternehmen und Personen

Anmeldepflichtig sind gemäß Art. 4 Abs. 2 Satz 1 FKVO bei Fusionen und der Begründung einer gemeinschaftlichen Kontrolle alle beteiligten Unternehmen gemeinsam. In den übrigen Fällen, bei Begründung alleiniger Kontrolle und bei Übernahmeangeboten, obliegt die Anmeldung der Person oder dem Unternehmen, die oder das die Kontrolle erwirbt (Art. 4 Abs. 2 S. 2 FKVO). Unternehmen, die Gegenstand des Kontrollerwerbs sind, haben demnach keine Pflicht zur Anmeldung.

---

[159] Gugerbauer, Handbuch der Fusionskontrolle, Art. 4, Tz. 4.
[160] Hitzler, EuZW 1990, 369 (370).
[161] Löffler in: Langen/Bunte, 9. Auflage, Bd. 1, Art. 4 FKVO Rn. 6; Hitzler, EuZW 1990, 369 (370); Schütz in: Oberender, Die Europäische Fusionskontrolle, S. 57 (65).
[162] Wagemann in: Wiedemann, § 17 Rn. 25.
[163] Drauz/Schroeder, Praxis der europäischen Fusionskontrolle, S. 198.

c) Veröffentlichung der Anmeldung

Gemäß Art. 4 Abs. 3 FKVO werden grundlegende Angaben wie die Beteiligten, der Wirtschaftszweig sowie die Art des Zusammenschlusses im Amtsblatt C der Europäischen Gemeinschaften veröffentlicht. Damit besteht für Dritte wie Wettbewerber, Abnehmer etc. die Möglichkeit der Kenntnisnahme. Diese werden aufgefordert innerhalb von 10 Tagen ab der Veröffentlichung schriftlich zu dem Zusammenschluss Stellung zu nehmen.[164]

Bei Unvollständigkeit sowie bei Neuanmeldung nach Rücknahme der ersten Anmeldung erfolgt eine weitere Veröffentlichung (Art. 4 Abs. 5 S. 2 VerfVO).

d) Vollzugsverbot

Art. 7 Abs. 1 FKVO legt fest, dass ein Zusammenschluss im Sinne des Art. 1 FKVO weder vor der Anmeldung noch so lange vollzogen werden darf, bis er aufgrund einer Entscheidung gemäß Art 6 Abs. 1 lit. b), einer Entscheidung gemäß Art. 8 Abs. 2 oder einer Vermutung gemäß Art. 10 Abs. 6 FKVO für vereinbar mit dem Gemeinsamen Markt erklärt worden ist. Ein gegen das Vollzugsverbot verstoßendes Rechtsgeschäft ist gemäß Art. 7 Abs. 5 FKVO unwirksam.

Liegen jedoch bestimmte Umstände vor, so kann die Kommission, z.B. bei der Rettung eines in finanzielle Schwierigkeiten geratenen Unternehmens nach Art. 7 Abs. 4 FKVO, eine Befreiung vom Vollzugsverbot erteilen[165].

2. Informelle Vorgespräche

Entsprechend dem Erwägungsgrund 10 der Verfahrensverordnung haben die Anmelder bereits vor Anmeldung die Gelegenheit zu informellen und vertraulichen Gesprächen über den beabsichtigten Zusammenschluss. Diese Möglichkeit wird von einem großen Anteil der beteiligten Unternehmen genutzt, so dass die Vorgespräche gängige Praxis geworden sind[166]. Voraussetzung für derartige Gespräche ist allerdings, dass das Zusammenschlussvorhaben bereits hinreichend konkret ist[167].

Zuweilen finden diese Gespräche bereits Monate vor Vertragsabschluss statt, so dass die Unternehmen parallel zu den letzten Verhandlungen und den Vorgesprä-

---

[164] Stoffregen in: GTE, 5. Auflage, Bd. 2/II, Art. 4 FKVO Rn. 50.

[165] Gugerbauer, Handbuch der Fusionskontrolle, Art. 7, Tz. 5; Schäfer, Internationaler Anwendungsbereich der präventiven Zusammenschlusskontrolle im deutschen und europäischen Recht, S. 201.

[166] Rohardt, WuW 1991, 365 (375); Drauz/Schroeder, Praxis der europäischen Fusionskontrolle, S. 187.

[167] Drauz/Schroeder, Praxis der europäischen Fusionskontrolle, S. 187.

chen die Anmeldung vorbereiten und diese dann fristgemäß nach Vertragsabschluss bei der Kommission einreichen können[168].

In erster Linie dienen die Vorgespräche folgenden Aspekten:

Zunächst erhält die Kommission dadurch bereits zu einem frühen Zeitpunkt Kenntnis von dem Zusammenschlussvorhaben und kann demzufolge wertvolles Vorwissen aufbauen. Dies ist sowohl für die Kommission - im Hinblick auf die kurzen Verfahrensfristen[169] - als auch für die Parteien hilfreich. Der Kommission gelingt es auf diese Weise durch ihr Vorwissen eine bessere Einschätzung des Falles zu erlangen, so dass sie im Rahmen des Anmeldeformulars auf einige Angaben verzichten kann (vgl. Art 3 Abs. 2 VerfVO). Die betroffenen Parteien haben dagegen ebenfalls die Möglichkeit mit der Kommission zu besprechen, welche Informationen bezüglich des Formblattes CO bei der Anmeldung unabdingbar sind bzw. zu welchen Aspekten eventuell keine Angaben notwendig sind (Befreiung nach Art. 3 Abs. 2 VerfVO). Auf diese Weise wird versucht, den Aufwand für die Parteien möglichst gering zu halten.

Weiterhin ist es der Kommission bereits in dieser frühen Phase möglich, eine Vor-Analyse bezüglich der möglicherweise auftretenden Probleme des jeweiligen Fusionsvorhabens durchzuführen[170]. Somit können bereits zu diesem Zeitpunkt die Aussichten des Zusammenschlusses erörtert werden[171]. Da das Vorhaben der Parteien zu diesem Zeitpunkt noch nicht öffentlich und der Vertrag noch nicht geschlossen ist, kann ein möglicherweise geschäftsschädigender Rückzug vermieden werden. Darüber hinaus können die Gespräche durch frühes ergebnisorientiertes Handeln dazu beitragen, zukünftiges Konfliktmaterial von vornherein einzudämmen.

Einen weiteren wichtigen Aspekt der Vorgespräche stellt der fehlende Zeitdruck dar. Der frühe Zeitpunkt der Gespräche gibt den Parteien noch ohne den durch die Fristen verursachten Zeitdruck die Möglichkeit, den Fall mit der Kommission in Ruhe zu erörtern[172]. Bei Bedarf können sodann potentielle Wettbewerbsprobleme thematisiert und etwaige Lösungsmöglichkeiten andiskutiert werden.

Ein letzter, ebenfalls sehr wertvoller Aspekt ist die Tatsache, dass durch die Vorgespräche eine unvollständige Anmeldung vermieden werden kann, die keine Frist in Gang zu setzen vermag. So wird verhindert, dass nach Veröffentlichung des Zusammenschlussvorhabens im Zuge der Anmeldung wertvolle Zeit verloren geht.

Sowohl aus der Perspektive der Kommission als auch aus der Perspektive der betroffenen Parteien ergibt sich somit eine große Bedeutung der informellen Vorge-

---

168 Löffler in: Langen/Bunte, 9. Auflage, Bd. 1, Art. 4 FKVO Rn. 3.

169 Rohardt, WuW 1991, 365 (374).

170 Gilchrist, Global Competition Review, December-January 2000/2001, 19 (20); Weitbrecht, EuZW 1993, 687 (689).

171 Dirksen in: Schwerpunkte des Kartellrechts 1990/91, S. 119 (119).

172 Rohardt, WuW 1991, 365 (375).

spräche. Dies kann natürlich nur so lange gelten, wie es der Kommission gelingt die Vertraulichkeit derartiger Gespräche zu wahren[173].

Zur weiteren Feinabstimmung vor der endgültigen Anmeldung ist es in der Praxis üblich, dass nach den Vorgesprächen zunächst ein Entwurf der Anmeldung übersandt wird[174].

3. Die erste Prüfungsphase, Art. 6 Fusionskontrollverordnung

Das an die Anmeldung anschließende Prüfungsverfahren ist aufgeteilt in zwei Phasen: die Vorprüfungsphase, die sogenannte erste Phase, (Art. 6 FKVO), und die Hauptprüfungsphase, zweite Phase (Art. 8 FKVO). Die erste Phase besitzt dabei den Charakter eines summarischen Verfahrens, welches dazu dient, die wettbewerblich kritischen Fälle aus den unbedenklichen Fällen herauszufiltern, um letztere möglichst zügig freigeben zu können[175]. Im Sinne des Verhältnismäßigkeitsgrundsatzes sowie des Beschleunigungsgebots soll eine schnelle Klärung für wettbewerblich unkritische Fälle stattfinden können, während nur für die kritischen Fälle ernsthafter Bedenken hinsichtlich ihrer Vereinbarkeit mit dem Gemeinsamen Markt der zweite Prüfungsabschnitt nach Art. 8 FKVO eingeleitet wird[176].

Die Praxis zeigt, dass Verfahrensabschlüsse in oder nach der ersten Prüfungsphase deutlich überwiegen. So erließ die Kommission im Jahre 2000 insgesamt 345 Entscheidungen, wovon allein 321 Fusionsvorhaben in der ersten Phase genehmigt wurden[177].

a) Das Verfahren

Gemäß Art. 10 Abs. 1 FKVO verfügt die Kommission nach Eingang der Anmeldung über eine Frist von einem Monat, um das angemeldete Vorhaben einer ersten Prüfung zu unterziehen. Seit der Revision der Fusionskontrollverordnung 1997 ist die Kommission zudem - wie bereits vorher schon im Rahmen des Art. 8 FKVO - nun auch gemäß Art. 6 Abs. 2 FKVO ausdrücklich befugt, in der ersten Verfahrensphase Zusagen der Parteien entgegenzunehmen und ihre Genehmigungsentscheidung mit entsprechenden Auflagen und Bedingungen zu verbinden, um diese Zusagen abzusichern[178]. In diesem Fall verlängert sich die Prüfungsfrist

---

[173] Rohardt, WuW 1991, 365 (376).
[174] Drauz/Schroeder, Praxis der europäischen Fusionskontrolle, S. 187.
[175] Wagemann in: Wiedemann, § 17 Rn. 66; Schröer in: Frankfurter Kommentar, Band VI, Art. 6 FKVO Rn. 5; Stoffregen in: GTE, 5. Auflage, Bd. 2/II, Art. 6 FKVO Rn. 1 und 3.
[176] Stoffregen in: GTE, 5. Auflage, Bd. 2/II, Art. 6 FKVO Rn. 1; Schütz in: GK Hootz, Art. 6 Rn. 1; zum Beschleunigungsgebot s. Hirsbrunner in: GTE, 5. Auflage, Bd. 2/II, Art. 10 FKVO Rn. 2.
[177] Europäische Kommission, 30. Wettbewerbsbericht, 2001, Tz. 231.
[178] Schütz in: GK Hootz, Art. 6 Rn. 25.

auf sechs Wochen, in denen die Kommission die Zusagen der Beteiligten prüfen kann (Art. 10 Abs. 1 Unterabs. 2 FKVO). Zusagen stellen Erklärungen dar, in denen sich die beteiligten Parteien zu Maßnahmen verpflichten, die die Entstehung oder Verstärkung einer marktbeherrschenden Stellung auf dem Gemeinsamen Markt verhindern sollen[179].
Schon vor der Revision 1997 hat die Kommission trotz Fehlens einer expliziten Regelung, Zusagen der Parteien bereits in der ersten Verfahrensphase zugelassen, begrenzte dies jedoch auf eindeutige Fälle[180]. Kritik wurde daran insbesondere deshalb laut, weil die erste Phase eigentlich für unproblematische Fälle vorgesehen ist, während die zum Teil komplexen Zusagen der bedenklichen Fälle in der zweiten Phase intensiver untersucht werden sollen. In unproblematischen Fällen, so das Argument der Kommission zu ihrer bisherigen Praxis, sollte den Parteien allein aus formalen Gründen nicht zugemutet werden, in die zweite Phase eintreten zu müssen.[181] Eine unnötige Verlängerung der Verfahrens hinsichtlich der Kosten und der Verzögerung des Zusammenschlussvorhabens im Sinne des Verhältnismäßigkeitsgrundsatzes galt es zu vermeiden[182]. Nichtsdestotrotz musste sich die Kommission ohne Gegenargument der Kritik aussetzen, dass diese gesetzlich nicht festgelegte Handhabung die Mitwirkungsrechte der Mitgliedstaaten stark einschränkte, da ihre Beteiligung erst in der zweiten Verfahrensphase vorgesehen war. Die Nichteröffnung des Hauptverfahrens bei kritischen Grenzfällen bedeutete für die Mitgliedstaaten eine Verringerung ihres Beteiligung und Einflussnahme.[183] Im übrigen blieb im Rahmen der vier Wochen Frist nicht genügend Zeit für Konsultationen von Mitgliedstaaten und Dritten[184]. Durch die seit der Reform von 1997 vorgesehene Fristverlängerung auf sechs Wochen im Falle der Annahme von Zusagen, besteht auch für die Mitgliedstaaten und eventuelle Drittbetroffene eine ausreichende Möglichkeit der Beteiligung[185]. Insbesondere den Mitgliedstaaten werden die Zusagen gemäß Art. 19 Abs. 1 S. 2 FKVO zur Prüfung übermittelt.

Um eine extensive Ausweitung der Zusagenfälle in der ersten Phase zu verhindern, ist die Abgabe von Zusagen im Erwägungsgrund 8 der Verordnung 1310/97 zur Revision der Fusionskontrollverordnung[186] auf Fälle eines klar umrissenen Wettbewerbsproblems beschränkt worden. Für schwierige und komplexe Zusam-

---

[179] Fuchs, WuW 1996, 269 (270).
[180] Europäische Kommission, 24. Wettbewerbsbericht, 1995, Tz. 315; Übersicht auch bei Fuchs WuW 1996, 269 (280 ff.); Baron, WuW 1997, 579 (588/589).
[181] Bartosch, BB 2000, 1897 (1900); Vgl. zur Kritik der Zusagen in der ersten Phase insbes. Sauter, Zwei Jahre Praxis der Europäischen Fusionskontrolle – eine kritische Bewertung –, S. 14 f.
[182] Drauz/Schroeder, Praxis der europäischen Fusionskontrolle, S. 204; Fuchs, WuW 1996, 269 (281).
[183] Vgl. Groger/Janicki, WuW 1992, 991 (1000).
[184] Gilchrist in: Schwerpunkte des Kartellrechts 1996, S. 59 (73/74).
[185] Hirsbrunner, EuZW 1998, 69 (73).
[186] ABl. EG, Nr. L 180 vom 9.7.1997, S. 1.

menschlussvorhaben bleibt somit nur die Einleitung der zweiten Phase (für die dann auch eine Beteiligung Dritter und der Mitgliedstaaten durch den Beratenden Ausschuss vorgesehen ist).
Allerdings ist es trotz dieses Grundsatzes zur Annahme von komplizierten Zusagen bereits in der ersten Phase gekommen, obwohl dies von der Verordnung nicht gedeckt ist[187].

b) Ermittlungsbefugnisse der Kommission

Der Kommission stehen im Verfahren der Fusionskontrollprüfung weitgehende Ermittlungsbefugnisse zu, die in den Artikeln 11, 12 und 13 FKVO geregelt sind. Die Vorschriften sind sowohl in der ersten als auch in der zweiten Prüfungsphase anwendbar.
Während die Nachprüfungsbefugnisse der Artikel 12 (Nachprüfungen durch Behörden der Mitgliedstaaten) und 13 FKVO (Nachprüfungsbefugnisse der Kommission) in der Praxis bisher fast keine Rolle gespielt haben, da sie primär für die Aufdeckung von Kartellen gedacht sind, ist dem Auskunftsverlangen des Art. 11 FKVO in Anbetracht der auf dem Fusionskontrollverfahren beruhenden freiwilligen Bereitstellung der erforderlichen Informationen eine größere Bedeutung beizumessen[188]. Dabei sieht der Art. 11 FKVO ein zweistufiges Verfahren vor. Das zuerst von der Kommission versandte Auskunftsverlangen hat nur informellen Charakter, so dass nur eine unrichtige Antwort (vgl. Art. 11 Abs. 3 FKVO), nicht aber die Nichtbeantwortung bußgeldbewehrt ist[189]. Wird die verlangte Auskunft jedoch nicht oder nur unvollständig erteilt, so kann die Kommission eine Auskunftsentscheidung mit einer entsprechenden Frist erlassen (Art. 11 Abs. 5 FKVO). Die Nichtbeantwortung dieser Entscheidung kann sodann mit einem Bußgeld geahndet (Art. 14 Abs. 1 lit. c) FKVO) oder aber die Beantwortung mit Zwangsgeldern gemäß Art. 15 Abs. 1 lit. a) FKVO werden.
Zur Beantwortung setzt die Kommission verhältnismäßig kurze Fristen von höchstens zwei Wochen, da die Fristen der Verordnung ebenfalls sehr kurz bemessen sind[190].

---

[187] Bartosch, BB 2000, 1897 (1900), insbes. Fußnote 37; Bär-Bouyssière in: Europäisches Wettbewerbsrecht im Wandel, S. 119 (123).
[188] Wagemann in: Wiedemann, § 17 Rn. 76.
[189] Wagemann in: Wiedemann, § 17 Rn. 74.
[190] Wagemann in: Wiedemann, § 17 Rn. 74.

c) Abschluss der ersten Prüfungsphase

Gemäß Artikel 6 FKVO wird die erste Prüfungsphase mit einer Entscheidung beendet, ein einfaches Verwaltungsschreiben sowie eine bloße Mitteilung reichen dafür nicht aus[191].
Trifft die Kommission innerhalb der Frist von einem Monat bzw. sechs Wochen keine Entscheidung, so gilt der Zusammenschluss gemäß Art. 10 Abs. 6 FKVO als mit dem Gemeinsamen Markt vereinbar.
Grundsätzlich kommt die Kommission am Ende der ersten Prüfungsphase jedoch zu einer der folgenden Entscheidungen, welche den beteiligten Unternehmen und den zuständigen Behörden der Mitgliedstaaten gemäß Art. 6 Abs. 2 FKVO unverzüglich mitgeteilt wird.

(1) Nichtanwendbarkeit der Verordnung

Eine Möglichkeit könnte sein, dass die Kommission zu der Auffassung gelangt, dass das Vorhaben nicht in den Anwendungsbereich der Fusionskontrollverordnung fällt (Art. 6 Abs. 1 lit. a) FKVO). Dies könnte z.B. entweder aufgrund des Nichterreichens der Umsatzschwellen oder aufgrund mangelnder Erfüllung des Art. 3 FKVO (Definition des Zusammenschlusses) der Fall sein[192].
Häufig werden Fragen bezüglich der Anwendbarkeit der Fusionskontrollverordnung jedoch in informellen Vorgesprächen geklärt. Derartige Auskünfte werden zwar schriftlich erteilt, erfolgen jedoch unter dem ausdrücklichen Hinweis, dass die Rechtsauffassung der 'Merger Task Force' die Kommission nicht bindet. Den Parteien wird somit ein Verfahren nach Art. 6 Abs. 1 lit. a) FKVO erspart, so dass sie ihr Vorhaben gleich bei den entsprechenden nationalen Behörden anmelden können.[193]

(2) Freigabe innerhalb der Monatsfrist; keine Einwände

Eine weitere mögliche Entscheidung der Kommission könnte nach Abschluss der ersten Prüfungsphase darin liegen, dass das Vorhaben keine ernsthaften Bedenken hinsichtlich der Vereinbarkeit mit dem Gemeinsamen Markt aufwirft (Art. 6 Abs. 1 lit. b) FKVO). Diese Entscheidung würde somit eine Freigabe der Fusion nach sich ziehen.
Im Gegensatz zu Art. 8 FKVO reicht hier als Prüfungsmaßstab das Fehlen ernsthafter Bedenken gegen den Zusammenschluss. Es muss nicht positiv festgestellt

---

[191] Niemeyer, Die Europäische Fusionskontrollverordnung, S. 21.
[192] Vgl. bzgl. der Aufzählung entsprechender Fälle: Fußnoten 15 und 16 bei Stoffregen in: GTE, 5. Auflage, Bd. 2/II, Art. 6 FKVO Rn. 7; Löffler in: Langen/Bunte, 9. Auflage, Bd. 1, Art 6 FKVO Rn. 8, 9.
[193] Stoffregen in: GTE, 5. Auflage, Bd. 2/II, Art. 6 FKVO Rn. 9.

werden, dass durch den Zusammenschluss keine marktbeherrschende Stellung begründet oder verstärkt wird.[194] Einen zentralen Hinweis auf ernsthafte Bedenken bieten die Marktanteile. Nach Erwägungsgrund 15 der Fusionskontrollverordnung liegt ein Indiz für die Vereinbarkeit mit dem Gemeinsamen Markt dann vor, wenn selbst bei engster Betrachtungsweise die Marktanteile unter 25% liegen. Ist zudem keine weitere Gefährdung wirksamen Wettbewerbs erkennbar, so gibt die Kommission das Zusammenschlussvorhaben frei[195].
Mit einer derartigen Vereinbarkeitsentscheidung endet ein großer Teil der angemeldeten Zusammenschlüsse[196].

(3) Freigabe nach Änderungen bzw. unter Bedingungen und Auflagen

Nach Art. 6 Abs. 2 FKVO hat die Kommission die Möglichkeit nach dem Grundsatz der Verhältnismäßigkeit einen Zusammenschluss freizugeben, der ansonsten wegen ernsthafter Bedenken in die zweite Verfahrensphase gelangen würde, soweit die Parteien Änderungen bzw. Zusagen abgeben, die geeignet sind die wettbewerblichen Bedenken der Kommission auszuräumen.
Änderungen im Sinne des Art. 6 Abs. 2 Unterabs. 1 FKVO sind Modifikationen des Zusammenschlusses, die nach der Anmeldung, aber vor Entscheidung der Kommission vorgenommen werden. Es wird demnach bereits über eine geänderte Form des Vorhabens entschieden.[197]
Erheblicher sind jedoch die Verpflichtungszusagen des Art. 6 Abs. 2 Unterabs. 2 FKVO. Sie haben seit Beginn der Fusionskontrolle zunehmend an Bedeutung gewonnen.[198] Wie bereits erläutert, sollen sie die Unverhältnismäßigkeit ausgleichen, die entstehen würde, wenn ein Zusammenschluss entweder ausschließlich als vereinbar oder als unvereinbar mit dem Gemeinsamen Markt erklärt werden könnte. Im Vergleich zur Untersagung stellen sie somit das mildere Mittel dar, da den Parteien die Möglichkeit bleibt, den Zusammenschluss durch entsprechende Zusagen so zu gestalten, dass eine Vereinbarkeit mit dem gemeinsamen Markt erreicht werden kann[199]. Die Initiative für derartige Zusagen liegt grundsätzlich bei den Parteien[200]. Die Kommission ist nicht befugt, ihre Entscheidung von sich aus mit Bedingungen und Auflagen zu versehen[201]. In der Praxis sieht es jedoch teilweise so aus, dass die Zusagen mitunter bereits schon vor der Anmeldung re-

---

[194] Stoffregen in: GTE, 5. Auflage, Bd. 2/II, Art. 6 FKVO Rn. 10.
[195] Löffler in: Langen/Bunte, 9. Auflage, Bd. 1, Art. 6 FKVO Rn. 11.
[196] Schröer in: Frankfurter Kommentar, Band VI, Art. 6 FKVO Rn. 10.
[197] Schütz in: GK Hootz, Art. 6 Rn. 24.
[198] Bär-Bouyssière in: Europäisches Wettbewerbsrecht im Wandel, S. 119 (120).
[199] Schütz in: GK Hootz, Art. 2 Rn. 172.
[200] S. Mitteilung der Kommission über zulässige Abhilfemaßnahmen, ABl. EG, Nr. C 68 vom 2.3.2001, S. 3, Tz. 5; auch Art. 18 VerfVO.
[201] Heidenhain, EuZW 1994, 135 (135).

gelrecht ausgehandelt werden[202] oder den Parteien im Verfahren zumindest nahegelegt wird, welche Zusagen die Kommission für erforderlich hält[203].
Da die Fusionskontrolle der Erhaltung der Marktstrukturen dient, gilt der Grundsatz, dass die Zusagen ebenfalls solche marktstruktureller Art sein sollten oder zumindest einen strukturellen Bezug aufweisen müssen[204]. Sie sind deshalb vorzuziehen, da sie keiner langfristigen Überwachungsmaßnahmen bedürfen und daher geeigneter sind, Bedenken gegenüber einem Zusammenschluss zu beseitigen, als Zusagen verhaltensbedingter Art[205]. Letztere sind auch von der Kommission im Fall „MSG Media Service" als von vornherein unzureichend bezeichnet worden[206].
Die von den Parteien vorgeschlagenen Verpflichtungen sind der Kommission gemäß Art. 18 Abs. 1 VerfVO nicht später als drei Wochen nach dem Tag des Eingangs der Anmeldung vorzulegen. So wird eine ausreichende Prüfungszeit der Zusagen sichergestellt, in welcher die ernsthaften Bedenken behoben werden müssen[207]. Sind die Verpflichtungszusagen geeignet die ernsthaften Bedenken der Kommission zu eliminieren, so werden sie von der Kommission durch Bedingungen und Auflagen abgesichert[208] und der Zusammenschluss unter diesen Voraussetzungen als mit dem Gemeinsamen Markt für vereinbar erklärt.

(4) Einleitung des Verfahrens

Weist das Fusionsvorhaben jedoch ernsthafte Bedenken hinsichtlich der Vereinbarkeit mit dem Gemeinsamen Markt auf, so trifft die Kommission die Entscheidung, die zweite Prüfungsphase einzuleiten (Art. 6 Abs. 1 lit. c) FKVO). Mangels Definition des Begriffes der „ernsthaften Bedenken" müssen Bewertungsmaßstäbe anhand der Entscheidungspraxis der Kommission herausgebildet werden. Danach ist es stets erforderlich, dass bedingt durch den Zusammenschluss klare und erheblich Anhaltspunkte für die Entstehung oder Verstärkung einer marktbeherrschenden Stellung vorliegen.[209] Ein Indiz dafür liefert der Erwägungsgrund 15 der Fusionskontrollverordnung, wonach eine Vereinbarkeit mit dem Gemeinsamen Markt nur bei einem Marktanteil unter 25% vermutet wird.

---

[202] Vgl. Entscheidung vom 29.3.2000, COMP/M.1751 „Shell/BASF", ABl. EG, Nr. C 142 vom 20.5.2000, S. 35 = WuW 2000, 499 (499 f).
[203] Bär-Bouyssière in: Europäisches Wettbewerbsrecht im Wandel, S. 119 (119).
[204] Dörr/Haus, JuS 2001, 317 (318); Fuchs, WuW 1996, 269 (274).
[205] Bartosch, BB 2000, 1897 (1900); Bartosch, BB 2001, 2013 (2014).
[206] Europäische Kommission, Entscheidung vom 9.11.1994, WuW/E EV 2231 (2255/2256).
[207] Drauz in: Baudenbacher, Neueste Entwicklungen im europäischen und internationalen Kartellrecht, S. 89 (91).
[208] Schütz in: GK Hootz, Art. 6 Rn. 25.
[209] Wagemann in: Wiedemann, § 17 Rn. 87; vgl. Vorgehen der Kommission bei Immenga in: Immenga/Mestmäcker, EG-WbR, Bd. I, Art. 6 FKVO Rn. 15 ff.

(5) Resümee

Eine Entscheidung nach Abschluss der ersten Prüfungsphase kann somit entweder im Hinblick auf eine Nichtanwendbarkeit der Verordnung, als Freigabe, als Freigabe unter Bedingungen und Auflagen oder als Einleitung der zweiten Verfahrensphase ergehen. In Fällen, in denen die Kommission innerhalb der Frist von einem Monat bzw. sechs Wochen keine Entscheidung getroffen hat, gilt der Zusammenschluss nach Art. 10 Abs. 6 FKVO als mit dem Gemeinsamen Markt vereinbar.

d) Entscheidungsdelegation

Grundsätzlich ist für Entscheidungen im Rahmen der Fusionskontrollverordnung die gesamte Kommission mit ihren 20 Kommissaren zuständig. Die 'Merger Task Force' ist dagegen nur für die Vorbereitung der Entscheidungen zuständig, ist selbst aber nicht entscheidungsbefugt.[210] Die Entscheidungen der Kommission sind Mehrheitsentscheidungen (Art. 219 EGV), d.h. es sind mindestens 11 von 20 Stimmen erforderlich. Dies stellt allerdings ein sehr aufwendiges System dar, welches aufgrund der Vielzahl von Kommissionsaufgaben und mangels Kapazitäten nicht konstant durchgeführt werden kann. Deshalb wurde zur Entlastung der Kommission für den Bereich der ersten Phase im Rahmen der Fusionskontrolle ein vereinfachtes Verfahren etabliert. Der Kommissar für Wettbewerbsfragen wurde ermächtigt Entscheidungen nach Art. 6 Abs. 1 lit. a), lit. b), 7 und 9 Abs. 3 lit. b) FKVO allein zu treffen[211]. Die Übertragung erfolgte durch einen internen Organisationsakt der nicht veröffentlicht wurde[212]. Das Verfahren beruht auf Art. 27 Geschäftsordnung der Kommission in der Fassung von 1975, der die Möglichkeit einer begrenzten Übertragung eindeutig umschriebener Maßnahmen auf einzelne Mitglieder der Kommission zulässt[213].
Obwohl der Wettbewerbskommissar ermächtigt wurde alle Entscheidungen der ersten Phase zu treffen, so gilt für die Eröffnung des Verfahrens nach Art. 6 Abs. 1 lit. c) FKVO etwas anderes. Für den Eintritt in die zweite Prüfungsphase benötigt er die Zustimmung des Präsidenten der Kommission.[214]

---

[210] Wolf in: Schwerpunkte des Kartellrechts 1991/1992, S. 1, 9.

[211] Vgl. Drauz/Schroeder, Praxis der europäischen Fusionskontrolle, S. 203; Kartte, ORDO 43 (1992), 405, 407; Bartodziej, Reform der EG-Wettbewerbsaufsicht und Gemeinschaftsrecht, S. 68; Kerber, Die Europäische Fusionskontrollpraxis und die Wettbewerbskonzeption der EG, S. 142; Von Meiborn in: Schwerpunkte des Kartellrechts 1991/1992, S. 53 (57).

[212] Vgl. Europäische Kommission, 20. Wettbewerbsbericht, 1991, Tz. 26.

[213] Änderung der Geschäftsordnung der Kommission, ABl. EG, Nr. L 199 vom 30.7.1975, S. 43; Vgl. zur Arbeitsweise der Kommission: Oppermann, Europarecht, § 5 Rn. 349-351; Bartodziej, Reform der EG-Wettbewerbsaufsicht und Gemeinschaftsrecht, S. 68.

[214] Kerber, Die Europäische Fusionskontrollpraxis und die Wettbewerbskonzeption der EG, S. 142; Löffler in: Langen/Bunte, 9. Auflage, Bd. 1, Art. 6 FKVO Rn. 16.

e) Veröffentlichung

Die Entscheidung der Kommission wird den beteiligten Unternehmen und den zuständigen Behörden der Mitgliedstaaten gemäß Art. 6 Abs. 5 FKVO unverzüglich mitgeteilt. Wie aus Art. 20 Abs. 1 FKVO hervorgeht, besteht für Entscheidungen nach Art. 6 FKVO keine Pflicht zur Veröffentlichung. Dennoch werden die Entscheidungen nach Art. 6 Abs. 1 lit. a) und b) FKVO dem Tenor nach im Amtsblatt der Europäischen Gemeinschaften Teil C veröffentlicht. Bei Entscheidung nach Art. 6 Abs. 1 lit. c) FKVO wird dagegen nur die Tatsache der Einleitung des Hauptverfahrens öffentlich gemacht. Für Interessierte wird darüber hinaus eine „public version" der Entscheidung erstellt, die dann bei der Kommission unter Angaben von Gründen angefordert werden kann.[215]

4. Die zweite Prüfungsphase – Entscheidung nach Art. 8 Fusionskontrollverordnung

Gibt das Fusionsvorhaben nach Auffassung der Kommission Anlass zu ernsthaften Bedenken hinsichtlich der Vereinbarkeit mit dem Gemeinsamen Markt, so wird die bis zu vier Monate andauernde zweite Untersuchungsphase eingeleitet. Zahlenmäßig bildet das Verfahren der zweiten Phase die Ausnahme: von 345 ergangenen Entscheidungen im Jahre 2000, ergingen lediglich 17 in der zweiten Prüfungsphase und allein 321 in der ersten Phase[216].

Nachdem sich die Kommission während der ersten Prüfungsphase, entsprechend dem summarischen Charakter, zunächst auf die Untersuchung der „kritischen" Märkte beschränkt hat, kann sie nun nach der Eröffnung des Verfahrens den Umfang erweitern und die Untersuchung somit auf weitere Märkte erstrecken[217].
Der Kommission bleibt gemäß Art. 10 Abs. 2 und 3 FKVO ab Einleitung des Verfahrens eine Prüfungsfrist von höchstens vier Monaten.

a) Das Verfahren (innerhalb der vier Monate)

Mit der Entscheidung der Kommission über die Einleitung des Verfahrens nach Art. 6 Abs. 1 lit. c) FKVO beginnt das Verfahren der zweiten Phase. Im Folgenden prüft die Kommission nun den Zusammenschluss nach Art. 2 FKVO auf Vereinbarkeit mit dem Gemeinsamen Markt.[218]

---

[215] Löffler in: Langen/Bunte, 9. Auflage, Bd. 1, Art. 6 FKVO Rn. 18; Drauz/Schroeder, Praxis der europäischen Fusionskontrolle, S. 222.
[216] Europäische Kommission, 30. Wettbewerbsbericht, 2001, Tz. 231.
[217] Drauz/Schroeder, Praxis der europäischen Fusionskontrolle, S. 206.
[218] Immenga in: Immenga/Mestmäcker, EG-WbR, Bd. I, Art. 8 FKVO Rn. 1.

(1) Ermittlungsbefugnisse

Die ersten sechs bis acht Wochen des Hauptverfahrens führt die 'Merger Task Force' eingehende Untersuchungen durch. Für diese Ermittlungen stehen ihr die in den Art. 11, 12 und 13 FKVO genannten Befugnisse zu. Das hauptsächliche Ermittlungsinstrument stellt dabei das schriftliche Auskunftsverlangen nach Art. 11 FKVO dar. Adressaten sind insbesondere die beteiligten Unternehmen, Wettbewerber oder auch Abnehmer.[219]

(2) Rechtliches Gehör / Verteidigungsrechte

Einen großen Einfluss auf die weitere Gestaltung des Verfahrens der zweiten Phase hat der Grundsatz des rechtlichen Gehörs.

Die Gewährung des rechtlichen Gehörs gehört zu den unverzichtbaren rechtsstaatlichen Gewährleistungen und stellt laut EuGH „in allen Verfahren, die zu Sanktionen, ... führen können, einen fundamentalen Grundsatz des Gemeinschaftsrechts dar, der auch in einem Verwaltungsverfahren beachtet werden muss“[220].
Dem Grundsatz zufolge setzt die Gewährung des rechtlichen Gehörs voraus, dass einer Person deren Interessen von einer Entscheidung der Kommission beeinträchtigt werden könnten, die Möglichkeit gegeben werden muss, sich zu den ihr bzw. ihm gegenüber genannten Einwänden, Tatsachen und Umständen zu äußern und seine bzw. ihre Sicht der Dinge zu erläutern[221]. Demzufolge wird den Beteiligten vor Entscheidungen in der Hauptsache, hier also vor Entscheidungen der zweiten Phase, das Recht zu umfassenden schriftlichen und mündlichen Stellungnahmen gewährt[222].
Das umfassende Äußerungsrecht dient der Verteidigung der Beteiligten, weshalb auch häufig von Verteidigungsrechten gesprochen wird. Der Begriff der Verteidigungsrechte ist eine Übersetzung aus dem Französischen (droits de la defence), worunter im französischen Recht diejenigen Rechte zusammengefasst werden, die dem oder den Betroffenen zustehen, um gegenüber der Verwaltung seine Rechte und Interessen wahrnehmen zu können[223].
Die Terminologie der Europäischen Gerichte ist in dieser Hinsicht nicht immer einheitlich. So wird sowohl von der „Wahrung des rechtlichen Gehörs“ als auch in jüngeren Urteilen häufig von „Verteidigungsrechten“ sowie auch von „Verfah-

---

[219] Wagemann in: Wiedemann, § 17 Rn. 93; Schütz in: GK Hootz, Art. 8 Rn. 11.
[220] Statt aller: EuGH, Urteil vom 13.12.1979, Rs. 85/76, Slg. 1979, „Hoffmann-La Roche“, 461 (511, Rn. 9).
[221] EuGH, a.a.O. 461 (512, Rn. 11).
[222] Löffler in: Langen/Bunte, 9. Auflage, Bd. 1, Art. 18 FKVO Rn. 2.
[223] Schwarze, Europäisches Verwaltungsrecht, Bd. II, S. 1201.

rensrechten" gesprochen.[224] Im Verlauf der Arbeit werden daher entsprechend alle drei Begriffe synonym verwandt.
Über das umfassende Äußerungsrecht hinaus, besteht zudem ein Recht auf Information in Form der Akteneinsicht, sofern dies für die Betroffenen zur Verteidigung notwendig ist[225].

Zusammengefasst finden die Verteidigungsrechte ihre Ausgestaltung in der Mitteilung der Beschwerdepunkte, der Akteneinsicht sowie in der schriftlichen und mündlichen Stellungnahme. Durch diese Verfahrensgarantien können die Parteien ihren Anspruch auf rechtliches Gehör wahrnehmen.[226]

Die Umsetzung des Grundsatzes des rechtlichen Gehörs als umfassende Verfahrensgarantie zur Gewährleistung der Verteidigungsrechte hat ihre positivrechtliche Ausgestaltung in der Fusionskontrollverordnung durch Art. 18 sowie Art. 11 ff. VerfVO erfahren. Diese Artikel konkretisieren somit den über die Einzelvorschriften hinausgehenden allgemeinen Rechtsgrundsatz des rechtlichen Gehörs.
Nach Art. 18 Abs. 1 FKVO gibt die Kommission den betroffenen Unternehmen im Rahmen des Art. 8 FKVO vor allen belastenden Entscheidungen die Gelegenheit, sich zu den ihnen gegenüber geltend gemachten Einwänden in allen Abschnitten des Verfahrens bis zur Anhörung des Beratenden Ausschusses zu äußern. Daneben wird den unmittelbar Betroffenen das Recht der Akteneinsicht zugestanden (Art. 18 Abs. 3 S. 3 FKVO). Der Grundsatz des rechtlichen Gehörs ist in Abs. 3 S. 2 FKVO etwas versteckt formuliert mit den Worten: „Das Recht der Betroffenen auf Verteidigung während des Verfahrens wird in vollem Umfang gewährleistet"[227].

Gerade im Hinblick auf die kurzen Fristen des Fusionskontrollverfahrens und der drohenden Untersagungsmöglichkeit im Rahmen einer Entscheidung nach Art. 8 FKVO wird aus dem Grundsatz des rechtlichen Gehörs ein Hauptverteidigungsrecht der zweiten Phase.
Im Gegensatz dazu bedarf es im Rahmen der Entscheidungen nach Art. 6 Abs. 2 und 3 FKVO keiner derart umfassenden Gewährleistung des rechtlichen Gehörs wie es in Art. 18 FKVO für die zweiten Phase vorgesehen ist, da die Kommission im frühen Zeitpunkt der ersten Phase noch nicht befugt ist, einen Zusammenschluss zu untersagen.[228] Die beteiligten Unternehmen brauchen demnach hier noch keine Zusagen abzugeben, insbesondere dann nicht, wenn sie die Gefahr der Missachtung von Argumenten befürchten. Sie können dann vielmehr die Möglichkeit der Verfahrenseinleitung nach Art. 6 Abs. 1 lit. c) FKVO nutzen. Im übri-

---

[224] Jung in: Schwerpunkte des Kartellrechts 1998, S. 95 (95).
[225] Vgl. Arnold, EuR, Beiheft 1, 1995, S. 7 (24/25).
[226] Due, EuR 1988, 33 (34 ff.).
[227] Schütz in: GK Hootz, Art. 18 Rn. 1.
[228] Schütz in: GK Hootz, Art. 18 Rn. 2.

gen wäre eine derart umfassende Beteiligung während der Monatsfrist der ersten Phase aus Zeitgründen nicht möglich.

Zu klären ist nun weiter, wem das Anhörungsrecht im Rahmen des rechtlichen Gehörs zusteht. Der Kreis der Anhörungsberechtigten ergibt sich diesbezüglich aus Art. 18 FKVO und Art. 11 VerfVO. Danach ist zwischen drei Arten von Verfahrensbeteiligten zu unterscheiden:
Art. 18 Abs. 1 FKVO spricht zunächst von „betroffenen Personen, Unternehmen und Unternehmensvereinigungen". Unter diesen Betroffenen sind die in Art. 11 Abs. 1 lit. a) und lit. b) VerfVO erwähnten Anmelder und anderen Beteiligten zu verstehen. Anmelder sind die Personen oder Unternehmen, die eine Anmeldung gemäß Art. 4 Abs. 2 FKVO eingereicht haben.[229] Die anderen Beteiligten sind die am Zusammenschluss Beteiligten, die keine Anmelder sind, wie zum Beispiel der Veräußerer und das zu übernehmende Unternehmen[230]. Der Betroffenheitsbegriff geht somit über den Kreis der materiell am Zusammenschluss Beteiligten hinaus.
Die Absätze eins bis drei des Art. 18 FKVO regeln lediglich die Verteidigungsrechte der Betroffenen[231]. Dies betrifft die Regelung der Anhörung (Abs. 1 und 2), der in Abs. 3 S. 1 nicht ausdrücklich genannten Beschwerdepunkte sowie der Akteneinsicht (Abs. 3 S. 3).
Die zweite Art von Verfahrensbeteiligten stellen die Dritten dar. Gemäß Art. 11 Abs. 1 lit. c) VerfVO sind darunter andere Personen zu verstehen, die ein hinreichendes Interesse geltend machen können, wie zum Beispiel Kunden, Lieferanten, Wettbewerber etc.. Ihre Beteiligungsrechte richten sich nach Art. 18 Abs. 4 S. 2 FKVO (in Verbindung mit Art. 16 VerfVO)[232]. Danach können Dritte einen Antrag auf schriftliche Anhörung stellen sowie auch ihre Teilnahme an der mündlichen Anhörung beantragen, soweit sie ein hinreichendes Interesse darlegen. Dieses ist nach allgemeiner Auffassung anzunehmen, wenn die Dritten von dem Fusionsvorhaben wirtschaftlich betroffen sind[233]. Allgemein lässt sich festhalten, dass die Interessen der Dritten im Rahmen des Art. 18 Abs. 4 S. 2 FKVO nicht in dem gleichen Maße geschützt werden wie die Garantie des rechtlichen Gehörs der direkt Beteiligten[234].

---

[229] Langeheine in: GTE, 5. Auflage, Bd. 2/II, Art. 18 FKVO Rn. 3.
[230] Karl in: Die Europäische Fusionskontrolle, S. 37 (49/59).
[231] Immenga in: Immenga/Mestmäcker, EG-WbR, Bd. I, Art. 18 FKVO Rn. 2.
[232] Dies hat nun auch das EuGH in seinem Urteil vom 27.11.1997. Rs. T-290/94, „Kaysersberg", Slg. 1997, II, S. 2137 (2183 f., Rn. 105 ff.) ausdrücklich festgestellt. Danach bestimmen sich die Verfahrensrechte Dritter lediglich nach Art. 18 Abs. 4 FKVO, während Art. 18 Abs. 1 bis 3 FKVO nicht anwendbar ist.
[233] Vgl. Immenga in: Immenga/Mestmäcker, EG-WbR, Bd. I, Art. 18 FKVO Rn. 19; Mülbert, ZIP 1995, 699 (709); Karl in: Die Europäische Fusionskontrolle, S. 37 (59); Körber, Die Konkurrentenklage im Fusionskontrollrecht der USA, Deutschlands und der Europäischen Union, S. 85.
[234] EuG, Urt. v. 27.4.1995, Rs. T-96/92, „CCE Grandes Sources", Slg. 1995, II, S. 1213 (1240 f., Rn. 56); Urteil vom 27.11.1997, Rs. T-290/94, „Kaysersberg", Slg. 1997, II S. 2137 (2183, Rn. 105).

Die dritte Gruppe der Verfahrensbeteiligten stellen die fakultativ Anzuhörenden dar. Sie können gehört werden, wenn die Kommission oder die zuständigen Behörden der Mitgliedstaaten es für erforderlich halten, Art. 18 Abs. 4 S. 1 FKVO. Es ist somit festzuhalten, dass je nach unterschiedlichem Grad der Betroffenheit und Beteiligung im Verfahren, das Recht auf Anhörung in seiner Intensität variiert. Die Rechte Dritter gehen nicht so weit wie der Anspruch auf rechtliches Gehör eines unmittelbar betroffenen anmeldenden Unternehmens. Für die Untersuchung dieser Arbeit sind nur die Verteidigungsrechte der Anmelder als unmittelbar Betroffene von Interesse. Sie haben nach Art. 18 Abs. 1 bis 3 FKVO das Recht, ihrem Standpunkt in vollem Umfang gegen die ihnen gegenüber geltend gemachten Einwände Gehör zu verschaffen.

Trotz der hohen Qualifizierung des rechtlichen Gehörs als „fundamentalen Grundsatz des Gemeinschaftsrechts", zieht eine Verletzung dieses Grundsatzes nur dann eine Nichtigerklärung der Erklärung nach sich, wenn das Verfahren ohne die Verletzung zu einem anderen Ergebnis hätte führen können[235].

Den Ausgangspunkt der verfahrensrechtlichen Garantien stellt die Mitteilung der Beschwerdepunkte dar. Weitere Ausprägungen des rechtlichen Gehörs folgen mit der Akteneinsicht sowie der schriftlichen und mündlichen Anhörung.

(a) Beschwerdepunkte

Gelangt die Kommission zu der Auffassung, dass das Fusionsvorhaben aufgrund der Begründung oder Verstärkung einer marktbeherrschenden Stellung mit dem Gemeinsamen Markt für unvereinbar erklärt werden soll, so teilt sie dem bzw. den anmeldenden Unternehmen ihre Einwände schriftlich mit. Diese Mitteilung der Beschwerdepunkte erfolgt etwa sechs bis acht Wochen nach Eröffnung der zweiten Prüfungsphase[236] und legt als vorbereitendes Verfahrensschriftstück den Gegenstand des eingeleiteten Verfahrens fest[237].
Die Mitteilung der Beschwerdepunkte ist nach ständiger Rechtsprechung wesentlicher Bestandteil der Gewährleistung des rechtlichen Gehörs[238]. Als wichtiges Element der Verfahrensgarantien gibt sie den Parteien die Möglichkeit, sich in dem Verfahren entsprechend zu äußern und so ihren Anspruch auf rechtliches

[235] EuGH, Urteil vom 14.2.1990, Rs. C-301/87, „Französische Republik/Kommission", Slg. 1990, I, S. 307 (359, Rn. 31), zum Beihilfenrecht; EuGH, Urteil vom 10.7.1980, Rs. 30/78, "Distillers Company/Kommission", Slg. 1980, S. 2229 (2264, Rn. 26); Due, EuR 1988, 33 (37 f.); Girnau, Die Stellung der Betroffenen im Kartellverfahren – Reichweite der Akteneinsicht und Wahrung von Geschäftsgeheimnissen, S. 179 f; Korah, CLP 1980, 73 (73).
[236] Drauz/Schroeder, Praxis der europäischen Fusionskontrolle, S. 207.
[237] Due, EuR 1988, 33 (35).
[238] EuGH, Urteil vom 11.11.1981, Rs. 60/81, „IBM/Kommission", Slg. 1981, 2639 (2652, Rn. 15); EuGH, Rs. 89/85, EuZW 1993, 377, 379 „Zellstoffhersteller II"; Bechtold, EuR 1992, 41 (50).

Gehör wahrzunehmen[239]. Denn nur wenn die Parteien hinreichend aufgeklärt werden, können sie ihre Verteidigungsrechte angemessen nutzen. Deshalb ist es wichtig, dass die Beschwerdepunkte bereits alle wesentlichen Tatsachen enthalten, auf die sich die Kommission in ihrer anschließenden Entscheidung später stützen will (vgl. Art. 18 Abs. 3 S. 1 FKVO). Nur wenn die Beteiligten im Sinne ihres Verfahrensrechts des rechtlichen Gehörs die Gelegenheit hatten, sich zu jedem der ihnen angelasteten Punkte zu äußern, kann der entsprechende Einwand in der späteren Entscheidung von der Kommission auch verwertet werden[240].
Gemäß Art. 13 Abs. 2 VerfVO setzt die Kommission in der Mitteilung der Einwände den Anmeldern eine Frist zur schriftlichen Stellungnahme. In der Regel beträgt diese Frist zwei Wochen[241].

(b) Akteneinsicht

Das rechtliche Gehör kann des Weiteren nur sinnvoll wahrgenommen werden, wenn die beteiligten Parteien wissen, auf welche Tatsachen die Kommission ihre Entscheidung zu stützen gedenkt. Mit dem Anspruch auf rechtliches Gehör korreliert demzufolge die Verpflichtung der Kommission zur Information der Betroffenen in Form der Akteneinsicht[242]. Über die Behandlung von Anträgen auf Akteineinsicht hat die Kommission eine Mitteilung erlassen, in der sie die näheren Modalitäten geregelt hat[243].
Den „unmittelbar Betroffenen", d.h. den Anmeldern[244], steht daher nach Erhalt der Beschwerdepunkte gem. Art. 18 Abs. 3 S. 2 FKVO, Art. 13 Abs. 3 VerfVO ein Recht auf Akteneinsicht zu, um die Verteidigungsrechte zu gewährleisten. Nur so können die Parteien die Argumentation der Kommission in Bezug auf die während der Ermittlungen eingeholten Stellungnahmen, Meinungen und Gutachten überprüfen. Den Unternehmen sind dabei sowohl be- als auch entlastende Unterlagen zu übermitteln. Gegenstand der Akteneinsicht sind somit grundsätzlich alle Unterlagen, auf welche die Kommission ihre spätere Entscheidung zu stützen gedenkt.[245] Schriftstücke, die Geschäftsgeheimnisse beinhalten, interne Schriftstücke der Kommission sowie vertrauliche Angaben im Sinne von Art. 17 VerfVO

239 Due, EuR 1988, 33 (36); Urteil vom 14.7.1972 in der Rs. 52/69 „Geigy/Kommission", Slg. 1972, 787 (788, Punkt 3).
240 Rowley/Baker, International Mergers, S. 46.
241 Drauz/Schroeder, Praxis der europäischen Fusionskontrolle, S. 207; Dieckmann in: Wiedemann, § 44 Rn. 37.
242 Sedemund in: Europäisches Verwaltungsrecht im Werden, S 45 (48).
243 Europäische Kommission, Mitteilung über interne Verfahrensvorschriften für die Behandlung von Anträgen auf Akteneinsicht, ABl. EG, Nr. C 23 vom 23.1.1997, S. 3.
244 Vgl. Schütz in: GK Hootz, Art. 8 Rn. 19.
245 Drauz/Schroeder, Praxis der europäischen Fusionskontrolle, S. 208.

sind von der Einsicht allerdings ausgeschlossen[246]. Damit besteht jedoch ein Spannungsverhältnis insbesondere zwischen dem Schutz der Geschäftsgeheimnisse Dritter und der Akteneinsicht durch die betroffenen Parteien. Derartige Fälle können dadurch gelöst werden, dass die Kommission, falls sie nicht von ihrer Geheimhaltungspflicht entbunden wird, für das beschuldigte Unternehmen eine nicht vertrauliche Fassung zusammenstellen kann[247].
Gemäß Art. 13 Abs. 3 Unterabs. 2 VerfVO gewährt die Kommission auch den anderen Beteiligten, denen sie die Beschwerdepunkte mitgeteilt hat, auf Antrag Einsicht in die Verfahrensakte, soweit dies zur Vorbereitung ihrer Äußerung erforderlich ist.
Die Akteneinsicht dient den unmittelbar Betroffenen vor allem zur Vorbereitung der schriftlichen und mündlichen Stellungnahme zu den Beschwerdepunkten[248].

(c) Schriftliche Stellungnahme

Die schriftliche Anhörung erfolgt durch die Stellungnahme der Betroffenen zu den ihnen genannten Beschwerdepunkten[249].
Ebenfalls haben in Art. 18 Abs. 4 FKVO erwähnte Dritte die Möglichkeit der Beantragung einer schriftlichen Anhörung. Gemäß Art. 16 Abs. 1 VerfVO unterrichtet sie die Kommission daraufhin schriftlich über Art und Gegenstand des Verfahrens und setzt ihnen eine Frist zur Äußerung.

(d) Mündliche Anhörung

Die mündliche Anhörung ist in der Verfahrensverordnung in den Artt. 14 ff. geregelt.
Gemäß Art. 14 Abs. 1 VerfVO gibt die Kommission den Anmeldern Gelegenheit zu einer mündlichen Anhörung. Dazu müssen sie einen entsprechenden schriftlichen Antrag stellen sowie darlegen, warum ein hinreichendes Interesse an der mündlichen Anhörung besteht (Art. 14 Abs. 1 S.1 VerfVO). An das hinreichende Interesse werden jedoch keine hohen Anforderungen gestellt, da es im Hinblick auf die kurzen Prüfungsfristen des Verfahrens auch im Interesse der Kommission ist, Unstimmigkeiten zügig zu klären. Gerade dafür eignet sich häufig die Form des Mündlichen.[250]

---

246 Montag/Kaessner, WuW 1997, 781 (791/792); De Bronett, WuW 1997, 383 (387); Löffler in: Langen/Bunte, 9. Auflage, Bd. 1, Art. 18 FKVO Rn. 7.
247 Europäische Kommission, 11. Wettbewerbsbericht, 1982, Tz. 25.
248 Langeheine in: GTE, 5. Auflage, Bd. 2/II, Art. 18 FKVO Rn. 16; Löffler in: Langen/Bunte, 9. Auflage, Bd. 1, Art. 18 FKVO Rn. 7.
249 Langeheine in: GTE, 5. Auflage, Bd. 2/II, Art. 18 Rn. 24.
250 Immenga in: Immenga/Mestmäcker, EG-WbR, Bd. I, Art. 18 FKVO Rn. 8.

Ist eine Anhörung beantragt, so können sich dort auch die anderen Beteiligten mündlich äußern, wenn sie dies ebenfalls schriftlich beantragt haben und ein hinreichendes Interesse geltend machen können (Art. 11 lit. b) VerfVO; Art. 14 Abs. 2 VerfVO). Gemäß Art. 16 Abs. 2 S. 2 VerfVO kann die Kommission zudem Dritten die Gelegenheit zur Teilnahme an der mündlichen Anhörung geben. Dies betrifft zum Beispiel Arbeitnehmervertreter, Repräsentanten der Abnehmer oder andere Wettbewerber[251]. Darüber hinaus können ebenfalls Vertreter der Mitgliedstaaten an der Anhörung teilnehmen, so dass eine Beteiligung der Mitgliedstaaten durch Fragerechte sowie mündliche Stellungnahmen bereits zu diesem Zeitpunkt möglich bzw. gewährleistet ist[252]. Um dennoch Geschäftsgeheimnisse und sonstige vertrauliche Angaben wahren zu können, sind die Anhörungen gemäß Art. 15 Abs. 5 VerfVO nicht öffentlich, und es ist darüber hinaus möglich, jede Person einzeln zu hören.

Die mündliche Anhörung gibt den beteiligten Parteien neben der schriftlichen Äußerung eine zusätzliche Möglichkeit zur Stellungnahme und zur weiteren Aufklärung des Sachverhalts[253].

Auf ihre Bedeutung weist insbesondere Löffler hin: Er bezeichnet sie als „wesentliches Element der Auseinandersetzung“ und als „Kernstück des rechtlichen Gehörs“[254]. Damit stellt sie ein wichtiges Verfahrenselement der zweiten Phase dar.

b) Die Rolle des Anhörungsbeauftragten

Die Vorbereitung und Durchführung von Anhörungen hat die Kommission deshalb einer unabhängigen Person, einem Anhörungsbeauftragten, übertragen. Seine Hauptaufgabe liegt neben der Organisation der Anhörung in der Sicherung der Objektivität sowie in der Wahrung und dem Schutz der Verteidigerrechte.[255] Er verantwortet somit die Gewährleistung des „Kernstücks des rechtlichen Gehörs“ sowie die Sicherstellung der Verfahrensrechte der Parteien. Inwiefern er im Rahmen seiner Aufgaben auch die notwendige Macht zur Sicherstellung der Verfahrensrechte hat, soll Gegenstand der Untersuchung im zweiten Teil sein. Im Folgenden wird lediglich ein kurzer Einblick in die Ursprünge des Postens des Anhörungsbeauftragten und seine Aufgaben gegeben werden.

---

251 Schütz in: GK Hootz, Art. 18 Rn. 6.

252 Wolf in: Schwerpunkte des Kartellrechts 1991/1992, S. 1 (8).

253 Dieckmann in: Wiedemann, § 44 Rn. 40.

254 Löffler in: Langen/Bunte, 9. Auflage, Bd. 1, Art. 18 FKVO Rn. 5.

255 Kögel, Die Angleichung der deutschen an die europäische Fusionskontrolle, S. 229/230.

(1) Schaffung des Amtes des Anhörungsbeauftragten

Das Amt des Anhörungsbeauftragten wurde bereits im Jahre 1982 im Rahmen der Verordnung Nr. 17/62 geschaffen[256] und 1994 auf das Fusionskontrollverfahren ausgedehnt[257]. Bis 1982 wurden die Anhörungen entweder vom zuständigen Direktor oder vom Abteilungsleiter durchgeführt[258]. Das Amt wurde deshalb als Antwort auf vorwiegend folgende Kritikpunkte am bisherigen Wettbewerbsverfahren der Kommission geschaffen. Einwände bestanden damals insbesondere hinsichtlich der Qualität der Entscheidungsfällung sowie der Missachtung der Verteidigungsrechte der Parteien durch die Kommission. Des Weiteren wurde die Effizienz des Verfahrens bei der Durchsetzung der Wettbewerbsregeln bemängelt und Kritik bezüglich mangelnder Objektivität während des Verfahrens der Kommission geäußert.[259]

Anfangs lag der Schwerpunkt der Aufgaben des Anhörungsbeauftragten lediglich in der Organisation und Leitung der mündlichen Anhörung[260]. Erst später erfolgte dann eine Zunahme seiner Verpflichtungen, so dass er darüber hinaus im größeren Maße für die Sicherstellung der Verfahrens- und Verteidigungsrechte, für die Vertraulichkeit von Dokumenten im Rahmen der Akteneinsicht sowie für die Fristen zur Stellungnahme zu den Beschwerdepunkten verantwortlich wurde[261].

Im Mai 2001 verabschiedete die Kommission einen reformierten Beschluss über das Mandat des Anhörungsbeauftragten in bestimmten Wettbewerbsverfahren[262], in welchem seine Stellung über die eben genannten Aufgaben hinaus, erweitert wurde. Insbesondere Änderungen hinsichtlich seiner Unabhängigkeit, einer größeren Transparenz bei der Ernennung und Abberufung sowie der Veröffentlichung eines von ihm erstellten Abschlussberichtes konnten die Rolle des Anhörungsbeauftragten weitgehend stärken. In Teil 2, C. I. 1. gilt es später zu untersuchen, ob sich diese Stärkung, wie vermutlich beabsichtigt, auch auf eine bessere Sicherstellung der Verfahrens- und Verteidigungsrechte der Parteien auswirkt. Aus diesem Grund erfolgt eine recht ausführliche Darstellung der Struktur des Amtes sowie der dazugehörigen Aufgaben des Anhörungsbeauftragten.

---

[256] Das damalige Mandat ist im 13. Wettbewerbsbericht, 1984, im Anhang S. 284 abgedruckt.

[257] Van der Woude, CMLR 33, 531 (540); Löffler in: Langen/Bunte, 9. Auflage, Bd. 1, Art. 18 FKVO Rn. 6.

[258] Johannes in: Festschrift für Deringer, S. 293 (294).

[259] Select Committee on the European Union, House of Lords, 19th Report, S. 7, Tz. 9.

[260] Johannes in: Festschrift für Deringer, S. 293 (295).

[261] Select Committee on the European Union, House of Lords, 19th Report, S. 5, Tz. 2 und S. 7, Tz. 10.

[262] Beschluss der Kommission vom 23.5.2001 über das Mandat des Anhörungsbeauftragten in bestimmten Wettbewerbsverfahren, ABl. EG, Nr. L 162 vom 19. Juni 2001, S. 21 ff..

(2) Strukturelle Organisation des Amtes

Nach Art. 1 des Mandats des Anhörungsbeauftragten vom Mai 2001 (im Folgenden: des Mandats) kann die Kommission einen oder mehrere Anhörungsbeauftragte ernennen. Zur Zeit sind ein Franzose sowie eine Britin Inhaber dieses Amtes. Eine Ernennung erfolgt in einem transparenten Verfahren, in welchem seit dem neuen Mandat explizit auch Bewerber berücksichtigt werden, die nicht Beamte der Kommission sind[263].
Das Büro des Anhörungsbeauftragten befindet sich ebenfalls wie die 'Merger Task Force' im Gebäude der Generaldirektion Wettbewerb. Allerdings ist der Anhörungsbeauftragte nicht Teil der hierarchischen Ordnung der Generaldirektion, sondern untersteht, der Regelung des neuen Mandats zufolge, verwaltungstechnisch direkt dem für Wettbewerb zuständigen Kommissionsmitglied (Art. 2 Abs. 2 des Mandats). Auf diese Weise wird versucht, eine gewisse Unabhängigkeit für die von ihm auszuführenden Aufgaben sicherzustellen. Die Amtsdauer des Anhörungsbeauftragten ist nicht befristet. Seine Versetzung sowie auch seine Abberufung müssen Gegenstand einer mit Gründen versehenen Entscheidung der Kommission sein, welche im Amtsblatt der Europäischen Gemeinschaften veröffentlicht wird, vgl. Art. 2 Abs. 1 des Mandats.

(3) Aufgaben und Verantwortlichkeiten des Anhörungsbeauftragten

Nach Art. 1 des Mandats trägt der Anhörungsbeauftragte für die Gewährleistung des Rechts auf Anhörung Sorge. Hierdurch soll es gelingen, die Rechte der Parteien bezüglich eines fairen Verfahrens zu schützen sowie für eine objektive und hinlänglich bewiesene Entscheidung zu sorgen. Die durch das rechtliche Gehör gewährten Verfahrensrechte sollen somit möglichst sichergestellt werden.
Gemäß Art. 5 des Mandates ist es zunächst Aufgabe des Anhörungsbeauftragten für einen ordnungsgemäßen Ablauf der von ihm vorbereiteten Anhörung zu sorgen und zur Objektivität sowohl der Anhörung als auch der späteren Entscheidung beizutragen.
Er stellt weiter sicher, dass den Parteien nach Erhalt der Beschwerdepunkte umfassende Akteneinsicht gewährt wird (Art. 8 des Mandats). In diesem Zusammenhang hat er auch die Auseinandersetzungen um etwaige Offenlegung von Dokumenten zu verantworten, die eventuell Geschäftsgeheimnisse beinhalten, vgl. Art. 9 des Mandats.
Ferner ist der Anhörungsbeauftragte gemäß Art. 12 des Mandats organisatorisch für die mit der Vorbereitung der Anhörung verbundene Festlegung des Ortes, des Datums und der Zeit sowie der Anwesenheit anderer Generaldirektionen und weiterer Personen zuständig. In Zusammenhang mit der Leitung der Anhörung ver-

[263] Erwägungsgrund 7 des Mandats des Anhörungsbeauftragten vom 23. Mai 2001; Europäische Kommission, Grünbuch vom 11.12.2001, Tz. 245.

antwortet er sowohl die Zulassung neuer Dokumente während der Anhörung als auch die Entscheidung, ob Personen einzeln oder in Anwesenheit anderer Personen angehört werden.
Nach der mündlichen Anhörung erfolgt die verfahrensrechtliche Stellungnahme des Anhörungsbeauftragten. Er erstattet dem zuständigen Kommissionsmitglied über den Ablauf der Anhörung und seine daraus gezogenen Schlussfolgerungen Bericht. Dies ist in Artikel 13 des Mandats niedergelegt. Hierbei werden insbesondere Verfahrensfragen, die Offenlegung von Unterlagen, die Gewährung der Akteneinsicht sowie die Frist für die Antwort auf die Mitteilung der Beschwerdepunkte erörtert. Vor der Reform des Mandats im Jahre 2001 erfolgte die Berichterstattung gegenüber dem Generaldirektor für Wettbewerb. In diesem Sinne ist eine Stärkung der Unabhängigkeit des Anhörungsbeauftragten erfolgt, die es ihm erleichtert Kritikpunkte des Verfahrens zu äußern, ohne dass er einem „gewissen Druck“ in der Generaldirektion Wettbewerb ausgesetzt werden könnte. Neben der Berichterstattung gegenüber dem zuständigen Kommissionsmitglied über den bisherigen Verlauf des Verfahrens und der mündlichen Anhörung, kann der Anhörungsbeauftragte gemäß Art. 13 Abs. 2 des Mandates einen Zusatzbericht erstellen, in dem er sich zum weiteren Verlauf des Verfahrens äußert. Darin kann er gewisse materielle Aspekte wie die Einholung weiterer Auskünfte, den Verzicht auf bestimmte Beschwerdepunkte oder auch die Mitteilung zusätzlicher Beschwerdepunkte anregen (Art. 13 Abs. 2 S. 2 des Mandates). Insofern besteht für ihn die Möglichkeit sich über die Verfahrensabläufe hinaus, in einem gewissen Rahmen auch inhaltlich zu äußern.
Einen neuen Kompetenzbereich bekommt der Anhörungsbeauftragte seit Mai 2001 mit Art. 14 des Mandates zugewiesen. Danach kann er sich in einem weiteren Bericht zur Objektivität einer Untersuchung äußern, „...mit deren Hilfe die wettbewerbsrechtlichen Auswirkungen von Verpflichtungszusagen im Rahmen von Verfahren beurteilt werden sollen,...“. Hierunter fallen zum Beispiel die von der Kommission durchgeführten Markttests, mit deren Hilfe ermittelt wird, ob die eingegangenen Zusagen der am Zusammenschluss beteiligten Parteien akzeptabel sind. In der Person des Anhörungsbeauftragten steht den Unternehmen in diesem Bereich somit eine Art unabhängige „Berufungsinstanz“ zur Verfügung. Durch diese Möglichkeit der Überprüfung der Objektivität der von der Kommission getroffenen Konkurrentenauswahl innerhalb der Untersuchung der Verpflichtungszusagen wird versucht, das Verfahren objektiver zu gestalten. Um keiner Kritik ausgesetzt zu sein, wird die Kommission bereits im Vorfeld versuchen, eine objektive Auswahl zu treffen.
Gemäß Art. 15 des Mandates erstellt der Anhörungsbeauftragte seit der Reform des Mandates einen formellen Abschlussbericht anhand des Entscheidungsentwurfs. Hierin geht er darauf ein, ob die in Art. 13 Abs. 1 des Mandates genannten Verfahrensrechte gewahrt wurden und ob der Entscheidungsentwurf ausschließlich Beschwerdepunkte behandelt, zu denen die Parteien Stellung nehmen konnten. Dieser Bericht, der somit insbesondere das Fazit der Beachtung des rechtli-

chen Gehörs enthält, wird sodann gemäß Art. 13 Unterabsatz 2 des Mandates vor allem direkt dem zuständigen Kommissionsmitglied vorgelegt sowie dem der gesamten Kommission vorgelegten Entscheidungsentwurf beigefügt.
Anschließend, falls keine weiteren Änderungen erfolgen, übermittelt die Kommission den Abschlussbericht des Anhörungsbeauftragten zusammen mit der dazugehörigen Entscheidung an die Adressaten der Entscheidung (Art. 16 Abs. 3 des Mandates). Hiernach erfolgt die Veröffentlichung sowohl der Entscheidung als auch des Berichtes im Amtsblatt der Europäischen Gemeinschaften. Vor der Reform des Mandats stellte der Bericht des Anhörungsbeauftragten ein internes, nicht veröffentlichtes Dokument der Kommission dar[264]. Seine Stimme versickert nun nicht mehr ungehört von denen, denen sie eigentlich dienen sollte, in den Aktenstapeln der Kommission.

c) Beratender Ausschuss

Gemäß Art. 19 Abs. 3 FKVO muss die Kommission vor einer endgültigen Entscheidung nach Art. 8 Abs. 2 bis 5 FKVO den Beratenden Ausschuss anhören. Dieser Ausschuss setzt sich aus ein oder zwei Vertretern der Wettbewerbsbehörden der Mitgliedstaaten zusammen und gibt eine Stellungnahme zu dem vorläufigen Entscheidungsentwurf der Kommission ab[265]. Wird der Entscheidungsentwurf nach der Sitzung nochmals geändert, so erfolgt eine weitere Sitzung des Ausschusses[266]. Der Einfluss des Beratenden Ausschusses liegt allerdings lediglich darin, dass die Kommission seine Stellungnahme „soweit wie möglich" berücksichtigt (Art. 19 Abs. 6 FKVO). Damit kommt dem mitgliedstaatlichen Beitrag ausschließlich eine beratende Funktion zu, eine Bindung der Kommission wird somit nicht hervorgerufen[267]. Dennoch ist die Kommission der Auffassung des Beratenden Ausschusses in den meisten Fällen gefolgt[268]. Die Stellungnahme des Beratenden Ausschusses wird im Amtsblatt der Europäischen Gemeinschaften Ausgabe Nr. C zeitgleich mit der Entscheidung veröffentlicht[269].

---

264 Vgl. dazu insbesondere Johannes in: Festschrift für Deringer, S. 293 (304), der einen Fall beschreibt, indem es einem Anwalt nicht gelang, Zugang zur Stellungnahme des Anhörungsbeauftragten zu erhalten.
265 Wagemann in: Wiedemann, § 17 Rn. 101.
266 Allein im Fall „Boeing/McDonnell-Douglas", (IV/M.877, Entscheidung der Kommission vom 30.7.1997, ABl. EG, Nr. L 336 vom 8.12.1997, S. 16 ff.) gab es drei Sitzungen des Beratenden Ausschusses, vgl. ABl. EG, Nr. C 372 vom 9.12.1997, S. 17 f.
267 Wolf in: Schwerpunkte des Kartellrechts 1991/1992, S. 1 (8).
268 Anders nur in: „Dupont/ICI", IV/M.214, Kommissionsentscheidung vom 30.9.1992, ABl. EG, Nr. L 7 vom 13.1.1993, S. 13, (Stellungnahme des Beratenden Ausschusses: ABl. EG, Nr. C 8 vom 13.1.1993, S. 2); und in „Mannesmann/Vallourec/Ilva", IV/M.315, Kommissionsentscheidung vom 31.1.1994, ABl. EG, Nr. L 102 vom 21.4.1994, S. 15, (Stellungnahme des Beratenden Ausschusses: ABl. EG, Nr. C 111 vom 21.4.1994, S. 6).
269 Wagemann in: Wiedemann, §17 Rn. 136.

d) Abschluss der zweiten Prüfungsphase

Entscheidungen des Art. 8 (Abs. 2 und 3) FKVO trifft die Kommission als Gremium, da aufgrund der geringen Anzahl der Fälle eine Delegation nicht erforderlich ist[270]. Der Wettbewerbskommissar muss dabei für die Annahme seines Beschlussvorschlags die Zustimmung der Mehrheit der gesetzlichen Mitglieder der Kommission bekommen[271].
Erfolgt die Entscheidung nicht innerhalb der Frist von vier Monaten, so wird die Vereinbarkeitserklärung gemäß Art. 10 Abs. 6 FKVO fingiert.
Ist wie oben erwähnt eine Stellungnahme des Beratenden Ausschusses ergangen, so kann die Kommission eine der nachstehenden Entscheidungen treffen.

(1) Zusammenschluss vereinbar mit dem Gemeinsamen Markt

Sind die ernsthaften Bedenken, die zu einer Einleitung der zweiten Verfahrensphase geführt haben, durch tiefergehende Ermittlungen ausgeräumt worden, so erklärt die Kommission den Zusammenschluss gemäß Art 8 Abs. 2 S. 1 FKVO als mit dem Gemeinsamen Markt für vereinbar. Es erfolgt somit eine Freigabe der Fusion.

(2) Zusammenschluss wird mit bestimmten Bedingungen und Auflagen für vereinbar erklärt

Gemäß Art. 8 Abs. 2 Unterabs. 2 FKVO kann die Kommission einer Entscheidung mit Bedingungen und Auflagen versehen, um die Einhaltung der von den Parteien eingegangenen verbotsabwendenden Zusagen sicherzustellen. Das heißt, die Parteien können, um zu einer mit dem Gemeinsamen Markt zu vereinbarenden Gestaltung des Zusammenschlusses zu gelangen, Verpflichtungen eingehen. Die Kommission ist dabei jedoch, wie in der ersten Phase, nicht befugt, eine Entscheidung von sich aus mit den notwendigen Bedingungen und Auflagen zu versehen. Es ist wiederum erforderlich, dass die Parteien die mit Bedingungen und Auflagen abzusichernden Zusagen selber vorschlagen.[272] Auch hier sieht die Praxis jedoch eher so aus, dass der Inhalt dieser Zusagen zwischen den Beteiligten und der Kommission häufig regelrecht ausgehandelt wird[273].
Verpflichtungszusagen sind der Kommission nicht später als drei Monate nach Einleitung des Verfahrens der zweiten Phase vorzulegen (Art. 18 Abs. 2 VerfVO).

---

[270] Schütz in: GK Hootz, Art. 8 Rn. 7.
[271] Vgl. Artt. 6 und 11 der Geschäftsordnung der Kommission vom 17.2.1993, ABl. EG, Nr. L 230 vom 11.9.1993, S. 15.
[272] Heidenhain, EuZW 1994, 135 (135).
[273] Stoffregen in: GTE, 5. Auflage, Bd. 2/II, Art. 8 FKVO Rn. 10.

Mit Hilfe dieser Vorschrift wird gewährleistet dass die Kommission die Verpflichtungen ausreichend prüfen kann und darüber hinaus genügend Zeit für die Anhörung des Beratenden Ausschusses bzw. etwaiger Meinungen Dritter bleibt. Gemäß Art. 18 Abs. 2 S. 2 VerfVO kann die Kommission diese Frist nur unter außergewöhnlichen Umständen verlängern. Um sicherzustellen, dass die beteiligten Unternehmen den verbotsabwendenden Zusagen nachkommen, sichert die Kommission die Zusagen der Parteien durch Bedingungen und Auflagen ab.
In der Praxis stellen die mit Bedingungen und Auflagen versehenen Zusammenschlüsse die überwiegende Zahl im Rahmen der nach Art. 8 FKVO geprüften Fälle dar[274].

(3) Zusammenschluss unvereinbar mit Gemeinsamen Markt

Wurde jedoch die Begründung bzw. Verstärkung einer marktbeherrschenden Stellung festgestellt, die den Wettbewerb im Gemeinsamen Markt oder einem wesentlichen Teil desselben erheblich zu behindern vermag, so erfolgt eine Unvereinbarkeitsentscheidung seitens der Kommission (Art. 8 Abs. 3 FKVO).

(4) Entscheidung nach Art. 8 Absatz 4 FKVO

Ist ein Zusammenschluss bereits vor Erlass einer Untersagungsentscheidung vollzogen, so kann die Kommission nach Art. 8 Abs. 4 FKVO die Entflechtung anordnen[275]. Dieser Entflechtungsentscheidung geht jedoch immer eine Entscheidung nach Art. 8 Abs. 3 oder Abs. 2 FKVO voraus[276].

(5) Resümee

Eine Entscheidung nach Abschluss der zweiten Prüfungsphase kann somit entweder als Genehmigung, als Genehmigung unter Bedingungen und Auflagen oder als Unvereinbarkeitserklärung und damit als Untersagung ergehen. Nach Art. 8 Abs. 4 FKVO kann die Kommission im Fall eines bereits erfolgten Vollzugs des Zusammenschlussvorhabens auch eine Entflechtungsentscheidung treffen. In Fällen, in denen die Kommission innerhalb der Frist von vier Monaten nach Einleitung der zweiten Verfahrensphase keine Entscheidung getroffen hat, gilt der Zusammenschluss nach Art. 10 Abs. 6 FKVO als mit dem Gemeinsamen Markt vereinbar.

---

[274] Stoffregen in: GTE, 5. Auflage, Bd. 2/II, Art. 8 FKVO Rn. 8; vgl. auch Statistik der Kommission: http://www.europa.eu.int/comm/competition/mergers/cases/stats.html.
[275] Vgl. hinsichtlich der hierfür in Frage kommenden Fallsituationen: Stoffregen in: GTE, 5. Auflage, Bd. 2/II, Art. 8 FKVO Rn. 31.
[276] Wagemann in: Wiedemann, § 17 Rn. 105.

e) Veröffentlichung

Entscheidungen nach Art. 8 Abs. 2 bis 5 FKVO werden gemäß Art. 20 Abs. 1 und 2 FKVO nach Entfernung der Geschäftsgeheimnisse im Amtsblatt der Europäischen Gemeinschaften Ausgabe Nr. L veröffentlicht.

5. Klagemöglichkeit

Die einzelnen Verfahren der ersten und zweiten Phase werden durch eine förmliche Entscheidung abgeschlossen[277]. Das Verwaltungsverfahren der Kommission ist somit abgeschlossen. Eine vergleichbare verwaltungsrechtliche Überprüfungsmöglichkeit wie es in Deutschland die Ministererlaubnis nach § 24 Abs. 3 des Gesetzes gegen Wettbewerbsbeschränkungen darstellt, gibt es nicht.
Entsprechend der Vorschriften des EG-Vertrages kann jedoch gegen Entscheidungen des Kommission beim Europäischen Gerichtshof, bzw. beim Europäischen Gericht erster Instanz Klage erhoben werden.

Nach Art. 230 EGV können Mitgliedstaaten (Art. 230 Abs. 2 EGV) sowie die unmittelbar Beteiligten und Dritte im Falle unmittelbarer und individueller Betroffenheit (Art. 230 Abs. 4 EGV) Klage gegen Entscheidungen der Kommission einlegen. Anfechtbare Entscheidungen sind nach ständiger Rechtsprechung alle Maßnahmen, „die den Standpunkt der Kommission ... endgültig festlegen"[278]. Handelt es sich wie beim Fusionskontrollverfahren um ein mehrstufiges Verfahren, so sind nur die Maßnahmen angreifbar, die somit verbindliche Rechtswirkungen erzeugen. Vorbereitende Zwischenentscheidungen sind nicht separat anfechtbar, sondern können nur im Rahmen einer verfahrensabschließenden Entscheidung überprüft werden.[279] Als vorbereitende Maßnahme nicht selbständig anfechtbar ist daher die Entscheidung der Verfahrenseinleitung nach Art. 6 Abs. 1 lit. c) FKVO[280].
Vereinbarkeitsentscheidungen nach Art. 6 Abs. 1 lit. b) sowie Art. 8 Abs. 2 S. 1 FKVO sind mangels belastender Wirkung unter der Voraussetzung der unmittelbaren und individuellen Betroffenheit nur für Wettbewerber, Abnehmer oder Lieferanten anfechtbar, nicht dagegen für die Zusammenschlussbeteiligten selbst[281]. Dieses Klagerecht Dritter wird auch in der Literatur weitgehend bejaht[282]. Im übrigen stellen die Entscheidungen nach Art. 6 Abs. 1 lit. a) sowie Art. 8 Abs. 2 Un-

[277] Zäch, Grundzüge des Europäischen Wirtschaftsrechts, S. 325.
[278] EuGH, Urteil vom 11.11.1981, Rs. 60/81, „IBM/Kommission", Slg. 1981, 2639 (2652, Rn. 10).
[279] Schütz in: GK Hootz, Art. 8 Rn. 23.
[280] Löffler in: Langen/Bunte, Art. 6 Rn. 19.
[281] Wagemann in: Wiedemann, § 17, Rn. 194 und 200.
[282] Vgl. Verweise bei Löffler in: Langen/Bunte, Art. 6 Rn. 19.

terabs. 2, Abs. 3, 4 und 5 FKVO auch für die Zusammenschlussbeteiligten anfechtbare Maßnahmen dar[283].
Gemäß Art. 230 EGV sind die Klagen gegen Kommissionsentscheidungen binnen zwei Monaten zu erheben.

[283] Vgl. zur ausführlichen Darstellung: Wagemann in: Wiedemann, § 17 Rn. 192 ff.

Teil 2: Das Europäische Fusionskontrollverfahren – Untersuchung der Gewährleistung von Verfahrensrechten

A. Methodik und Verlauf der Untersuchung

Wie bereits in der Einleitung angesprochen, liegt der Arbeit die Idee zugrunde, eine Untersuchung der Gewährleistung der Verfahrensrechte unmittelbar beteiligter Parteien im Hinblick auf die Effizienz des Fusionskontrollverfahrens durchzuführen.
Um einen umfassenden Einblick in verschiedene Perspektiven des Fusionsverfahrens zu erhalten, kam es darauf an, möglichst unterschiedliche beteiligte Institutionen und Personen anzusprechen. Die Auswahl der Gesprächspartner erfolgte deshalb mit der Absicht, das Verfahren der Zusammenschlusskontrolle aus verschiedenartigen und teilweise gegensätzlichen Blickwinkeln zu betrachten.

Im Folgenden sollen zunächst die einzelnen Gesprächspartner vorgestellt werden, soweit es die notwendige Zusicherung von Anonymität zulässt.
Ein erstes Gespräch erfolgte mit Herrn Dr. Schröter in Brüssel im November 2000. Dr. Schröter war zu diesem Zeitpunkt noch als Anhörungsbeauftragter der Generaldirektion Wettbewerb tätig. Diesem Kontakt zur Generaldirektion folgten im Verlauf der Arbeit mehrere Telefonate, so dass gerade in Bezug auf die Rechte der Parteien während des Verfahrens, die durch den Anhörungsbeauftragten geschützt werden sollen, ein wertvoller Einblick gewonnen werden konnte.
Ferner konnte im Verlauf der Arbeit ein telefonisches Gespräch mit der neuen Anhörungsbeauftragten Mrs. Williams geführt werden, um einige relevante Punkte des neuen Mandats aus dem Jahre 2001 anzusprechen.

Die Wahl eines weiteren Gesprächspartners fiel auf das Bundeskartellamt, welches als Behörde für die mitgliedstaatliche Kontrolle von Zusammenschlüssen zuständig und ebenfalls an europäischen Fusionskontrollverfahren zu beteiligen ist. Gerade der Vergleich mit dem deutschen System war bezüglich der Beurteilung des europäischen Systems sehr interessant.
Des Weiteren fanden drei Gespräche mit international agierenden Unternehmen statt, die aufgrund ihrer Fusionspraxis Erfahrungen im Fusionskontrollverfahren vor der Europäischen Kommission gewinnen konnten. Ziel dieser Gespräche war es, die Auswirkungen eventuell vorhandener Schwierigkeiten des Verfahrens zu erörtern.

Überdies wurde ein weiteres Gespräch mit dem Bundesverband der Deutschen Industrie e.V. (im Folgenden: BDI) geführt. Dieser Verband vertritt die wirtschaftspolitischen Interessen der Industrie unter anderem auch gegenüber der Europäischen Union. Als Sprachrohr seiner Mitgliedsverbände konnte er im Rahmen seiner Kontakte zu den Unternehmen ebenfalls Erfahrungen in Bezug auf Fusionskontrollverfahren vor der Europäischen Kommission sammeln.

Weitere Gespräche fanden mit zwei Anwaltskanzleien statt, die aus unterschiedlichen Gründen für die Untersuchung wertvoll waren. Während sich die eine in unmittelbarer Nähe zur Kommission in Brüssel befindet und somit direkten persönlichen Kontakt insbesondere zur 'Merger Task Force' pflegen kann, war die andere Kanzlei für die Untersuchung deshalb interessant, weil sie zeitnah ein umfangreiches Fusionsvorhaben für ein Unternehmen internationaler Größe abgeschlossen hatte.

Die Gespräche fanden unter Zusicherung von Anonymität und der Zusicherung des Verzichts auf wörtliches Zitat statt. Einem Teil der Gesprächspartner wurde zur Vorbereitung des Termins ein Thesenpapier mit den Schwerpunkten der zu führenden Diskussion zugesandt. Sofern das Einverständnis des jeweiligen Gesprächspartners vorlag, wurde der Dialog auf Tonband aufgezeichnet. Üblicherweise dauerten die Gespräche zwischen eineinhalb und zweieinhalb Stunden, wobei positiv hervorzuheben ist, dass sich alle Gesprächspartner durch große Auskunftsbereitschaft und Interesse am Thema auszeichneten. Die praktische Relevanz der thematisierten Problematik wurde insbesondere von Wirtschaftsseite hoch eingeschätzt.

Die Ergebnisse der Gespräche haben keinen Anspruch auf Repräsentativität. Sie geben jedoch aufgrund der verschiedenartigen Gesprächspartner einen umfassenden Überblick über Vorteile und Schwachstellen des europäischen Systems der Fusionskontrolle. Im Verlauf der Gespräche stellte sich zudem heraus, dass die Gesprächspartner die Probleme häufig in denselben Bereichen bekundeten. Folglich kann zumindest davon ausgegangen werden, dass die Problembereiche auch bei anderen beteiligten Parteien ähnlich gelagert sein werden. Damit können die Ergebnisse der Untersuchung trotz nicht erreichter Repräsentativität bei einer entsprechenden Reform der Fusionskontrollverordnung einbezogen werden.

Für die Auswertung der Gespräche war es zunächst wichtig, die Aussagen untereinander zu vergleichen und Übereinstimmungen zu finden. Bei diesen Punkten konnte dann davon ausgegangen werden, dass sie eine die Allgemeinheit der Beteiligten betreffende Relevanz besitzen. Weiter war es wichtig, unterschiedliche Aussagen zu einem Problempunkt zu extrahieren und nach Gründen für teilweise gegensätzliche Bewertungen und Einschätzungen zu suchen. Zu hinterfragen war dabei insbesondere, welche Interessen die einzelnen Gesprächspartner im Rahmen ihrer unterschiedlichen Beteiligung verfolgen. Denn natürlich ist die Sichtweise

eines Industrieunternehmens hinsichtlich des Fusionskontrollverfahrens eine andere als die einer Behörde.
Waren die Gespräche in dieser Weise eingeordnet, konnten sie mit den vom Verfasser antizipierten Problemen und Lösungen verglichen, geprüft und beurteilt werden. Während der Gespräche neu aufgedeckte Problemfelder werden in der Arbeit erörtert, diskutiert und auf diese Weise mit einbezogen.

Obwohl bei der Auswahl der Gesprächspartner darauf geachtet wurde, dass sie bereits mit Fällen konfrontiert waren, die nach in Kraft treten des neuen Mandats des Anhörungsbeauftragten im Jahr 2001 geprüft wurden, war es schwierig, die praktischen Auswirkungen der neuen Änderungen zu diskutieren. Dies kann zum einen daran liegen, dass in den jeweiligen Fällen keine Verteidigungsrechte strittig waren und die neuen Mechanismen des Anhörungsbeauftragten nicht eingesetzt werden mussten. Zum anderen kann dies jedoch auch auf der Tatsache beruhen, dass es im Sommer 2001 zu einem Personalwechsel im Posten des Anhörungsbeauftragten kam. Das Amt wurde kurz nach Wirksamwerden des neuen Mandats mit zwei neuen Anhörungsbeauftragten besetzt. Möglicherweise verhielten sie sich insbesondere zu Beginn ihrer Amtsaufnahme zunächst zurückhaltend, um sich ohne Fehler einarbeiten zu können.
Im Rahmen der Beurteilung des neuen Mandats war es somit schwierig, sich nur auf Aussagen der Gesprächspartner zu verlassen. Insofern stützt sich die Untersuchung des Punktes C. zum Teil auf Informationen aus Aufsätzen sowie auf Kommissionsunterlagen und Protokolle, die aus der Diskussion um die Stärkung der Rolle des Anhörungsbeauftragten des House of Lords im Oktober / November 2000 hervorgingen.

Zu den aufgeworfenen Problemen wurden in der Praxis anwendbare Lösungsvorschläge und neue Ideen entwickelt, die auf die Optimierung des Fusionskontrollverfahrens im Hinblick auf die Gewährleistung der Verfahrensrechte für die Parteien abzielen. Die Ergebnisse werden jeweils im Anschluss an die diskutierten Problemfelder präsentiert.

B. Die Wahrung der Verfahrensrechte der anmeldenden Parteien im Verfahren

Die Mitteilung der Beschwerdepunkte, die Akteneinsicht sowie die schriftliche und mündliche Anhörung gehören zu den Hauptverteidigungsrechten der fusionierenden Parteien. Sie finden allerdings erst in der zweiten Verfahrensphase Anwendung und werden daher auch erst dort im entsprechenden Rahmen untersucht.
Im Rahmen des Art. 41 Abs. 1 der Grundrechtecharta der Europäischen Union ist das Recht auf Anhörung erneut bezeichnet worden, wobei die Formulierung in

Abs. 1 über dieses Recht hinausgeht und allgemeiner im Hinblick auf das Recht auf eine gute Verwaltung formuliert worden ist. Danach hat jede Person „ein Recht darauf, dass ihre Angelegenheiten von den Organen und Einrichtungen der Union unparteiisch, gerecht nach dem Grundsatz der Neutralität des öffentlichen Handelns und innerhalb einer angemessenen Frist behandelt werden"[284].
Dementsprechend sollen im Rahmen dieser Arbeit auch die anderen Elemente des Verfahrens hinsichtlich einer Optimierung des Verfahrensablaufs für die Parteien untersucht werden, um ein vollständiges Ergebnis im Hinblick auch auf weitere Beeinträchtigungen der Anmelder zu erhalten und diesen abzuhelfen. Eine Beschränkung allein auf die zweite Phase würde ein unvollständiges Bild liefern, wenn bereits während des vorherigen Verfahrens nicht hinnehmbare Probleme für die anmeldenden Parteien auftreten. Nur umfassend betrachtet, kann eine vollständige Lösung für ein optimales Verfahren entwickelt werden.

I. Die Elemente des Verfahrens

Im Folgenden findet eine detaillierte Analyse der Beeinträchtigungsmöglichkeiten der Parteien im Verfahren sowie eine Untersuchung der Gewährleistung der Verfahrens- und Verteidigungsrechte der anmeldenden Parteien statt. Dazu werden die kritischen Punkte der einzelnen Verfahrenselemente näher beleuchtet. Je nach Bedarf schließen sich an die jeweilige Abhandlung Lösungsvorschläge bezüglich festgestellter Schwächen sowie Vorschläge hinsichtlich einer verbesserten Gewährleistung von Verfahrensrechten an.

1. Voranmeldungsphase

Ein erster Blick soll zunächst auf die Phase vor der Anmeldung geworfen werden.

a) Zeitpunkt der Anmeldung

Nach Art. 4 Abs. 1 FKVO ist ein Fusionsvorhaben erst nach dem Vertragsschluss, der Veröffentlichung des Kauf- oder Tauschangebots oder des Erwerbs einer die Kontrolle begründenden Beteiligung anzumelden. Es muss sich demnach für die Parteien um einen verbindlichen Vertragsabschluss handeln.
Zu klären ist diesbezüglich, ob der so festgelegte Zeitpunkt der Anmeldung die Hauptbetroffenen in ihrem Fusionsvorhaben beeinträchtigen, einschränken oder benachteiligen könnte. Da ihnen die Möglichkeit versagt wird, ihr Vorhaben bereits vor offiziellem Vertragsabschluss anzumelden, könnte es sich hierbei um eine vermeidbare zeitliche Verzögerung handeln. Hinsichtlich der Notwendigkeit

[284] Charta der Grundrechte der Europäischen Union, ABl. EG, Nr. C 364 vom 18.12.2000, S. 1.

zügigen Handelns zur Sicherung des wirtschaftlichen Erfolgs im Rahmen eines Fusionsvorhabens könnte sich eine solche Verzögerung negativ auswirken und wäre somit unbedingt zu vermeiden. Es ist deshalb zu klären, ob derartige Beeinträchtigungen vorliegen und ob diese durch eine Anmeldung vor verbindlichem Vertragsabschluss (im Folgenden: vorgezogene Anmeldung) verhindert werden könnten.

Die europäische Regelung scheint insbesondere problematisch, wenn man sie z.B. mit der deutschen Praxis des Gesetzes gegen Wettbewerbsbeschränkungen (im Folgenden: GWB) vergleicht. Nach § 39 Abs. 1 GWB ist ein Zusammenschluss *vor dem Vollzug* beim Bundeskartellamt anzumelden. Hiernach reicht bereits eine von den am Fusionsvorhaben Beteiligten vorliegende Vollzugabsicht aus. Das bedeutet, dass bereits nach der Unterzeichnung eines „Memorandum of Understanding" eine Anmeldung beim Bundeskartellamt vorgenommen werden kann.[285] Dies ermöglicht den Parteien, bereits vor verbindlichem Vertragsabschluss an die Behörde heranzutreten und somit die abschließenden Vertragsverhandlungen parallel zu dem bereits durch die Anmeldung in Gang gesetzten Prüfungsverfahren beim Bundeskartellamt zu führen. Im Rahmen des europäischen Verfahrens ist es dagegen ausgeschlossen, die Genehmigung der Kommission mit der Beendigung der Vertragsverhandlungen zeitlich zusammenlaufen zu lassen. Ein zeitlicher Vorteil der deutschen Regelung gegenüber den nacheinander ablaufenden Prozessen des Vertragsabschlusses und dem anschließenden Prüfungsverfahren bei der Europäischen Kommission ist offensichtlich. Insofern kann die europäische Regelung für die beteiligten Parteien auf europäischer Ebene eine Verfahrensbenachteiligung im Sinne einer zeitlichen Verzögerung darstellen, denn je früher die Parteien anmelden können, desto früher können sie letztendlich auch vollziehen.
Zu überprüfen ist an dieser Stelle, ob eine derartige Benachteiligung durch ein anderes Instrument der Kommission ausgeglichen werden kann.
Nach Erwägungsgrund 10 der Verfahrensverordnung und nach gängiger Praxis der Kommission erfolgen vor der Anmeldung vertrauliche informelle Vorgespräche zwischen den Beteiligten und der Kommission über den beabsichtigten Zusammenschluss. Es könnte daher der Fall sein, dass diese Vorgespräche eine vorgezogene Anmeldung aufgrund vorliegender Gleichwertigkeit unnötig erscheinen lassen.
Nach Angaben aus der Praxis erfolgt grundsätzlich kein Zusammenschluss ohne Vorgespräche, da es gerade im Hinblick auf die Aktienkurse sehr wichtig ist, vorher zu sondieren, ob das Fusionsvorhaben Aussicht auf Genehmigung hat. Allerdings geht aus der Stellungnahme des BDI zum Grünbuch der EU-Kommission vom 11.12.2001 hervor[286], dass nicht mit Sicherheit festgestellt werden konnte, ob

[285] Schwan: in Oberender, Die Europäische Fusionskontrolle, S. 39 (43).
[286] BDI, Stellungnahme zum Grünbuch der Europäischen Kommission vom 11.12.2001, S. 15.

die Möglichkeit des Führens von Vorgesprächen grundsätzlich jedem Unternehmen, insbesondere auch den mittelständischen Firmen, zugute kommt. Bereits durch diese Zweifel kann der äquivalente Wert der Vorgespräche zu einer gesetzlich festgelegten, für alle geltenden vorgezogenen Anmeldung in Frage gestellt werde.
Darüber hinaus könnte die Gleichstellung der Vorgespräche mit einer vorgezogenen Anmeldung auch aus folgendem Grund nicht gerechtfertigt sein. Ausschließlich die Anmeldung, unter der Voraussetzung ihrer Vollständigkeit, vermag die Fristen des Fusionskontrollverfahrens in Gang zu setzen. Demnach kann im Gegensatz zum jetzigen Verfahren nur eine vorgezogene Anmeldung den zur Zeit vorhandenen Zeitverlust beheben. Ein äquivalenter Wert der Vorgespräche gegenüber einer vorgezogenen Anmeldung ist somit zu negieren.
Es ist vielmehr der Fall, dass nur die vorgezogene Anmeldung die Effizienz des Verfahrens steigern kann. Diese Straffung des Verfahrens wirkt sich auf der anderen Seite weder negativ auf die Gründlichkeit der Untersuchung aus noch schränkt sie aufgrund der geringeren Zeit die Äußerungsmöglichkeiten der Parteien ein.
Eine vorgezogene Anmeldung könnte vielmehr die Benachteiligung der Unternehmen aufheben, die aufgrund der Höhe ihrer Umsätze und mangelnder Anwendung der Zweidrittel-Regel nicht mehr unter die deutsche Fusionskontrolle fallen.

Insbesondere die Schnelligkeit des Wirtschaftslebens erfordert ein möglichst zügiges Verfahren für die Parteien. Dieser Tatsache versucht auch der Beschleunigungsgrundsatz des europäischen Fusionskontrollverfahrens Rechnung zu tragen. Im europäischen Verfahrensrecht trägt dieser Grundsatz dafür Sorge, dass die Dauer eines Kontrollverfahrens möglichst gering gehalten wird[287]. Zwar handelt es sich bei der Phase vor der Anmeldung noch nicht um das Verfahren selbst, allerdings ist es wenig sinnvoll, lediglich das Verfahren mit größtmöglicher Beschleunigung durchzuführen, wenn vor Beginn der Prüfung unnötig Zeit verloren geht. Deshalb muss sich der Grundsatz vom Sinn und Zweck her auf den gesamten Prüfungsvorgang mit Beginn des ersten Kontakts zur 'Merger Task Force' erstrecken, um seine Tragweite voll entfalten zu können.
Im Bereich der Anmeldung ist der Faktor Zeit im jetzigen System noch ungenügend berücksichtigt, so dass sich die fehlende Umsetzung des vorhandenen Potentials negativ auf das Recht der Parteien bezüglich eines möglichst zügigen Verfahrens im Sinne des Beschleunigungsgrundsatzes auswirkt.

Allerdings ist auch folgende Überlegung in diese Wertung mit einzubeziehen. Mit der Anmeldung bei der Kommission geht auch die öffentliche Bekanntmachung im Amtsblatt der Europäischen Gemeinschaften einher. Für die betroffenen Unternehmen bedeutet dies, dass sie erst bei sicherem Vorliegen der Durchführungsabsicht aller Beteiligten das Vorhaben anmelden werden. Dafür müssen bereits

[287] Kögel, Die Angleichung der deutschen an die europäische Fusionskontrolle, S. 226.

die wesentlichen Tatsachen des oder der Verträge feststehen. Ansonsten würde man das Risiko der Unterrichtung der Öffentlichkeit nicht eingehen. Ein Rückzug vom Fusionsvorhaben zöge nicht nur einen Imageschaden, sondern ebenfalls die Gefahr eines sinkenden Aktienkurses nach sich.
Ob vor diesem Hintergrund der Zeitpunkt einer vorgezogenen Anmeldung tatsächlich auch so wesentlich vor dem Zeitpunkt des Vorliegens eines rechtlich verbindlichen Vertrages liegt, ist deshalb fraglich. Eine Nutzung der Option einer vorgezogenen Anmeldung käme deshalb laut Angaben aus der Praxis nicht in vielen Fällen zur Anwendung, da der Zeitpunkt, zu dem eine öffentliche Bekanntmachung gewagt wird, aus vorstehenden Gründen grundsätzlich nicht deutlich vor dem Zeitpunkt des endgültigen Vertragsabschlusses liegt.
Bezüglich dieser Sichtweise gab es jedoch während der Untersuchung auch andere Meinungen. So spricht der BDI in seiner Stellungnahme zum Grünbuch der Kommission von einem großen Zeitverlust, wenn erst der verbindliche Vertragsabschluss abgewartet werden muss. Letztendlich ständen die wesentlichen fusionskontrollrechtlichen Tatsachen gewöhnlich schon vor der Vertragsunterzeichnung fest.[288]
Ebenfalls wurde in den Gesprächen angesprochen, dass die Möglichkeit einer vorgezogenen Anmeldung insbesondere dann von entscheidender Bedeutung sein kann, wenn z.B. das Weihnachtsgeschäft betroffen ist, welches über eine positive oder negative Zukunftsentwicklung des gesamten Unternehmens entscheiden kann. Gerade hier könnte die flexiblere Handhabung einer vorgezogenen Anmeldung von enormer Bedeutung sein, um den Zeitraum der ersten Gespräche über das Fusionsvorhaben und dem Abschluss der Prüfung möglichst gering zu halten.

Ein weiteres Argument für eine vorgezogene Anmeldung hat die Kommission in ihrem Grünbuch vom 11.12.2001 selbst geliefert. Die Option einer vorgezogenen Anmeldung ermöglicht den Parteien grundsätzlich eine bessere Koordinierung ihrer Anmeldung auch bei anderen Wettbewerbsbehörden[289]. In den USA ist eine Anmeldung zum Beispiel ebenfalls bereits zu einem früheren Zeitpunkt als dem des verbindlichen Vertragsabschlusses möglich[290]. Das kann dazu führen, dass ein Fusionsvorhaben zuerst bei einer der amerikanischen Behörden angemeldet wird und erst später auch bei der Kommission. Ergeht dann ebenfalls die Entscheidung der amerikanischen Behörden früher als die der Kommission, so kann letztere unter Druck geraten, wie es insbesondere der Fall „GE/Honeywell" gezeigt hat. Die Genehmigung des US-Justizministeriums war bereits am 4. Mai 2001 erfolgt[291], während sich die Europäische Kommission noch in der Prüfung des Vorhabens befand und dieses erst am 3. Juli 2001 untersagte.

---

[288] BDI, Stellungnahme zum Grünbuch der Europäischen Kommission vom 11.12.2001, S. 15.
[289] Europäische Kommission, Grünbuch vom 11.12.2001, Tz. 184.
[290] Shell, Stellungnahme zum Grünbuch der Europäischen Kommission vom 11.12.2001, S. 6.
[291] Vgl. Financial Times Deutschland vom 4. Mai 2001, US-Behörde gibt grünes Licht für GE-Honeywell-Fusion.

Eine Koordinierung sei jedoch auch unter den jetzigen Bedingungen zu erreichen, so das Argument der Kommission. Die Parteien müssten dazu ihre Anmeldungen den betroffenen Wettbewerbsbehörden insgesamt erst zum Zeitpunkt des verbindlichen Vertragsschlusses vorlegen.[292]
Doch welches Interesse sollten die betroffenen Parteien an einer derartigen Praxis haben? Welcher Vorteil entstünde für sie, wenn sie sich die Möglichkeit einer früheren Anmeldung bei einer anderen Wettbewerbsbehörde entgehen ließen? Läge der Nutzen einer Koordinierung nicht vielmehr bei den Behörden selbst bzw. der Kommission, indem die eine die andere nicht unter Druck setzen kann? Praktisch gesehen, wird ein Unternehmen immer so früh anmelden wie möglich, um wenigstens im Rahmen des Möglichen Zeit zu sparen. Von den Parteien kann nicht erwartet werden, ihre Anmeldung künstlich zurückzuhalten, wenn für sie darin offensichtlich kein Vorteil zu erkennen ist. Die Argumentation der Kommission scheint daher von der praktischen Seite nicht ganz schlüssig.
Aus Sicht des Verfassers spricht somit ebenfalls die Koordinierungsmöglichkeit der Anmeldungen für eine Anmeldung bereits vor verbindlichem Vertragsabschluss.

Wirft man einen Blick auf die Praxis der Kommission, so stellt man fest, dass sie für eine Prüfung nicht regelmäßig auf das Vorliegen einer rechtlich verbindlichen Vereinbarung bestand[293]. So wurde erst kürzlich im Fall „Hewlett-Packard/Compaq“ eine Anmeldung geprüft und mit Abschluss der ersten Phase auch genehmigt, bei der noch die Zustimmung der Aktionäre fehlte[294]. Trotz Genehmigung stand somit noch Wochen später nicht fest, ob dieses Fusionsvorhaben auch vollzogen wird. Zu dem in der Hauptversammlung im März erzielten knappen Ergebnis (51,4 Prozent stimmten für die Fusion, 48,6 Prozent dagegen) trat die Einreichung einer Klage vom ehemaligen Aufsichtsratmitglied Walter Hewlett hinzu, in der er der Hewlett-Packard Chefin vorwarf, die entscheidenden Stimmen für die Fusion gekauft zu haben. Die Klage wurde am 30. April 2002 vom Gericht abgewiesen, so dass die Fusion endgültig erst am 7. Mai 2002 (und damit erst drei Monate nach der Genehmigung der Europäischen Kommission) vollzogen werden konnte.[295]

---

[292] Europäische Kommission, Grünbuch vom 11.12.2001, a.a.O.
[293] Vgl. auch Aussage der Europäischen Kommission im Grünbuch vom 11.12.2001, Tz. 183.
[294] Vgl. Financial Times Deutschland vom 1. Februar 2002, Mario Monti ermutigt Carly Fiorina, S. 4; die Anmeldung erfolgte am 20. Dezember 2001 (s. Official Journal of the European Communities, C 374 vom 29.12.2001, S. 68), die Genehmigung erfolgte am 31.1.2002 (s. Europäische Kommission, IP/02/181), während die Abstimmung der Aktionäre erst für den 19. bzw. 20. März 2002 anberaumt war, vgl. Financial Times Deutschland vom 20. Februar 2002, Zerschlagung statt Fusion mit Compaq, S. 4.
[295] Vgl. Financial Times Deutschland vom 2. Mai 2002, Hewlett-Erbe verliert Kampf gegen Fiorina, S. 4.

Dieser Beispielsfall stellt zugleich die Problematik einer vorgezogenen Anmeldung dar. Fehlt ein verbindlicher Vertragsabschluss, so besteht grundsätzlich eine größere Unsicherheit über den späteren tatsächlichen Vollzug der Fusion. Das heißt, es kann der Fall eintreten, dass Ressourcen der Kommission für die Prüfung eines Fusionsvorhabens eingesetzt werden, welches später nicht umgesetzt wird. Eine derartige „Verschwendung" von Kapazitäten kann sich aber gerade die Kommission bei ständigem Ressourcenmangel nicht leisten. Sie muss unnötige Arbeitsbelastungen möglichst gering halten und unnütze Arbeit durch Änderung oder Aufgabe des Fusionsvorhabens vermeiden.

Dadurch dass eine Anmeldung beim Bundeskartellamt grundsätzlich vor verbindlichem Vertragsabschluss möglich ist, kommt es auch hier vor, dass Fusionsvorhaben nicht durchgeführt werden. Allerdings bestehen hier zwei wesentliche Vorteile. Zum einen scheinen die Ressourcen des Kartellamtes von vornherein nicht so überbelastet zu sein und zum anderen werden selbst die nicht durchgeführten Fälle als sogenannte Vorfeldfälle in den Akten erfasst. Die gesammelten Daten gehen daher nicht verloren, die Arbeit war trotz allem nicht umsonst.

Da die Europäische Kommission Daten nicht in dem Maße erfasst wie das Bundeskartellamt, besteht dort viel eher die Gefahr zusätzlicher Arbeit, die sich aufgrund des Eindrucks der Ressourcenknappheit ohne jeglichen Nutzen nicht ohne weiteres rechtfertigen lässt. Dagegen ist jedoch einzuwenden, dass nicht davon ausgegangen werden kann, dass es sich hierbei um eine Vielzahl von Fällen handeln würde, bei denen das Vorhaben während bzw. nach der Prüfung aufgegeben wird. Wie oben bereits dargelegt, hat ein Unternehmen kein Interesse daran, sich durch unüberlegte Kundgabe der Fusion in der Öffentlichkeit, die mit der Anmeldung einhergehen würde, einen Schaden zuzufügen. Demzufolge besteht zwar grundsätzlich eine Gefahr von Mehrarbeit in dieser Hinsicht, die Wahrscheinlichkeit und die Häufigkeit der Anmeldung eines noch nicht ausreichend gesicherten Zusammenschlusses, der anschließend nicht vollzogen wird, sind jedoch gerade auch von Unternehmensseite zu vermeiden und werden deshalb eher gering ausfallen. Gerade Unternehmen von derartiger Größe wie zur Überschreitung der Schwellenwerte für die Anwendung der Fusionskontrollverordnung erforderlich sind, werden unausgegorene Vorhaben in dieser Hinsicht schon allein aufgrund schlechter „Publicity" zu vermeiden wissen.

Insofern überwiegen die zeitlichen Vorteile einer vorgezogenen Anmeldung die eher gering ausfallende Gefahr der unnötigen Belastung der Kommission durch nicht vollzogene Fusionsvorhaben.

Als Ergebnis lässt sich somit festhalten, dass zum einen eine Benachteiligung gegenüber den Unternehmen festgestellt werden konnte, die z.B. wie in Deutschland bereits vor verbindlichem Vertragsabschluss anmelden können. Zum anderen geht mit der jetzigen Regelung der Kommission eine Zeitverzögerung einher, die nicht mit dem Beschleunigungsgrundsatz vereinbar ist und somit die Parteien in ihrem Vorhaben beeinträchtigt. Nach der Auseinandersetzung mit einigen gegen eine

vorgezogene Anmeldung sprechenden Argumenten, kann festgehalten werden, dass die wesentlichen Tatsachen bereits vor Vertragabschluss vorliegen, so dass eine Zeitverzögerung nicht nur unnötig erscheint, sondern die Parteien unangemessen beeinträchtigt und gegenüber anderen, z.B. in Deutschland anmeldenden Unternehmen, benachteiligt. Des Weiteren wiegen die Vorteile einer flexibleren Handhabung z.B. für die erwähnten Saisongeschäfte einen eher selten vorkommenden Fall von „Ressourcenverschwendung" auf. Auch eine Koordinierung von Anmeldungen ist bei der Option einer vorgezogenen Anmeldung besser möglich, als es im jetzigen Rahmen der Fall ist.
Die genannten Gründe sprechen somit für die Einführung einer Anmeldungsmöglichkeit vor verbindlichem Vertragsabschluss.

b) Personalwechsel zwischen den Vorgesprächen und der Anmeldung

Nach Erwägungsgrund 10 der Verfahrensverordnung haben die Anmelder sowie andere Beteiligte die Möglichkeit, mit der Kommission informelle und vertrauliche Vorgespräche bezüglich ihres Vorhabens zu führen. Wie bereits erläutert, wird diese Möglichkeit in der überwiegenden Anzahl der Fälle wahrgenommen.
Ist ein Fusionsvorhaben hinreichend konkret, treten die beteiligten Unternehmen an einen der vier Abteilungsleiter der 'Merger Task Force' heran, um ein erstes Gespräch anzumelden[296]. Die Abteilungsleiter sind unterschiedlicher Nationalität, so dass sich die Wahl der Unternehmen, an wen sie herantreten, oft nach der von den Unternehmen bevorzugten Verfahrenssprache richtet. Für das erste Treffen stellen die beteiligten Parteien ein „Briefing-Paper" zusammen, welches auf ca. acht bis zehn Seiten das Vorhaben, die Parteien, eine vorläufige Marktabgrenzung, die Umsätze und die mutmaßlich auftretenden Probleme skizziert. Das „Paper" dient als Gesprächsgrundlage für das weitere Vorgehen.
Die Kommission hat ihrerseits bereits für dieses erste Treffen ein 'Case Team' von ca. drei bis fünf Mitarbeitern der 'Merger Task Force' zusammengestellt. Die Mitarbeiter sind dabei nicht einer bestimmten Branche zugeordnet, sondern werden ad hoc als Team zusammengesetzt und einem Fall zugewiesen. Hinsichtlich der Zusammensetzung wird jedoch versucht, in der jeweiligen Branche erfahrene Mitarbeiter einzusetzen, die zugleich die Verfahrenssprache beherrschen.
Die Vorgespräche dienen vorwiegend den in Teil 1 beschriebenen Inhalten des Erlangens von Vorwissen für die Kommission, der Besprechung der in der Anmeldung anzubringenden Informationen sowie die Diskussion potentieller Wettbewerbsprobleme. Zum Teil werden in den Vorgesprächen bereits Absprachen

---

[296] Insgesamt gibt es fünf Abteilungen innerhalb der 'Merger Task Force', wovon sich die fünfte Abteilung jedoch nur mit der Kontrolle der Umsetzung der durch Bedingungen und Auflagen abgesicherten Zusagen beschäftigt, vgl. Organigramm: http://www.europa.eu.int/comm/dgs/competition/directory/organi_fr.pdf.

getroffen und Zusagen abgegeben, die potentielle Wettbewerbsprobleme und ihre Lösungen betreffen[297].

Der sinnvolle Ablauf der Vorbereitung der Anmeldung durch Vorgespräche wird jedoch dann gestört, wenn keine Kontinuität zwischen den Beamten der Vorgespräche und den mit der Anmeldung für die Prüfung des Falles zuständigen Beamten gewährleistet ist.
Leider belegen Angaben aus der Praxis, dass es sich bei einem derartigen Personalwechsel um ein durchaus vorkommendes Problem handelt. So beschrieb eines der befragten Unternehmen einen Fall, bei dem die Vorgespräche mit bestimmten Mitarbeitern geführt wurden, während bei der späteren Anmeldung völlig neue Mitarbeiter die Bearbeitung des Falles zugewiesen bekamen. Die Beamten, die die Vorgespräche geführt hatten, waren bereits einem neuen Fall zugeteilt, so dass erneut Gespräche über die für die Anmeldung zu liefernden Daten und Informationen wie z.B. die Marktabgrenzung geführt werden mussten. Die Diskussionen während der Vorgespräche waren in diesem beschriebenen Fall umsonst geführt worden.
Unter anderem beruht der Wert der Vorgespräche für die Parteien jedoch auf der Diskussion potentieller Wettbewerbsprobleme sowie ihrer etwaigen Lösungsmöglichkeiten. Wird dieser Wert durch einen Personalwechsel zunichte gemacht, stellt das nicht nur das im Erwägungsgrund 10 der Verfahrensverordnung vorgesehene System der Vorgespräche in Frage, sondern führt zudem zu Benachteiligungen hiervon betroffener Parteien. Die Rechte dieser Parteien bezüglich eines ordnungsgemäß vorgesehenen Verfahrens nebst Vorgesprächen sind somit beeinträchtigt.

Probleme treten im Falle eines Personalwechsels insbesondere in folgenden Bereichen auf.
Ein erster Bereich, in dem Probleme spürbar werden, ist der der zusätzlich benötigten Einarbeitungszeit der neuen Mitarbeiter. Da die Beamten einem Fall ad hoc zugewiesen werden, kann es trotz der Bemühung einer erfahrungsbezogenen Zuteilung der Mitarbeiter vorkommen, dass kein Vorwissen bezüglich der in Frage stehenden Branche besteht. Ohne wie beim Bundeskartellamt vorhandene Branchenkenntnisse, können nur die Vorgespräche verhindern, dass die Einarbeitungszeit nicht während der ersten Prüfungsphase und somit zu Lasten der Schnelligkeit des Verfahrens und auf Kosten der Parteien erfolgt.
Neben dieser Einarbeitungszeit für nicht branchenerfahrene Mitarbeiter, kommt auch für die übrigen Beamten hinzu, dass es sich auf europäischer Ebene teilweise um sehr komplexe Fälle handelt. So hat Dirksen[298] bereits relativ kurz nach Einführung der europäischen Fusionskontrolle festgestellt, dass es schwer vorstellbar

[297] Vgl. Harmjanz, Auflagen und Bedingungen, S. 101 f.
[298] Dirksen in: Schwerpunkte des Kartellrechts 1990/1991, S. 119 (119).

sei, dass die Kommission ohne die in den umfangreichen Vorgesprächen gesammelten Informationen eine Entscheidung innerhalb weniger Wochen treffen kann. Dies zeigt, dass ein Abschluss der Prüfung innerhalb der ersten Phase bei großen Fällen kaum möglich ist, wenn nicht eine entsprechende Vorbereitung und Einarbeitung der Mitarbeiter während der Vorgespräche erfolgt.
Ein Personalwechsel kann somit zur Folge haben, dass die Prüfung eines Fusionsvorhabens wegen später Einarbeitungszeit neuer Mitarbeiter und deshalb erneut zu führenden Verhandlungen über Marktabgrenzung etc., nicht bereits nach der ersten Prüfungsphase von einem Monat, sondern erst nach der zweiten Verfahrensphase abgeschlossen werden kann. Ursächlich wäre die Tatsache, dass ein Teil der Prüfungszeit der ersten Phase für die Einarbeitung genutzt werden müsste. Dies kann für die Parteien durch eine dann notwendige Einleitung der zweiten Phase einen Zeitverlust von vier Monaten bedeuten. Die Chance einer schnellen Genehmigung sinkt somit erheblich durch den Verlust der Ergebnisse der Vorgespräche im Rahmen eines Personalwechsels. Geht auf diese Weise das Vorwissen verloren, so stellt dies auch den Sinn der Vorgespräche in Frage. Dies ist ein nicht hinnehmbarer Zustand.

Ein weiterer Problembereich im Rahmen eines Personalwechsels kann im Zusammenhang mit der bereits während der Vorgespräche geführten Diskussionen über erwägenswerte Zusagen auftreten. Hier kann es vorkommen, dass ausgehandelte Zusagen keine Gültigkeit mehr aufweisen, wenn das neue Team mit der alten Bewertung des Falles nicht übereinstimmt.
Gerade in Bezug darauf, dass, wie oben erläutert[299], zur Zeit keine vorgezogene Anmeldung möglich ist, ist es für Unternehmen wichtig, durch frühe Besprechung von Wettbewerbsproblemen und Abstimmung potentieller Zusagen, einen Abschluss bereits nach der ersten Phase zu erzielen und dadurch Zeit zu sparen. Durch ihre Praxis, Zusagen bereits in den Vorgesprächen ansprechen zu können, hat die Kommission diese Möglichkeit eröffnet. Nun sollte sie durch Kontinuität des Personals auch für eine von jedem Unternehmen in Anspruch zu nehmende Möglichkeit Sorge tragen. Wechselt das Personal jedoch in einigen Fällen, so entstehen für die davon betroffenen Unternehmen gegenüber den Verfahrensabläufen anderer Unternehmen gravierende Nachteile. Hierbei kann es wiederum zu einer Verlängerung der Prüfungszeit kommen, wenn aufgrund mangelnder Zeit während der ersten Verfahrensphase keine, die Wettbewerbsprobleme beseitigenden Zusagen gefunden werden können. Die Einleitung der zweiten Verfahrensphase ist dann unumgänglich und dies, obwohl die Parteien gerade diese durch ihre frühe Diskussions- und Kompromissbereitschaft zu vermeiden versuchten. Bei ordnungsgemäßem Verlauf des Verfahrens samt Vorgesprächen wäre es jedoch möglich gewesen, dies unter Umständen zu verhindern.

---

[299] Teil 2, B. I. 1. a).

Der mit dem europäischen System verbundene große Nachteil für die Parteien liegt somit darin, dass sie sich auf die Kontinuität des einmal zusammengestellten 'Case Teams' nicht verlassen können und dies die eben beschriebenen weitreichenden Folgen nach sich ziehen kann.

Der im Folgenden angeführte Aspekt ist jedoch im Rahmen der Zusammenstellung des 'Case Teams' für die Kommission ein schwer zu lösendes Problem. Die Unternehmen kommen teilweise Monate vor der tatsächlichen Anmeldung ihres Fusionsvorhabens auf die 'Merger Task Force' zu. Das im Zeitpunkt der Vorgespräche zusammengestellte Team kann jedoch nicht beliebig lange freigehalten werden, wenn zum einen noch keine volle Auslastung dieser Mitarbeiter erfolgt und zum anderen neue Fusionsvorhaben zusätzlicher Mitarbeiterkapazitäten bedürfen.

Ein im Hinblick auf dieses Problem im Rahmen der Untersuchung diskutierter Vorschlag zielt auf die Bildung von Facheinheiten ab.

Zusätzlich zum Abteilungsleiter, der in aller Regel selten wechselt, könnte eine ständige, nicht wechselnde Person als sogenannter stellvertretender Leiter (Arbeitstitel) Teil des Teams bzw. der Facheinheit sein. Als Facheinheit könnte man sie deshalb verstehen, weil es möglich wäre, den stellvertretenden Leiter mit gewissen Fachkenntnissen auszustatten. Um vor den Vorgesprächen schon Kenntnisse einer bestimmten Branche zu haben, könnte diese Person einer einzelnen Branche bzw. im Falle übersichtlicher, nicht so häufig vorkommender Branchen auch einer begrenzten Anzahl von Branchen zugeordnet werden, die eventuell sogar Teil einer neu einzuführenden Abteilungsgliederung sein könnten[300]. Je nach aus der Erfahrung berechnetem Bedarf könnten in zeitweise beliebten Fusionsbranchen mehrere ständige Personen tätig sein. Im Vordergrund sollte hier eine gewisse Flexibilität stehen, um auf Marktänderungen reagieren zu können. Gerade im Falle von Liberalisierungen kann es, wie z.B. in den letzten Jahren in der Strom- und Energiebranche, zu Häufungen von Fusionen kommen.

Die übrigen Mitarbeiter der Facheinheit oder des Teams würden je nach Bedarf im Hinblick auf ihre Erfahrung und die Beherrschung der Verfahrenssprache rotierend eingesetzt werden.

Der Vorteil dieser Praxis läge darin, dass auf diese Weise sowohl die Flexibilität des Mitarbeitereinsatzes erhalten bleiben könnte als auch ein Mindestmaß an Kontinuität der Zusammensetzung der Facheinheit gewährleistet wäre. Der stellvertretende Leiter gewährleistet dabei die Kontinuität einer einmal eingeschlagene Verhandlungslinie von Beginn der Vorgespräche an. Das Ergebnis der Vorgespräche könnte so in jedem Fall erhalten bleiben. Wertvolles Vorwissen sowie potentielle Zusagen könnten mit Sicherheit als Resultat der Vorgespräche Eingang in die erste Prüfungsphase finden.

[300] Der Vorschlag der Einführung einer Abteilungsgliederung wird weiter unten im Teil 2 unter Punkt B. I. 2. a) nochmals genauer aufgegriffen.

Ein weiterer Vorteil einer derartigen Facheinheit liegt darüber hinaus in der bereits vorhandenen Branchenkenntnis des stellvertretenden Leiters. Sein Wissen garantiert die Qualität bereits des ersten Gesprächs der Parteien mit der 'Merger Task Force'. Ferner kann er durch seinen Überblick eine gezielte Einarbeitung der übrigen Mitarbeiter lenken. Die dadurch eingesparte Zeit bei der Einarbeitung kann somit für qualifizierte, fallbezogene Besprechungen genutzt werden. Im Falle eines Personalwechsels der rotierenden Mitarbeiter könnte auf diese Weise ebenfalls eine zügige Einarbeitung in die Wettbewerbsproblematik des Fusionsvorhaben erfolgen. Gerade in der Zeit nach der Anmeldung muss die Zeit für die Prüfung des Falles eingesetzt werden können und nicht für den Aufbau von Wissen über die Branche.

Zu hinterfragen ist jedoch, ob es bei einer derartigen Zusammensetzung der Facheinheit Probleme mit der jeweiligen Verfahrenssprache geben könnte.
Grundsätzlich kann ein Unternehmen in seiner eigenen Landessprache anmelden. Dies würde theoretisch bedeuten, dass jeweils die stellvertretenden Leiter in jeder Branche alle Sprachen abdecken müssten. Dies scheint gerade in Bezug auf die Erweiterung der Europäischen Union hinsichtlich der Durchführbarkeit zweifelhaft. Tatsächlich vermittelt die Praxis jedoch ein anderes Bild. Während der Untersuchung gesammelte Angaben schätzen die tatsächlichen Anmeldungen zur Zeit folgendermaßen ein: 70-80% erfolgen in englischer Sprache, 10-12% auf deutsch und die restlichen Anmeldungen erfolgen auf französisch oder italienisch. So ist zwar eine auf griechisch eingereichte Anmeldung theoretisch möglich, kommt in der Praxis jedoch faktisch nicht vor. Dies liegt zum einen an den Umsatzschwellen, die z.B. bei einer innergriechischen Fusion seltener erreicht werden und zum anderen daran, dass eine mit griechischer Beteiligung internationale Fusion im Hinblick auf die zukünftige Arbeitssprache auf englisch angemeldet wird. Im übrigen hätte die Kommission auch bei ihrem jetzigen System wohl Schwierigkeiten mit einer griechischen Anmeldung, so dass die Unternehmen mit der Befürchtung von Verzögerungen ihre Anmeldung gleich auf englisch einreichen. Obwohl es sich bei den angegebenen Zahlen nur um geschätzte Daten handelt, zeichnet sich doch ein deutlicher Trend der erforderlichen Sprachabdeckung ab. Eine derartige Abdeckung könnte jedoch auch das hier vorgeschlagene System erfüllen.
Die unterschiedlichen Verfahrenssprachen stehen somit dem Vorschlag der Bildung von Facheinheiten nicht entgegen.
Die oben dargelegten Vorteile lassen das System der Facheinheiten durchaus wertvoll erscheinen. Die Parteien müssten keine vergeblich geführten, nutzlosen Vorgespräche mehr befürchten, da die Kontinuität des Teams oder der Facheinheit in einer derartigen Zusammensetzung gewährleistet wäre und die Ergebnisse der Vorgespräche somit nicht verloren gingen.

c) Zwischenergebnis

Für die Voranmeldungsphase lässt sich zusammengefasst folgendes Ergebnis festhalten.
Mit der jetzigen Regelung der Anmeldung erst nach verbindlichem Vertragabschluss geht momentan eine Zeitverzögerung einher, die nicht mit dem Beschleunigungsgrundsatz vereinbar ist. Die Möglichkeit einer vorgezogenen Anmeldung ist zudem aus Koordinierungsaspekten und Flexibilitätsgründen zu befürworten. Etwaige Gegenargumente wie z.B. die Gefahr der „Ressourcenverschwendung" konnten entkräftet werden.
Die aufgeworfenen Probleme im Fall eines Personalwechsels zwischen den Vorgesprächen und der Anmeldung sind für die Parteien nicht hinnehmbar und stellen eine Benachteiligung gegenüber Fällen ohne Personalwechsel dar. Da ein Wechsel der Mitarbeiter jedoch nie ganz auszuschließen ist, befürwortet der Verfasser die Einsetzung eines ständigen, stellvertretenden Leiters im 'Case Team', welcher einmal dem Fall zugewiesen, diesen auch während des gesamten Verfahrens behält. Durch diese personelle Kontinuität von zumindest zwei Personen (der Abteilungsleiter wechselt erfahrungsgemäß nur sehr selten), kann ebenfalls auf der sachlichen Ebene des Falles eine Kontinuität erreicht werden. Diese verhindert, dass die Ergebnisse der Vorgespräche für die Parteien im Falle eines Personalwechsels nutzlos werden. Die Zuordnung der verschiedenen stellvertretenden Leiter zu gewissen Branchen könnte darüber hinaus den Vorgesprächen von Beginn an vorteilhafte Sachkenntnisse zu Grunde legen.

2. Anmeldung

Dem Verlauf des Verfahrens entsprechend, erfolgt nach der Voranmeldungsphase ein Blick auf diskussionswürdige Punkte im Rahmen der Anmeldung.

a) Umfang des Formblattes CO

Das Formblatt CO ist, wie oben bereits erwähnt, sehr umfangreich, um der 'Merger Task Force' gleich zu Beginn schon einen umfassenden Überblick über das Fusionsvorhaben zu ermöglichen.
Fraglich ist aber, ob den Parteien ein derart großer Aufwand zugemutet werden kann und muss, zumal dieser Anmeldevorgang in die arbeitsreiche Phase der letzten Abstimmungen für das Fusionsvorhaben fällt. Gerade diese Phase ist für den reibungslosen Umstrukturierungsprozess eines Unternehmens sehr entscheidend und verlangt möglichst ungeteilte Aufmerksamkeit. Es ist deshalb zu prüfen, ob die zwölf Abschnitte des Formblattes sowie die zahlreichen Ausfertigungen (23 Stück) diese zulassen, und ob die Unternehmen nicht über das notwendige Maß

hinaus belastet werden. Insbesondere soll zudem geklärt werden, ob die von der Kommission geforderte Menge an Informationen sowohl hinsichtlich der Verfahrenseffizienz als auch im Hinblick auf die Belastung der Parteien gerechtfertigt ist.

Zunächst ist diesbezüglich festzuhalten, dass die Kommission gemäß Art. 3 Abs. 2 VerfVO die Möglichkeit hat, die Anmelder von der Pflicht zur Vorlage einzelner im Formblatt verlangter Angaben zu befreien (sog. Dispens). Damit besteht die Gelegenheit, das Formblatt auf den jeweiligen Einzelfall anzupassen. Dies setzt allerdings voraus, dass die während der Vorgespräche mit dem Fusionsvorhaben betrauten Beamten bereits Kenntnisse der jeweiligen Branche aufweisen können. Andernfalls würde es schwer fallen, Eingrenzungen vorzunehmen, von denen zu diesem frühen Zeitpunkt nicht übersehen werden kann, welche konkreten Auswirkungen sich daran anschließen. Es ist also zu klären, ob die Kommissionsbeamten in den Vorgesprächen derartige Kenntnisse besitzen, um die Möglichkeit des Dispenses in jedem anzumeldenden Fall ausschöpfen zu können.
Grundsätzlich wird – so laut Angaben aus der Praxis – in den Vorgesprächen mit der Kommission diskutiert, ob es in der Anmeldung Bereiche gibt, zu denen keine Angaben gemacht werden müssen. Allerdings wird in diesem Zusammenhang bemängelt, dass die Eingrenzung des einzureichenden Materials sehr davon abhängt, wie sicher sich die Gesprächspartner der Kommission in dem jeweiligen Markt fühlen. Gerät ein Unternehmen an Beamte, die noch keine Erfahrungen in dem zur Diskussion stehenden Bereich haben, so ist es relativ schwierig eine Entlastung zu bekommen. Die Ursache für die mangelnde Vorhersehbarkeit des Kenntnisstandes des einzelnen Mitarbeiters über die jeweilige Branche liegt hauptsächlich darin, dass die Beamten dem Fall ad hoc zugewiesen werden. Mangels Planbarkeit der bei der Kommission eintreffenden Fälle und fehlender Zuständigkeitsgliederung für bestimmte Branchen kann es vorkommen, dass Mitarbeiter, die letztes Mal einen Fall einer bestimmten Branche bearbeitet haben, bereits einem anderen Fall zugeordnet sind. Bestehen keine freien Kapazitäten mehr, müssen neue Mitarbeiter den entsprechenden Fall übernehmen.
Es besteht demzufolge nicht immer die Möglichkeit, gewisse Branchenkenntnisse der Mitarbeiter zu nutzen. So kann es vom Zufall abhängen, ob die Anmelder mit einer die entsprechenden Fachkenntnisse besitzenden Person verhandeln können oder nicht. Hinzu kommt, dass in der Praxis der Eindruck gewonnen wurde, dass die Kenntnis der Mitarbeiter in den Branchen durch die hohe Personalfluktuation eher ab- als zugenommen hat. Die fehlende Sachkenntnis konnte nach Angaben auch nicht durch enge Kontakte zu anderen Generaldirektionen ausgeglichen werden.
Als Gegenbeispiel zur Organisationsstruktur der 'Merger Task Force' soll ein kurzer Blick auf die Struktur des Bundeskartellamtes geworfen werden. Dort gibt es zehn Beschlussabteilungen, die jeweils für unterschiedliche Branchen zuständig sind. Spezielle Fachkenntnisse der Mitarbeiter sind somit gesichert. Aus Unter-

nehmenssicht stellt dies insofern einen großen Vorteil dar, da die Unternehmensvertreter nicht darauf hoffen müssen, dass zufällig eine Person mit entsprechenden Branchenkenntnissen frei ist, die ihrem Fall zugeordnet werden kann. Sie können mit Sicherheit davon ausgehen, gleich zu Beginn ihrer Kontaktaufnahme entsprechendes Vorwissen voraussetzen zu können. Demzufolge ist der Aufwand für eine deutsche Anmeldung auch viel geringer. So genügt für eine Anmeldung die Angabe der in § 39 Abs. 3 GWB geforderten Daten.[301]

Solange jedoch bei der Kommission nicht gewährleistet ist, dass die Beamten aufgrund ihrer schon vorhandenen Sachkenntnis den Fall bereits zu dem frühen Zeitpunkt der Vorgespräche annähernd überblicken können, wird es immer schwierig sein bzw. vom Zufall abhängen, ob den Parteien eine Entlastung im Rahmen des Anmeldeformblatts CO gewährt wird. Dass die gesetzliche Regelung des Dispenses nur aufgrund unzureichender interner Organisation mangelhaft zu Lasten der Parteien umgesetzt wird, scheint jedoch nicht tragbar. Den Anmeldern wird auf diese Weise mehr Aufwand zugemutet als es die Verordnung ursprünglich vorsieht. Diese über das notwendige Maß hinausgehende Belastung stellt für die Anmelder einen überflüssigen Aufwand dar, den es gerade im Hinblick auf die Ressourcenbindung bei den Unternehmen im Rahmen einer Fusion zu vermeiden gilt. Es sollte den Parteien daher nur das zugemutet werden, was unbedingt notwendig erscheint. Hinsichtlich dieser Zumutbarkeit ist aber nur dann ein positives Ergebnis festzuhalten, wenn die gesetzlich niedergelegte Möglichkeit des Dispenses auf jedes Fusionsvorhaben angewendet werden kann.
Ebenfalls bemängelten Stimmen in der Literatur die bisher unvollständig umgesetzte Dispensregelung. Sie beklagten ebenfalls den nur sparsamen Gebrauch dieser Möglichkeit.[302]

Die bisherige Unvollkommenheit diesbezüglich kann aus Sicht des Verfassers nur durch eine größere Sachkenntnis der Kommissionsbeamten behoben werden.
Eine Möglichkeit dies zu erreichen, könnte die Einführung einer Abteilungsgliederung mit jeweils unterschiedlichen Branchenkenntnissen darstellen.
Diese Lösung scheint insofern vorteilhaft, als dass sie die Beamten mit besserem Fachwissen ausstatten könnte, um insbesondere zu Beginn eine bessere Einschätzung des Falles zu ermöglichen. Somit bestände die Möglichkeit nicht lediglich, wie bereits im Teil 2 unter Punkt B. I. 1. b) vorgeschlagen, den stellvertretenden Leiter mit Fachkenntnissen auszustatten, sondern zunehmend auch weitere branchenerfahrene Mitarbeiter einzusetzen.

---

[301] Weiter erleichtert wird die Anmeldung durch die Möglichkeit der Bezugnahme auf frühere Vorgänge in Altakten, vgl. Bechtold in: Neuere Entwicklungen auf dem Gebiet des europäischen Wettbewerbsrechts, S. 117 (119).

[302] so z.B.: Moosecker in: Schwerpunkte des Kartellrechts 1991/1992, S. 37 (41); Schwan in: Oberender, Die Europäische Fusionskontrolle, S. 39 (44); Schütz in: Oberender: Die Europäische Fusionskontrolle, 57 (65).

Neben der angestrebten Abteilungsgliederung, wovon die einzelne Abteilung jeweils für eine oder einige Branchen zuständig sind, könnte ein freier Mitarbeiterstamm tätig sein, der bei der Besetzung der Teams, wie oben im Rahmen des Problems des Personalwechsels beschrieben, frei rotiert. So könnte eine durch die neue Gliederung erfolgte Einschränkung der Flexibilität gemildert werden. Je nach Auslastung der Abteilung könnten beliebig viele Mitarbeiter einer Abteilung dem Team zugeordnet werden. In jedem Fall ist das Vorhandensein von Fachwissen selbst bei hoher Auslastung zumindest eines Mitarbeiters (wie oben angesprochen z.B. des stellvertretenden Leiters) gesichert. Die Rotation dagegen gewährleistet die notwendige Flexibilität und zudem eine gewisse Neutralität.
Darüber hinaus könnte eine Branchengliederung nützlich sein, um den mit Personalfluktuation in der Generaldirektion Wettbewerb einhergehenden Wissensverlust einzudämmen. In den Abteilungen könnte das aufgebaute Wissen durch eine frühe, parallele Einarbeitungszeit des neuen Mitarbeiters weitergegeben werden. Über die Weitergabe von Fachwissen hinaus könnte auf diesem Weg zudem der Kritik abgeholfen werden, dass zunehmend junge Mitarbeiter mit wenig Erfahrung in der 'Merger Task Force' tätig sind. Die Einarbeitung in der Abteilung könnte deshalb beispielsweise so ausgestaltet sein, dass der neue Mitarbeiter durch häufige Zusammenarbeit mit einem erfahrenen Beamten, welcher als eine Art Mentor agiert, auch von der Weitergabe von Erfahrungswerten profitiert.
Damit stellt die Einführung von Abteilungen mit verschiedenen Branchenkenntnissen sowie zusätzlich rotierenden Mitarbeitern eine Möglichkeit dar, sowohl Fachwissen als auch Flexibilität zu gewährleisten.

Da diese Lösungsmöglichkeiten jedoch mit internen Umstrukturierungen einhergeht, ist vorab zu überprüfen, ob es einen einfacheren Weg gibt, der derzeitig nicht ausreichenden Nutzung der Dispensmöglichkeit abzuhelfen.
Man könnte z.B. Alternativen zum jetzigen Formblatt CO erwägen.

Eine Möglichkeit, den Aufwand der Parteien unabhängig von eventuell vorhandenen Fachkenntnissen auf ein notwendiges Maß zu reduzieren, könnte ein abgestuftes Abfragen von Anmeldedaten darstellen. Nach einem Vorschlag von *Miersch* könnte dies folgendermaßen aussehen[303]. In einem ersten Schritt würden nur die zur Prüfung des Vorhabens unbedingt notwendigen Daten mit Hilfe eines Fragebogens ermittelt. Nur die Vorhaben, die danach als „kritisch" zu bewerten sind, müssten die entsprechenden Detailangaben zu allen Aspekten machen.
Aus Sicht des Verfassers könnte sich aber insbesondere bei einer derartigen Lösung ein Zeitproblem sowie eine fehlende Übersichtlichkeit für die Unternehmen ergeben. Gerade weil bei der Generaldirektion Wettbewerb keine Einteilung in Beschlussabteilungen mit jeweils unterschiedlichen Branchen besteht, existiert wiederum auch hier die Möglichkeit, dass Kommissionsbeamte einem Fall zuge-

---

[303] Miersch, Kommentar zur EG-Verordnung Nr. 4064/89, Art. 4, S. 117 f.

ordnet werden, ohne Vorwissen bzw. Fachkenntnisse in dem jeweiligen Gebiet aufzuweisen. Ein solcher Mitarbeiter wird sich jedoch immer eher vorsichtig verhalten und somit eher mehr als weniger Informationen von den anmeldenden Unternehmen anfordern wollen und somit ein Vorhaben eher als „kritisch" einstufen. Ein deshalb erforderliches zweites Nachfragen nach Daten wird jedoch dementsprechend mehr Zeit in Anspruch nehmen. Fällt das Nachfragen von detaillierteren Angaben jedoch bereits in die erste Phase, so kann sich diese derartig verzögern, dass aufgrund mangelnder Prüfungszeit der Eintritt in die zweite Phase unumgänglich wird. Eine Differenzierung in kritische und unkritische Fälle mit entsprechenden Anmeldeformularen scheint somit in der frühen Phase der Anmeldung nicht praktikabel zu sein, solange davon ausgegangen werden muss, dass entsprechende Branchenkenntnisse eventuell nicht vorhanden sind, die eine schnelle Einschätzung ermöglichen.
Auch von Unternehmensseite wurde ein abgestuftes Abfragen dieser Art abgelehnt. Für den Verfasser entstand bei diesbezüglichem Nachfragen der Eindruck, dass die Unternehmen ein ausführliches Formblatt, auf welches sie sich bereits Wochen vorher einstellen können, einem späteren Nachreichen von notwendigen Informationen vorzuziehen scheinen; dies wohl nicht zuletzt aufgrund der Tatsache, dass die ausführliche Anmeldung die Behandlung eines Fusionsvorhaben innerhalb der kurzen Fristen erst ermöglicht.

Ein weitere Alternative zum jetzigen Formblatt CO, die eine Reduzierung des Aufwandes für die Parteien im Rahmen der Anmeldung bewirken könnte, geht aus den Vorschlägen des BDI zur Reform der Europäischen Fusionskontrolle vom 18. Mai 2001 hervor[304]. Danach soll die „Anmeldung in Kurzform" wie sie bisher nur für die Gründung von Gemeinschaftsunternehmen verwendet wird[305], auch in anderen Fällen zur Anwendung kommen können.
Nach Ziff. C des Formblatts CO besteht die Möglichkeit einer Kurzformanmeldung gegenwärtig nur für Gemeinschaftsunternehmen, die keine oder nur eine geringe gegenwärtige oder zukünftige Tätigkeit im Gebiet des Europäischen Wirtschaftsraumes aufweisen. Demnach ist eine Kurzformanmeldung nur möglich, wenn bestimmte Umsätze nicht überschritten werden[306] und die Kommission mit einer derartigen Anmeldung übereinstimmt[307].
Um den Vorschlag der Erweiterung dieser Kurzformanmeldung überprüfen zu können, ist zunächst einmal zu betrachten, warum gerade bei der Gründung von Gemeinschaftsunternehmen den Beteiligten eine Anmeldung in Kurzform zugestanden wird.

---

[304] BDI, Vorschläge zur Reform der Europäischen Fusionskontrolle, 18. Mai 2001, S. 3.
[305] Formblatt CO, Einleitung, Ziff. C., ABl. EG, Nr. L 61 vom 2.3.1998, S. 11 ff.
[306] Formblatt CO, Einleitung, Ziff. C. Buchst. a), ABl. EG, Nr. L 61 vom 2.3.1998, S. 11 ff.
[307] Formblatt CO, Einleitung, Ziff. C. Buchst. b), ABl. EG, Nr. L 61 vom 2.3.1998, S. 11 ff.

Die Regelung wurde ursprünglich deshalb eingeführt, um der Sachlage gerecht zu werden, dass die Anmeldungen von Gemeinschaftsunternehmen zum einen den größten Teil der angemeldeten Zusammenschlüsse ausmachen und zum anderen die Besonderheit besteht, dass diese Unternehmen im Zeitpunkt ihres Betätigungsbeginns häufig nur einen geringen Umsatz aufweisen.[308] Bei der Gründung eines Gemeinschaftsunternehmens ziehen sich die großen „Mütter" aus dem Markt zurück, so dass das neue Unternehmen ohne seine „Mütter" zu klein ist, um in dem neuen Bereich wettbewerbliche Probleme aufzuwerfen. Teilweise handelt es sich bei neuen Gemeinschaftsunternehmen sogar um das Angebot eines neuen Produktes, so dass ebenfalls keine Gefahr einer Wettbewerbsbehinderung vorliegt. Derartige Zusammenschlüsse sind somit unproblematisch, da häufig keine große Behinderung zu erwarten ist. Die Gründung von Gemeinschaftsunternehmen zieht somit grundsätzlich keine Behinderung des Wettbewerbs nach sich.
Die Situation der Gemeinschaftsunternehmen mit ihrem zu Beginn häufig nur geringem Umsatz kann jedoch nicht ohne weiteres auf die Anmeldung anderer Arten von Zusammenschlüssen übertragen werden. Ohne genauere Untersuchungen, warum einige Arten von Zusammenschlüssen gleichermaßen problemlos sind, und eine Differenzierung, welche Arten dies sind, kann dem Vorschlag des BDI nicht zugestimmt werden.
Hirsbrunner[309] wird hingegen konkreter und schlägt die Erweiterung der Kurzformanmeldung für Zusammenschlüsse vor, bei denen die Kontrolle eines Gemeinschaftsunternehmens von mehreren Gesellschaftern auf einen einzigen Gesellschafter übergeht. Eine Begründung dieses Vorschlags lässt der Aufsatz jedoch leider vermissen. Darüber hinaus wäre es interessant, wie viel Prozent der Fälle von dieser Art der Fusion eigentlich betroffen wären und somit von einer Kurzformanmeldung profitieren könnten. In den Raum zu stellen ist deshalb, ob es sich hier nicht vielleicht um eine Minderheit von Fällen handelt, so dass das Problem für eine Großzahl anderer Fusionen weiter besteht. Ohne eine ausführliche Untersuchung der Kommission unter Zugriff auf die bisherigen Arten der angemeldeten Fusionen scheint eine angemessene Beurteilung nicht möglich. Es ist aber nicht auszuschließen, dass sich aus einer derartigen Untersuchung neue Ergebnisse ergeben, die eine Übertragung der Kurzformanmeldung auf andere Arten von Fusionen sinnvoll erscheinen lassen. Aus derzeitigen Vorschlägen ist eine derartige Lösung jedoch nicht ersichtlich. Eine Übertragung der Kurzformanmeldung auf weitere Zusammenschlüsse kommt demzufolge ohne wissenschaftliche Untersuchung nach Ansicht des Verfassers nicht in Frage.
Im übrigen ist auch darauf hinzuweisen, dass die Kurzformanmeldung in keinem Fall als „Allheilmittel" hingestellt werden kann. Nach Angaben aus der Praxis stellt sie oftmals keine große Arbeitserleichterung dar, da die zusätzlich geforderten Angaben häufig zahlreich sind.

---

[308] Wagemann in: Wiedemann, § 17 Rn. 23.
[309] Hirsbrunner, EuZW 1998, 613 (616).

Ein weniger aufwendiges Formblatt wird allerdings für das vereinfachte Verfahren diskutiert[310]. Das vereinfachte Verfahren[311] gilt für bestimmte Arten von Zusammenschlüssen, die nach den Erfahrungen der Kommission in der Regel bisher wettbewerblich nicht bedenklich waren. Nach Angaben der Kommission wurden zwischen September 2000 und Ende April 2001 von 216 Anmeldungen insgesamt etwa 39% dieser Anmeldungen im vereinfachten Verfahren abgehandelt[312]. Erhielten die Zusammenschlussparteien im Rahmen dieses Verfahrens die Möglichkeit einer weniger aufwendigen Anmeldung, so könnte davon ein großer Teil der Unternehmen, nach den genannten Zahlen über ein Drittel, profitieren. Somit würde das vereinfachte Verfahren nicht nur für die Kommission eine Vereinfachung darstellen, wie es zur Zeit der Fall ist. Die Vereinfachung könnte auf diese Weise auch an die Unternehmen weitergegeben werden. Ein weniger aufwendiges Formblatt könnte in diesem Rahmen auch insofern sinnvoll sein, als dass es nicht darum geht, später noch Angaben nachreichen zu müssen, wie es im Rahmen der Anmeldung in Kurzform der Fall ist. Letztere kann dadurch, wie oben beschrieben, keine grundsätzlichen Vorteile verzeichnen. Der Kommissionsvorschlag könnte für die Unternehmen durch die Vereinfachung auch des Formblatts eine Befreiung von der Erbringung nicht notwendiger Informationen darstellen.
Bis auf den Vorschlag, ein weniger aufwendiges Formblatt im Rahmen des vereinfachten Verfahrens zu erstellen, stellen die anderen diskutierten Änderungsvorschläge unter derzeitigen Umständen keine optimale Lösung hinsichtlich des Problems der Belastung der Parteien im Rahmen der Anmeldung dar.

Um die Vorteile eines umfangreichen Formblattes zu sehen, soll zum Vergleich ein kurzer Blick auf das amerikanische Verfahren geworfen werden. Das sogenannte „Antitrustrecht", welches die Fusionskontrolle beinhaltet, besteht in den USA seit über 100 Jahren. Die wichtigsten bundesgesetzlichen Grundlagen sind dabei der Sherman Act von 1890, der Clayton Act sowie der FTC-Act von 1914.[313] Die Fusionskontrolle wird in Sec. 7 A Clayton Act geregelt und ist seit dem Hart-Scott-Rodino Antitrust Improvements Act von 1976 sowohl der Antitrust Division des Department of Justice (im Folgenden DoJ) als auch der Federal Trade Commission (im Folgenden: FTC) vorab anzuzeigen, wenn die entsprechenden Schwellenwerte erreicht werden. Des Weiteren besteht eine Wartefrist von 30 Tagen bevor die Fusion vollzogen werden kann.[314] Auf diese Weise wird

310 Europäische Kommission, Grünbuch vom 11.12.2001, Tz. 176.

311 Bekanntmachung der Kommission über ein vereinfachtes Verfahren für bestimmte Zusammenschlüsse gemäß der Verordnung (EWG) Nr. 4064/89 des Rates, ABl. EG 2000, Nr. C 217 vom 29. Juli 2000, S. 32.

312 Europäische Kommission, Grünbuch vom 11.12.2001, Tz. 175.

313 Lampert, Die Anwendbarkeit der EG-Fusionskontrollverordnung im Verhältnis zum Fusionskontrollrecht der Mitgliedstaaten, S. 5.

314 Heitzer, Konzerne im Europäischen Wettbewerbsrecht, S. 184; Körber, Die Konkurrentenklage im Fusionskontrollrecht der USA, Deutschlands und der Europäischen Union, S. 39 f.

ebenfalls wie im europäischen Recht (Vollzugsverbot nach Art. 7 FKVO) eine präventive Fusionskontrolle sichergestellt, die aufwendige Entflechtungsmaßnahmen vermeiden soll. Die Durchsetzung des Antitrustrechts liegt sowohl bei dem DoJ als auch bei der FTC, wobei die beiden Behörden grundsätzlich konkurrierende Kompetenz besitzen und sogar unabhängig voneinander gegen denselben Zusammenschluss ermitteln könnten[315]. Um allerdings eine kostenintensive Doppelkontrolle zu vermeiden, erfolgt eine Koordination des Vorgehens beider Behörden. Dabei informiert die eine Behörde die andere von ihrer Absicht ein Ermittlungsverfahren einzuleiten. In der Praxis hat dies bereits zu einer informellen Aufgabenverteilung sowie einer Spezialisierung auf bestimmte Industriezweige geführt.[316] Zwischen den beiden Behörden bestehen jedoch insbesondere in den jeweiligen Verfahren sowie den Kompetenzen erhebliche Unterschiede[317].

Die Anmeldung des Fusionsvorhabens erfolgt durch beide Parteien anhand eines Formblattes, welches inhaltlich deutlich niedrigere Anforderungen stellt als das Formblatt CO[318]. Informationen aus der Praxis besagen, dass eine Anmeldung im Sinne einer Joint Application nur ca. 10 Seiten umfasst. Im weiteren Verlauf des Verfahrens, falls die Annahme eines Verstoßes gegen Sec. 7 Clayton Act besteht, werden detailliertere Informationen eingeholt (sog. second request)[319]. Genau an diesem Punkt wird jedoch der Nachteil eines kurzen Anmeldeformulars sichtbar. Unternehmen beklagen, dass das Informationsverlangen der jeweiligen Ermittlungsbehörde sehr umfangreich sowie nicht vorhersehbar ist und innerhalb von sehr kurzer Zeit (teilweise nur fünf Tage) beantwortet werden muss. Hinzu kommt, dass Beigeladene ebenfalls berechtigt sind Fragen zu stellen, auf die gleichermaßen innerhalb der gesetzten Frist einzugehen ist. Darüber hinaus – so besagen Angaben aus der Praxis – werden neben den Fragen zum Teil auch Unterlagen angefordert, für die sämtliche Akten durchsucht werden müssen. Von allem, was einen Bezug zur Fusion aufweisen könnte, müssen dann Kopien angefertigt werden. In einem Fusionsfall führte dies dazu, dass die eine Partei ca. 1 Mio. kopierte Seiten sowie 200.000 Seiten vom deutschen ins englische übersetzte Schriften einreichte, und es sich beim Fusionspartner sogar um eine Seitenanzahl von ca. 2,3 Mio. Kopien handelte. Derartige Anforderungen sind für die Unternehmen nicht vorhersehbar und nehmen in dem Zeitraum kurz vor der Vollziehung der

---

315 Körber, Die Konkurrentenklage im Fusionskontrollrecht der USA, Deutschlands und der Europäischen Union, S. 39; Möschel, Recht der Wettbewerbsbeschränkungen, § 2 Rn. 52.

316 Lampert, Die Anwendbarkeit der EG-Fusionskontrollverordnung im Verhältnis zum Fusionskontrollrecht der Mitgliedstaaten, S. 9, 10; Körber, Die Konkurrentenklage im Fusionskontrollrecht der USA, Deutschlands und der Europäischen Union, S. 39.

317 Vgl. dazu ausführlich Harmjanz, Auflagen und Bedingungen, S. 49 ff.; sowie Körber, Die Konkurrentenklage im Fusionskontrollrecht der USA, Deutschlands und der Europäischen Union, S. 44 f.

318 Heitzer, Konzerne im Europäischen Wettbewerbsrecht, S. 185.

319 Heitzer, Konzerne im Europäischen Wettbewerbsrecht, S. 185; Harmjanz, Auflagen und Bedingungen, S. 63; 15 United States Code (U.S.C.) § 18a (e) (2) und (g) (2) (B) (abgedruckt in: Frankfurter Kommentar, Band I, Ausland USA, Rn. 159).

Fusion wertvolle Zeit in Anspruch. Zwar muss ein Fall nicht immer in einer derartigen „Materialschlacht“ enden wie der angesprochene, das Beispiel zeigt jedoch, wie unvorhersehbar ein Fusionsvorhaben sein kann, wenn es kein festes Schema der einzureichenden Informationen gibt.
Trotz seines großen Umfangs stellt das Formblatt CO klare, vorhersehbare Anforderungen an die Unternehmen, auf die sie sich während der Fusionsvorbereitungen gut einstellen können.

Überdies kann eine Anmeldung auch im Rahmen des jetzigen Formblatts CO sehr unterschiedliche Ausmaße haben. So wurde dem Verfasser ein Beispiel bekannt, bei dem die Anmeldung eines Fusionsvorhabens lediglich 28 Seiten betrug, obwohl es sich hier nicht um eine Anmeldung in Kurzform handelte. Der größte Teil des Textes bestand dabei zudem aus dem Wortlaut des Formblatts selbst. Das Beispiel zeigt, dass der Umfang der Anmeldung in unproblematischen Fällen auch unter den jetzigen Vorgaben durchaus sehr gering sein kann, soweit eine sinnvolle Eingrenzung erfolgt.

Zusammenfassend lässt sich somit folgendes Ergebnis festhalten.
Die vorgestellten Lösungen weniger umfangreicher Anmeldungen stellen aufgrund der oben diagnostizierten Mängel keine gleichwertigen Alternativen dar. Die Beibehaltung des jetzigen Formblatts CO stellt somit trotz seines großen Umfangs die sinnvollste Möglichkeit einer Anmeldung auf europäischer Ebene dar.
Solange die Möglichkeit des Dispenses jedoch nicht bei jedem Fusionsvorhaben voll ausgeschöpft wird, besteht für die anmeldenden Parteien eine zu hohe, nicht in dem Maße notwendige und somit unzumutbare Belastung.
Der Aufwand bezüglich des Formblatts CO im Hinblick auf ein zügiges Verfahren ist den Parteien nur zumutbar, soweit die 'Merger Task Force' das Formblatt auf den jeweiligen Einzelfall anpasst und nicht unnötige Angaben anfordert. Die bisherigen Mängel in diesem Punkt sind nach Untersuchungsangaben zum großen Teil auf zu geringe Sachkenntnis der Mitarbeiter als Ursache des Problems zurückzuführen. Der Vorschlag der Einführung von Abteilungen mit jeweils verschiedenen Branchenkenntnissen zielt darauf ab, diesem Mangel entgegenzuwirken. Eine für die Parteien über das notwendige Maß hinausgehende Belastung, wie sie zur Zeit teilweise noch besteht, wird somit vermieden.
Zusätzlich stellt die Möglichkeit einer weniger umfangreichen Anmeldung im Rahmen des vereinfachten Verfahrens unter den gegenwärtigen Umständen ebenfalls eine diskussionswürdige Lösung dar, die zunächst vermutlich leichter umsetzbar ist als eine interne Umstrukturierung. Nichts desto trotz sollte die Kommission das Ziel verfolgen, die gesetzlich niedergelegte Möglichkeit des Dispenses auch umsetzen zu können. Nach Untersuchungsergebnissen stellt dies eine vernünftige Lösung im Sinne der Effizienz des Verfahrens sowie im Hinblick auf einen zumutbaren Arbeitsaufwand für die Parteien dar.

b) Unvollständigkeit der Anmeldung

Gemäß Art. 4 Abs. 2 VerfVO kann die Kommission eine Anmeldung für unvollständig erklären, falls die Angaben oder Unterlagen in einem wesentlichen Punkt nicht vollständig sind. Die Beamten der Kommission teilen dies den Unternehmen sodann schriftlich mit und setzen eine neue Frist zur Ergänzung.
Da erst die vollständige Anmeldung die Prüfungsfrist des Art. 6 in Gang zu setzen vermag (vgl. Art. 10 Abs. 1 FKVO), zieht eine Unvollständigkeitserklärung immer eine Verzögerung des zeitlichen Ablaufs nach sich.
Aus diesem Zusammenhang können sich zwei Probleme ergeben. Zum einen besteht die Gefahr, dass die Kommission eine Anmeldung absichtlich als unvollständig deklarieren könnte und somit ihre Macht missbraucht, um in einem bestimmten Fall fehlende Zeit zu gewinnen. Zum anderen ist der Kommission zur Beurteilung der Unvollständigkeit keine Frist gesetzt. Dies führt zu einer erheblichen Rechtsunsicherheit für die Parteien.

(1) Gefahr des Machtmissbrauchs

Der Grund für die Gefahr des Machtmissbrauchs liegt darin, dass die Fristen im Fusionskontrollverfahren sehr eng bemessen sind. Für die Kommission besteht durch die Unvollständigkeitserklärung theoretisch die Möglichkeit, fehlende Zeit zu gewinnen, indem sie das Verfahren auf diese Weise verzögert. Die Unternehmen haben keine Chance, sich dagegen zur Wehr zu setzen, denn bei einer derart umfangreichen Anmeldung kann „praktisch jede Anmeldung letztlich als unvollständig angesehen werden, wenn man sie nur mit dem entsprechenden Vorsatz überprüft“[320].
Um einen kurzen Überblick über erfolgte Unvollständigkeitserklärungen zu erhalten, sei auf folgende Zahlen verwiesen. Der Anteil der für unvollständig erklärten Anmeldungen lag in den Jahren 1997-1999 bei etwa 10-11%. Im Jahr 2000 sank dieser Anteil auf nur noch 6%. Laut Kommission ist dies auf die Veröffentlichung der Verhaltensleitlinien im Jahr 1999[321] zurückzuführen. Darin wird unter anderem empfohlen, sich vor der Anmeldung an die 'Merger Task Force' zu wenden. Von Unternehmensseite wurde dies verstärkt wahrgenommen, was sich in der gesunkenen Zahl der Unvollständigkeitserklärungen widerspiegelt.[322]
Nach Angaben von *Joseph Gilchrist,* einem ehemaligen Anhörungsbeauftragten der Generaldirektion Wettbewerb, war die Kommission bisher sehr zurückhaltend,

---

320 Dreyer in: Oberender, Die Europäische Fusionskontrolle, S. 33 (37); in diesem Sinne auch: Bechtold in: Neuere Entwicklungen auf dem Gebiet des europäischen Wettbewerbsrechts, S. 117 (119).

321 Best Practice Guidelines, http://www.europa.eu.int/comm/competition/merers/others/best practice_gl.html.

322 Vgl. insgesamt: Europäischen Kommission, Grünbuch vom 11.12.2001, Tz. 199.

Unvollständigkeitserklärungen auszusprechen, um sich nicht des Verdachts des Machtmissbrauchs auszusetzen[323].
Dagegen herrschen in der Literatur teilweise durchaus andere Ansichten diesbezüglich. So hat z.B. *Schwan* den Eindruck gewonnen, „dass die sehr hohen Anforderungen des Formblatts CO notfalls genutzt werden, über das Instrument der Unvollständigkeitserklärung Personal- und Fristnotstände zu beheben“[324]. *Dreyer* berichtet von einer Häufung von Fällen unvollständiger Anmeldungen kurz vor den Weihnachtsferien der Kommission[325].
Während der Untersuchung gingen die Meinungen der Befragten über die Unvollständigkeitserklärungen der Kommission dagegen auseinander. Teilweise wurde die Ansicht vertreten, dass die Kommission die zum Teil fehlende Zeit hauptsächlich für die Zusammenstellung der 'Case Teams' benötige. Deshalb sei es wichtig, Vorgespräche zu führen, damit für die Zuordnung der jeweiligen Personen zu einem Fall genügend Zeit zur Verfügung stehe. Bei einer derartigen Handhabung könnten Probleme in diesem Bereich weitgehend verhindert werden.
Andererseits wurde von Unternehmensseite durchaus berichtet, dass es Fälle gab, in denen der Eindruck entstand, dass die Kommission zeitlich in Schwierigkeiten geraten sei und dann auf das Mittel der Unvollständigkeitserklärung zurückgegriffen habe. Im Einzelfall kann eine Unvollständigkeitserklärung auch im Interesse der Parteien liegen, damit ein sonst drohender Eintritt in die zweite Phase vermieden wird. Dies sollte jedoch nicht davon ablenken, dass eine Regelung zur Fristverlängerung zweckwidrig angewandt wird und nicht ihrer ursprünglichen Zielsetzung, der Beibringung tatsächlich fehlender Angaben und Unterlagen, dient. In diesem Sinn lässt ebenfalls der BDI in seiner Stellungnahme zum Grünbuch der Kommission erkennen, dass einige Unternehmen Probleme in diesem Bereich bekunden und eine zweckwidrige Manipulation des Art. 4 Abs. 2 VerfVO in dieser Art nicht akzeptieren wollen[326].

Darüber hinaus kann man in Bezug auf die Unvollständigkeitserklärungen mit *Miersch* der Meinung sein, dass durch die erheblichen Anforderungen bei der Anmeldung der Beschleunigungsgrundsatz des europäischen Fusionskontrollverfahrens in Frage gestellt werden könnte[327]. Wie bereits angesprochen, trägt der Grundsatz im europäischen Verfahrensrecht dafür Sorge, dass die Dauer eines Kontrollverfahrens möglichst gering gehalten wird und eine strikte Fristenbindung erfolgt.[328] Bei der Allgemeinheit des Fragebogens besteht letztlich für die Kommission immer eine Möglichkeit, die Vollständigkeit der Anmeldung zu verneinen

---

[323] Gilchrist, Global Competition Review, December-January, 2000/2001, 19 (20).
[324] Schwan in: Oberender, Die Europäische Fusionskontrolle, S. 39 (45).
[325] Dreyer in: Oberender, Die Europäische Fusionskontrolle, S. 33 (37).
[326] BDI, Stellungnahme zum Grünbuch der Europäischen Kommission vom 11.12.2001, S. 16.
[327] Miersch, Kommentar zur EG-Verordnung Nr. 4064/89, Art. 4, S. 117.
[328] Kögel, Die Angleichung der deutschen an die europäische Fusionskontrolle, S. 226.

und damit den Beginn der Frist hinauszuzögern. Gerade das widerspricht jedoch dem Beschleunigungsgrundsatz.

Fraglich ist, ob dieses Problem mit der Bereitstellung einer Art „neutralen Instanz", die eine Überwachung der Anwendung der Unvollständigkeitserklärung übernimmt, behoben werden kann[329]. Auf diese Weise könnten die Anmelder somit sichergehen, dass die Unvollständigkeit nicht vorgeschoben wird, um etwaige Fristen in die Länge zu ziehen und zusätzliche Zeit zu gewinnen.
Wie oben in Teil 1 bereits erwähnt[330], dient der Posten des Anhörungsbeauftragten dazu, die Wahrung der Verfahrensrechte der Parteien sicherzustellen. Aus diesem Grund läge es möglicherweise nahe, ihm eine derartige Aufgabe neutraler Art anzuvertrauen. Dieser Gedanke wurde in verschiedenen Gesprächen während der Untersuchung zur Debatte gestellt. Ebenfalls der BDI geht in seiner neuen Stellungnahme vom März 2002 zum Grünbuch der EU-Kommission auf einen derartigen Vorschlag ein[331].

In Anbetracht des Vorschlags der Hinzuziehung eines Anhörungsbeauftragten sind insbesondere zwei Fragen zu prüfen. Kann der Anhörungsbeauftragte diese Aufgabe als Einzelperson wahrnehmen und ist diese Funktion von seinem Amt noch gedeckt?
Eine fachliche Prüfung des Falles auf eine etwaige Unvollständigkeit hin, setzt voraus, dass sich der Anhörungsbeauftragte sachlich in die Fälle einarbeiten und etwaige Freistellungen aus den Vorgesprächen nachvollziehen muss. Dies kann allerdings nur dann in einem vernünftigen Zeitrahmen erfolgen, wenn er sich in der jeweilig zur Debatte stehenden Branche auskennt. Nur unter dieser Voraussetzung, wäre dies auch mit einem angemessenen Arbeitsaufwand zu bewerkstelligen. Das würde dann allerdings bedeuten, dass der Anhörungsbeauftragte über jede Branche ein entsprechendes Wissen aufweisen, d.h. praktisch Experte eines jeden Wirtschaftszweigs sein müsste. In der heutigen Komplexität ist dies für eine einzige Person jedoch nicht möglich.
Darüber hinaus ist zudem zweifelhaft, ob diese inhaltlich geprägte Ausrichtung des Aufgabenbereichs des Anhörungsbeauftragten von seinem eigentlichen Posten noch gedeckt wäre.
Derzeit spielt der Anhörungsbeauftragte nur in der zweiten Verfahrensphase eine Rolle, in der er die in Teil 1 beschriebenen Aufgaben wahrnimmt. Er stellt den Garant der Verteidigungsrechte der Parteien in diesem Abschnitt dar. Wichtig ist die ordnungsgemäße Gewährleistung der Verteidigung zu diesem Zeitpunkt insbesondere deswegen, weil den Parteien in der zweiten Phase eine Untersagung

---

[329] Vgl. bzgl. dieses Vorschlags: Office of Fair Trading (OFT) in: House of Lords, 19th Report, S. 17; Gilchrist, Global Competition Review, December-January, 2000/2001, 19 (20).
[330] Teil 1, C. II. 4. b).
[331] BDI, Stellungnahme zum Grünbuch der Europäischen Kommission vom 11.12.2001, S. 16.

ihres Vorhabens drohen kann. Der jetzige Aufgabenbereich erstreckt sich somit nicht auf die Phase zwischen Anmeldung und erster Verfahrensphase, so dass er diese Aufgabe ohne Mandatsänderung nicht übernehmen könnte.
Ebenfalls schien dieser Punkt nach Diskussionsstellung auch in der Praxis auf Widerstand zu stoßen. So wurde von einer Seite beschrieben, dass der Anhörungsbeauftragte grundsätzlich zwei Funktionen erfüllen sollte. Zum einen sollte er vertrauenswürdig sein und zum anderen sei es wichtig, dass er Erfahrungen in bzw. mit der Generaldirektion Wettbewerb hat. Mit letzterem sind zum Beispiel Handhabung von Fusionsfällen, Respekt, Leitungsmacht aber auch vor allem die Autorität der jeweiligen Person angesprochen. Als nicht in seinen Aufgabenbereich fallend werden hiernach Detailkenntnisse bestimmter Branchen betrachtet. Eine Erweiterung der Kompetenzen des Anhörungsbeauftragten wird von Unternehmensseite demnach nicht gefordert, um das Problem der Unvollständigkeitserklärungen einzudämmen.
Darüber hinaus deutet auch die folgende Tatsache auf Probleme hinsichtlich der praktischen Durchführbarkeit hin. Der Einarbeitungsaufwand für Fragen bezüglich der Vollständigkeit würde einen gewissen Zeitraum in Anspruch nehmen, der sich als Verlängerung negativ auf die bisherigen Fristen auswirken könnte. Zeitaufwendige Formalitätenstreitigkeiten sind jedoch im Sinne eines zügigen Verfahrens mit möglichst geringem Aufwand beizulegen, anstatt eine weitere Formalisierung einzuführen. Gerade hinsichtlich der eher geringen Anzahl von Unvollständigkeitserklärungen (wie angesprochen 6% im Jahr 2000), scheint der mit einer Institutionalisierung einer neutralen Person verbundene Aufwand übertrieben. Dieses Ergebnis muss auch gerade im Hinblick auf den zu erwartenden Rückgang der Unvollständigkeitserklärungen überzeugen, welcher auf die Einführung der Verhaltensleitlinien zurückgeführt wird. Die Verhaltensleitlinien richten sich an die anmeldenden Parteien und erläutern, wie eine Unvollständigkeitserklärung vermieden werden kann. Das Hauptanliegen stellt das Führen von Vorgesprächen dar.[332] Lag der Anteil der Unvollständigkeitserklärungen durch die Einführung der Leitlinien wie bereits erwähnt im Jahre 2000 nur noch bei 6%, so erwartet die Kommission für das Jahr 2001 eine weitere Abnahme dieser Fälle[333].
In diesem Sinne belegen auch Berichte der Kommission und einiger Unternehmen, dass eine Unvollständigkeitserklärung häufig durch entsprechende Vorgespräche vermieden werden kann. Im Fall vorausgehender Vorgespräche hat die Kommission genug Zeit, sich auf das Fusionsvorhaben einzustellen und bedarf keiner in der Form von Unvollständigkeitserklärungen durchgeführten Fristverlängerung. Die Nutzung der Möglichkeit Vorgespräche zu führen, stellt demnach den ökonomischsten, effektivsten und zudem auch einfachsten Lösungsweg dar, um Probleme in diesem Bereich vermeiden zu können.

---

332 Best Practice Guidelines, http://www.europa.eu.int/comm/competition/mergers/others/best practice_gl.html.
333 Vgl. Europäische Kommission, Grünbuch vom 11.12.2001, Tz. 199.

Die Hinzuziehung einer neutralen Instanz in Gestalt des Anhörungsbeauftragten ist somit aus praktischer Sicht aufgrund mangelnder Kompetenzdeckung mit seinem Mandat sowie mangels zeitlicher Praktikabilität abzulehnen.
Auch wenn ein Machtmissbrauch mit der hier dargestellten Lösung nie ganz ausgeschlossen sein kann, so ist dies für die Parteien eher hinzunehmen, als ein sich zeitlich hinziehendes unnötig formalisiertes Verfahren im Bereich der Anmeldung.

(2) Frist zur Beurteilung der Unvollständigkeit

Einen weiteren kritischen Punkt in Zusammenhang mit den Unvollständigkeitserklärungen stellt die Tatsache dar, dass der Kommission zur Beurteilung der Unvollständigkeit keine Frist gesetzt ist. Theoretisch ist es demnach möglich, eine Anmeldung noch drei Wochen nach ihrer Annahme durch die Kommission, also kurz vor Ablauf der Monatsfrist der Artikel 6 Entscheidung, für unvollständig zu erklären. Nach *Hirsbrunner* sind Unvollständigkeitserklärungen mehrere Wochen nach Eingang der Anmeldung in einzelnen Fällen auch tatsächlich vorgekommen[334]. Die Anmeldung wird in diesen Fällen erst am Tag des Eingangs der vollständigen Angaben und Unterlagen bei der Kommission wirksam und die Frist des Art. 10 Abs. 1 FKVO beginnt von Neuem zu laufen – eine für die anmeldenden Parteien unvorhersehbare Verzögerung des Fusionsvorhabens, welche eine erhebliche Rechtsunsicherheit mit sich bringt.
Dieser Umstand könnte nur dadurch behoben werden, dass der Kommission eine Frist gesetzt wird, bis zu der sie eine Anmeldung als unvollständig deklarieren kann. Laut Kommissionsangaben wurden derartige Fristen in Bezug auf die anliegende Reform der Fusionskontrollverordnung bereits von einigen Unternehmen vorgeschlagen[335]. Auf diese Vorschläge reagierte die Kommission ebenfalls schon im Grünbuch vom 11.12.2001, indem sie dort die Ansicht vertritt, dass die Einführung von Fristen hinsichtlich der Unvollständigkeitserklärung dazu führen könne, dass das Verfahren in dieser frühen Phase unflexibler wird. Das könne in gewissen Fällen bedeuten, dass die Anmelder nur noch die Möglichkeit hätten, die Anmeldung zurückzuziehen und eine neue einzureichen, um eine Verfahrensverlängerung in die zweite Phase zu vermeiden. Damit wäre aber ein zusätzlicher Arbeits- und vor allem Kostenaufwand verbunden. Zusätzlich würden sich die Parteien mit einer Rücknahme der Gefahr einer Geldbuße nach Art. 14 Abs. 1 lit. a) FKVO aussetzen[336]. Denn wird die Anmeldung zurückgezogen, verbleibt eine anmeldepflichtige Vereinbarung, für deren Anmeldung die Frist im Zweifel abgelaufen ist[337]. Aus diesen Gründen bleibt die Kommission bei ihrer Auffassung,

[334] Hirsbrunner, EuZW 1994, 295 (296).
[335] Europäische Kommission, Grünbuch vom 11.12.2001, Tz. 197.
[336] Europäische Kommission, Grünbuch vom 11.12.2001, Tz. 201.
[337] Wagemann in: Wiedemann, § 17 Rn. 35.

dass der Gebrauch der Unvollständigkeitserklärung in den seltenen Fällen ihrer Verkündung angemessen und verhältnismäßig ist.[338] Aus formeller Sicht stellt dies eine nachvollziehbare Argumentation dar, löst aber nicht das hier angesprochene Problem.
Es sollte daher nach einer Lösung gesucht werden, die sowohl ausreichende Rechtssicherheit für die Parteien gewährleistet als auch etwas von der geforderten Flexibilität wahrt.
Es ist deshalb trotz der ablehnenden Haltung der Kommission zu prüfen, ob es sinnvoll wäre eine Frist einzuführen, bis zu welcher eine Unvollständigkeitserklärung der Kommission erfolgt sein muss.
Hierbei kommt es zunächst nicht ausschließlich darauf an zu diskutieren, wann der Zeitpunkt des Fristablaufs festgelegt werden soll. Vielmehr ist es erforderlich, vorab zu klären, aus welchen Gründen eine Unvollständigkeitserklärung erfolgt und ob diesen Ursachen mit Einführung einer Frist auch Rechnung getragen wird.
In den Verhaltensleitlinien beschreibt die Kommission drei Ursachen für Unvollständigkeitserklärungen. Bei den ersten beiden Ursachenkomplexen handelt es sich um Unvollständigkeiten, die relativ schnell zu erkennen sind und innerhalb einer kurzen Frist gerügt werden können. Dies betrifft einmal den Bereich, dass Anmeldungen wegen sogenannter technischer Probleme nicht akzeptiert werden können. Dies kann der Fall sein, wenn z.B. Anmeldungen von mehr als nur zwei Parteien hätten eingereicht werden müssen oder ein verbindlicher Vertragsabschluss fehlt. Der zweite Ursachenbereich betrifft Probleme bei denen Mängel in der Sorgfältigkeit der Anmeldung und den eingereichten Informationen liegen.
Allein der dritte Bereich bietet Probleme bei der Erkennung der Unvollständigkeit innerhalb einer gewissen Frist. Hierbei handelt es sich um Fälle, bei denen erst zu einem späten Zeitpunkt im Verlauf der ersten Prüfungsphase von der Kommission festgestellt wird, dass noch zusätzliche potentielle Märkte von der Fusion betroffen sind, die in der Anmeldung nicht beschrieben wurden, jedoch von den Parteien hätten angegeben werden müssen. Würde man nun eine Frist für Unvollständigkeitserklärungen einführen, gäbe es genau bei diesen Fällen für dic Kommission wegen Fristablaufs keine Möglichkeit der Erklärung der Unvollständigkeit, obwohl die Hauptverantwortung für die fehlenden Angaben bei den Parteien liegt. Liegt der Ursprung oder das Versäumnis jedoch bei den Parteien, wäre es unbillig, der Kommission eine Frist zu setzen.
Diesem Ergebnis zufolge wäre eine Fristsetzung praktisch nicht durchführbar und die Rechtsunsicherheit für die Parteien bliebe bestehen.

Zu diskutieren ist deshalb, ob es trotz Einführung einer Frist der Kommission unter bestimmten Umständen nach Ablauf dieser Frist doch noch gestattet sein sollte, eine Unvollständigkeitserklärung abzugeben. Dem Vorschlag des BDI[339] fol-

---

[338] Europäische Kommission, Grünbuch vom 11.12.2001, Tz. 202.
[339] BDI, Stellungnahme zum Grünbuch der Europäischen Kommission vom 11.12.2001, S. 16.

gend sollte die Abgabe einer solchen Unvollständigkeitserklärung an erschwerte Bedingungen geknüpft werden. Damit könnte z.B. eine Stellungnahme des Anhörungsbeauftragten gemeint sein. Damit wäre den Parteien ein gewisses Maß an Sicherheit gegeben, so dass sie nach Ablauf einer bestimmten Frist davon ausgehen können, dass ihre Anmeldung nicht ohne gravierenden Grund für unvollständig erklärt werden kann.
Um den Arbeitsaufwand für den Anhörungsbeauftragten beurteilen zu können, müsste man jedoch überprüfen, wie viele Unvollständigkeitserklärungen auf diesen Ursachenkomplex zurückzuführen sind. Hiervon sind dann noch die Fälle abzuziehen, bei denen es ebenfalls im Sinne der Parteien liegt, eine derartige Erklärung hinzunehmen. So beschreibt z.B. *Bär-Bouyssière* von einem Trend die Unvollständigkeitserklärungen als Zeitgewinn zu nutzen, um unter Umständen eine zweite Phase vermeiden zu können. Teilweise kommt den Parteien eine Unvollständigkeitserklärung daher nicht ungelegen.[340] Bei diesen Fällen könnte man es aufgrund der Zustimmung der Parteien unterlassen einen Anhörungsbeauftragten hinzuzuziehen. Dies wäre insofern unproblematisch, als die Parteien dann freiwillig auf den ihnen zur Verfügung gestellten Schutz verzichten.
Für eine abschließende Beurteilung des Arbeitsaufwands des Anhörungsbeauftragten müsste man durch eine Untersuchung mit Rückgriff auf Kommissionsdaten in Erfahrung bringen, wie viele strittige Fälle noch übrig bleiben. Erst dann kann eine Bewertung hinsichtlich der Bewältigung und Durchführbarkeit einer derartigen Aufgabe für den Anhörungsbeauftragten abgegeben werden, da die praktische Durchführbarkeit stark vom Umfang der Aufgabe (d.h. von der Anzahl der Fälle) abhängt. Handelt es sich um eine nur geringe Anzahl von Fällen, ist jedoch nicht nur die praktische Durchführbarkeit entscheidend, sondern auch der Organisationsaufwand sowie eine dann notwendige Mandatsänderung mit in die Überlegungen einzubeziehen. Fraglich ist dabei, ob eine verschwindend geringe Anzahl von Fällen einen derartigen Aufwand rechtfertigen könnte.

Unabhängig von einer Beteiligung des Anhörungsbeauftragten könnte man jedoch überlegen, ob die Erklärung der Unvollständigkeit nach Fristablauf für die Kommission nur unter erschwerten Umständen, im Sinne abschließend aufgezählter Gründe oder bei Zustimmung der Parteien, möglich sein sollte. Auf diese Weise wären die Beteiligten zumindest vor willkürlichen Entscheidungen geschützt, die aufgrund von Zeitmangel getroffen werden könnten. Eine aufwendige Einbindung des Anhörungsbeauftragten mit dafür erforderlicher Mandatsänderung wäre somit vermeidbar. Um die Einhaltung einer derartigen Regelung kontrollieren zu können, könnte man eine Veröffentlichung derjenigen Unvollständigkeitserklärungen im Amtsblatt der Europäischen Gemeinschaften erwägen, die nach Fristablauf erfolgt sind. Dies kann natürlich nur unter Wahrung der Geschäftsgeheimnisse erfolgen. Eine derartige Regelung könnte den Parteien ein gewisses Maß an

---

[340] Bär-Bouyssière in: Europäisches Wettbewerbsrecht im Wandel, S. 119 (123).

Rechtssicherheit geben, da Unvollständigkeitserklärungen nach Fristablauf nur noch unter bestimmten Gründen abgegeben werden können.

c) Die Wochenfrist

Gemäß Art. 4 Abs. 1 FKVO ist der Zusammenschluss innerhalb einer Woche nach dem Vertragsabschluss, der Veröffentlichung des Tauschangebots oder des Erwerbs einer die Kontrolle begründenden Beteiligung bei der Kommission anzumelden. Die Überschreitung der Frist ist nach Art. 14 Abs. 1 lit. a) FKVO mit Bußgeld bedroht.
Fraglich ist deshalb, ob es den Unternehmen möglich ist, eine derart umfangreiche Anmeldung in der kurzen Zeit von einer Woche einzureichen, ohne dass sie aufgrund von Zeitmangel einer unverhältnismäßig großen Gefahr einer Unvollständigkeitserklärung bzw. einer Geldbuße ausgesetzt sind.

Die Frist von einer Woche ist nach Angaben aus der Praxis ohne vorher stattfindende maximale Vorbereitungen nicht einzuhalten. Für die Unternehmen ist die Frist somit bezüglich der Vorbereitungen des Zusammenschlusses irrelevant, da sie bereits viel früher Vorkehrungen für eine vollständige Anmeldung treffen müssen. Die Untersuchungsergebnisse belegen daher, dass sich die Unternehmen mit der Einwochenfrist arrangiert haben, indem sie die Vorbereitungen nach vorne verschoben haben.
Darüber hinaus hat die Kommission gewisse Überschreitungen der Frist in ihrer bisherigen Praxis toleriert[341] und Geldbußen nur im Falle bewusst fahrlässiger Verletzung der Wochenfrist verhängt[342].
Fraglich ist aber dann, wie sinnvoll die Frist demzufolge überhaupt noch ist, wenn sowohl von den Parteien als auch von der Kommission eine Anpassung stattgefunden hat, die mit der klaren Durchsetzung bzw. Befolgung der Regel nichts mehr zu tun hat.
Ein Zusammenschluss ist aufgrund des Vollzugsverbots nach Art. 7 FKVO unwirksam, wenn die Genehmigung der Generaldirektion Wettbewerb nicht vorliegt. Das bedeutet, dass die Parteien selber an einer Anmeldung interessiert sind und diese auch möglichst zügig einreichen wollen, um möglichst schnell eine Entscheidung zu erlangen, die Gewissheit hinsichtlich ihres Vorhabens bringt. Ohne Anmeldung kann somit kein Vollzug erfolgen. Eine Wochenfrist scheint in dieser Hinsicht überflüssig zu sein. Dies wird um so deutlicher, wenn man sich den Ursprung der Fristenregelung anschaut. Die Befristung wurde in einem Entwurfsstadium in die Verordnung eingefügt, in welchem sie noch kein Vollzugsverbot enthielt[343].

---

[341] Drauz/Schroeder, Praxis der europäischen Fusionskontrolle, S. 192.
[342] Schütz in: GK Hootz, Art. 4 Rn. 2.
[343] Schütz in: GK Hootz, Art. 4 Rn. 1.

Dadurch, dass sich die Parteien langfristig auf die Anmeldung vorbereiten, werden sie durch die kurze Wochenfrist nicht beeinträchtigt. Die Gefahr einer Verfahrensverzögerung durch Unvollständigkeitserklärung bzw. die Gefahr einer Geldbuße aufgrund der kurzen Frist hat sich in der Praxis als nicht problematisch herausgestellt. Es sollte jedoch überdacht werden, ob der Erhalt der Wochenfrist in Art. 4 Abs. 1 FKVO noch sinnvoll erscheint, wenn die Parteien bis zur Genehmigung ihres Fusionsvorhabens nicht vollziehen können und somit selbst an einer raschen Anmeldung interessiert sind. Aus Sicht des Verfassers scheint der Erhalt dieser Frist in der nächsten Reform demzufolge überflüssig. Im Ergebnis besteht zwar keine Beeinträchtigung der betroffenen Parteien, hinsichtlich des Sinngehalts der Wochenfrist werden jedoch Zweifel deutlich.

d) Zwischenergebnis

Für die Phase der Anmeldung lässt sich somit folgendes Ergebnis festhalten.
Das Formblatt CO stellt nach der Diskussion verschiedener Möglichkeiten kürzerer Anmeldungsformulare trotz seines großen Umfangs die zu bevorzugende Art der Anmeldung dar. Um allerdings eine über das notwendige Maß hinausgehende Belastung der Parteien zu vermeiden, muss die gesetzlich niedergelegte, aber bisher nicht voll ausgeschöpfte Dispensmöglichkeit beachtet werden. Nach Ansicht des Verfassers kann eine bessere Ausschöpfung des Dispenses nur durch eine höhere Sachkenntnis der Mitarbeiter zum frühen Zeitpunkt der Anmeldungsvorbereitung erreicht werden, weswegen die Einführung einer Abteilungsgliederung vorgeschlagen wird. Eine höhere Sachkenntnis führt zu einer besseren Einschätzung, auf deren Grundlage die Entscheidung über nicht einzureichende Informationen getroffen werden kann. Eine die Parteien beeinträchtigende Überlastung könnte so vermieden werden.
Die Beteiligung des Anhörungsbeauftragten an der Beurteilung der Unvollständigkeit der Anmeldung wird vom Verfasser unabhängig von der Einführung einer Frist abgelehnt. Die Gefahr willkürlicher Unvollständigkeitserklärungen zur Gewinnung zusätzlicher Zeit sollte vielmehr allein durch die Einführung einer Frist gebannt werden, nach deren Ablauf der Kommission eine Unvollständigkeitserklärung nur unter abschließend aufgezählten Gründen oder mit Zustimmung der Parteien gestattet sein sollte. Ein gewisses Maß an Rechtssicherheit könnte den Parteien auf diese Wiese gewährleistet werden.
Durch die kurze Wochenfrist innerhalb derer die Anmeldung eingereicht werden muss, werden die Parteien zwar nicht beeinträchtigt, sie ist aus Sicht des Verfassers jedoch überflüssig. Die Parteien können ihr Fusionsvorhaben ohne eine Genehmigung der Kommission nicht vollziehen und sind daher selbst an einem zügigen Beginn des Fusionskontrollverfahrens auch ohne Wochenfrist interessiert.

3. Die Markttests

Bei den Markttests handelt es sich um eine Methode, die der Kommission zur Informationsgewinnung (i.S.v. Art. 11 FKVO) und zur Durchführung einer Marktanalyse in der zur Debatte stehenden Branche dient. Die Markttests werden von der Kommission sowohl in der ersten als auch in der zweiten Verfahrensphase eingesetzt. In der ersten Phase werden sie z.B. zur Überprüfung des Vorliegens von „ernsthaften Bedenken" genutzt, während sie in der zweiten Phase hauptsächlich der vertieften Analyse sowie der Prüfung der schriftlichen Antwort auf die Beschwerdepunkte und der von den Parteien eingegangenen Zusagen dienen. Ebenfalls werden die von den anmeldenden Parteien gegeben Informationen, Analysen und Marktdefinitionen mit Hilfe dieser Tests auf ihre Richtigkeit überprüft.
Für die Markttests werden von der 'Merger Task Force' Fragebögen erstellt, die sodann an Konkurrenten, weitere Wettbewerber sowie teilweise auch an Verbraucher mit der Bitte um Beantwortung geschickt werden.
Der Grund für ein derartiges Vorgehen liegt insbesondere darin, dass die wettbewerbliche Einschätzung eines Fusionsvorhabens zunächst schwierig ist, da sich die Mitarbeiter eines jeweiligen 'Case Teams' meist nicht gleich von Beginn ausreichend in der Branche auskennen. Im Gegensatz zur Branchengliederung des Bundeskartellamts müssen diese Kenntnisse in europäischen Fusionskontrollverfahren häufig erst gewonnen werden. Die Anmelder bieten dabei nur eine Quelle und nur eine Sichtweise, während Dritte dagegen neue Aspekte und andere Blickwinkel eröffnen können. Da sich Unternehmen auf dem Markt generell am besten auskennen, wendet sich die 'Merger Task Force' an diese, um die Sichtweise der Anmelder durch Dritte zu überprüfen und für sich selbst neue Gesichtspunkte zu gewinnen. Der Vorteil dieser Arbeitsweise liegt darin, dass die Probleme einer Fusion oft gerade erst durch die Stellungnahme von Konkurrenten sichtbar werden. Derartig präsentierte Argumente sind von der 'Merger Task Force' entsprechend einfach aufzugreifen und nach adäquater Prüfung gegen das Fusionsvorhaben zu präsentieren. So gelingt es der 'Merger Task Force' in einem relativ kurzen Zeitraum „Insider-Wissen" zu erlangen und ebenfalls relativ schnell auf möglicherweise entstehende Wettbewerbsprobleme zu stoßen, ohne selbst Experte der Branche zu sein. Weiter verfügen vor allem Konkurrenzunternehmen, Abnehmer und Lieferanten über besondere Erkenntnisse hinsichtlich der Frage des entscheidungsrelevanten räumlichen und sachlichen Marktes[344].

Unter Berücksichtigung der Konkurrenzsituation der befragten Unternehmen zu den antragstellenden Parteien, ist jedoch fraglich, ob die Durchführung der Markttests ein faires Mittel gegenüber den anmeldenden Parteien darstellt. Es ist nämlich geradezu unlogisch zu erwarten, dass sich Konkurrenten z.B. positiv gegenüber angebotenen Konzessionen äußern werden, wenn sie die Chance perzipieren,

[344] Zilles, Die Anfechtungslegitimation von Dritten im europäischen Fusionskontrollrecht, S. 53.

dass noch weitergehende Verpflichtungen zu erreichen wären, die ihnen einen wettbewerblichen Vorteil sichern könnten. Gerade im Hinblick auf das bereits angesprochene in Art. 41 Abs. 1 der Charta der Grundrechte der Europäischen Union formulierte Recht einer Person, nachdem „ihre Angelegenheiten von den Organen und Einrichtungen der Union unparteiisch, gerecht nach dem Grundsatz der Neutralität öffentlichen Handelns und innerhalb einer angemessenen Frist behandelt werden“[345], scheint die Methode der Markttest die Unparteilichkeit sowie die gerechte Behandlung nach dem Grundsatz der Neutralität in Frage zu stellen.

In der Praxis sorgt die Methode der Markttests zum Teil für Diskussionsmaterial und heftige Kritik. So beanstandete der Chef von General Electric, Jack Welch, in Zusammenhang mit seinem am 3. Juli 2001 untersagten Fusionsvorhaben mit Honeywell derartige Markttests der Kommission sinngemäß: „Wie kann ein Verfahren Vertrauen spenden, in dem ein Team von Beamten in engstem Kontakt mit der Konkurrenz die Anklagepunkte verfasst...“[346]. Gerade im Fall „General Electric/Honeywell“ schien die Einflussnahme von Konkurrenten zunächst eine große Rolle zu spielen, da Airbus einstweilen vorgeworfen wurde die Übernahme hintertrieben und das Veto der Kommission durch intensives Lobbying gefördert zu haben[347]. Dieser Vorwurf zeigt, wie sensibel der Bereich der Markttests ist.
Wie ebenfalls an diesem Fall deutlich wurde, besteht für Wettbewerber die Möglichkeit, sich zusammenzuschließen und gebündelt gegen das Fusionsvorhaben vorzugehen. So sollen sich einige Wettbewerber im Laufe des Verfahrens von „General Electric/Honeywell“ abgesprochen haben, um ihre Einwände gegen das Fusionsvorhaben untereinander abzustimmen.[348] Nach Untersuchungsangaben wird dies von den fusionierenden Parteien als sehr kritisch eingestuft, zumal teilweise sogar Anwälte eingeschaltet werden. Die Einflussnahme der Konkurrenten im Rahmen der Markttests wird durch dieses Vorgehen noch verstärkt. Schenkt die Kommission diesen Aussagen ungefilterte Aufmerksamkeit, wie es die Anmelder häufig befürchten, so könnte schnell ein Ungleichgewicht entstehen, welches die fusionierenden Parteien auf der einen und die vereinigte Konkurrenz auf der anderen Seite umfasst. Damit ein schneller Einigungskompromiss erreicht werden kann, stehen die Parteien gerade dann besonders unter dem Druck über das wettbewerblich notwendige Maß hinausgehende Konzessionen einzugehen, um Genugtuung der durch den Beschwerdeführer gebündelten Konkurrenten zu erreichen.
Aber nicht nur in dem eben angesprochenen Fall wurde Kritik laut. Auch Göran Grosskopf (Chef der Tetra Laval Group) und Henri Lachmann (Vorstandsvorsitzender von Schneider Electric) zweifeln an der Methode der Kommission, den

[345] Charta der Grundrechte der Europäischen Union, ABl. EG, Nr. C 364 vom 18.12.2000, S. 1.
[346] Vgl. Financial Times Deutschland vom 11. Dezember 2001, Ein Sheriff für die Polizei, S. 31.
[347] Vgl. Financial Times Deutschland vom 18. Juni 2001, GE-Honeywell entzweit Flugkonzerne.
[348] Financial Times Deutschland vom 20. Juni 2001, Monti blockiert US-Fusion, S. 1.

Aussagen der Wettbewerber ein derart starkes Gewicht zukommen zu lassen. Ihre Firmen waren beide jeweils Gegenstand einer Untersagungsentscheidung der Kommission[349]. Sie stellten fest, dass die Bedenken der Wettbewerber die Kommission häufig in ihrer Argumentation beeinflusst hat.[350]

Das Problem, welches im Hinblick auf die Konkurrenten besteht, liegt insbesondere darin, dass die Antworten der Konkurrenten zu den Kommissionsanfragen das Eigeninteresse der befragten Unternehmen widerspiegelt. Deshalb findet die Beantwortung, wie aus Unternehmenskreisen hervorgeht, häufig ausschließlich in zweierlei Weise statt: Entweder es erfolgt eine oberflächliche Beantwortung (wenn der Fall von weniger großem Interesse ist) oder die Unternehmen liefern Zahlen mit Wertung. Es kann jedoch nicht erwartet werden, dass branchengleiche Mitbewerber neutrale Zahlen liefern.

Zu prüfen ist deshalb, ob es eine Methode gibt, welche der Kommission äquivalente Informationen liefert, aber zugleich neutralere Zahlen beinhaltet und somit den Parteien im Sinne ihres Rechts auf ein faires Verfahren einen gewissen Schutz gegen unlautere Interessen der Konkurrenten bietet.
Eine die Situation entschärfende Maßnahme könnte das vermehrte Einholen von Informationen bei Instituten, Gutachtern oder auch Universitäten darstellen. Grundsätzlich kann bei diesen Institutionen davon ausgegangen werden, dass sie objektive Zahlen liefern, ohne die Entscheidung der Kommission lenken zu wollen. Bei Verbänden besteht hingegen bereits wieder die Gefahr der Beeinflussung, was abhängig davon ist, welches Unternehmen z.B. gerade im Vorstand ist.
Bei der Diskussion dieses Vorschlags mit Praxisbeteiligten wurde jedoch ein entscheidender Mangel deutlich. Die Ergebnisse von verschiedenen Gutachten können stark voneinander abweichen, sich zum Teil sogar widersprechen. In einem Fall aus der Praxis wiesen fünf verschiedene Gutachten fünf verschiedene Ergebnisse auf. In einem solchen Fall hat die 'Merger Task Force' überhaupt keine Informationen gewonnen, da sie nicht beurteilen kann, welches Gutachten der tatsächlichen Marktsituation entspricht. Bekommt sie stattdessen Informationen von Wettbewerbern, kann sie unter dem Vorbehalt, dass Zahlen und Aussagen nicht rein objektiv sind, doch eine praxisnahe Einschätzung der Marktsituation erhalten. Durch ihre internen Branchenkenntnisse können die Wettbewerber ferner Hinweise liefern, die branchenferne Institute nicht geben können.
Die Hinweise der Wettbewerber können der 'Merger Task Force' demnach eine bessere Grundlage für eine Einschätzung der Marktsituation geben, dürfen jedoch nicht als alleinige und schon gar nicht als objektive Kriterien bei der Auferlegung

[349] Untersagung der Übernahme von Legrand durch Schneider Electric am 10. Oktober 2001; Untersagung der Übernahme von Sidel durch Tetra Laval Group am 30. Oktober 2001.
[350] Financial Times Deutschland vom 6. Dezember 2001, EU-Fusionskontrolle schadet der Wirtschaft, S. 30.

von Zusagen genutzt werden. Je nach Herkunft der Informationen (direkte Konkurrenten, Verbraucher, Lieferanten etc.) kann die 'Merger Task Force' ihren Wert und den Grad der Objektivität einschätzen. Somit sind auch subjektive und von Konkurrenzdenken geprägte Aussagen von Mitbewerbern für die Einschätzung des Falles bedeutsam.
Es wäre demnach nicht sinnvoll, wenn die 'Merger Task Force' auf die Befragung der Konkurrenz verzichten und zukünftig lediglich bei Instituten, Universitäten und Gutachtern anfragen würde.
Nach Ansicht des Verfassers sollte sich die Kommission jedoch zusätzlich zu den Markttests verstärkt um objektive Informationen bemühen, um sich daraus ein eigenständiges Bild der Marktlage zu bilden und ebenfalls darauf basierend ihre Entscheidung zu treffen. Auf diese Weise könnte das bestehende Ungleichgewicht der zur Zeit überwiegenden Konkurrentenaussagen etwas verringert werden. Die Kommission hätte dann dem Vorwurf etwas entgegenzusetzen, dass sie sich die Argumente ihrer Entscheidung grundsätzlich von den Konkurrenten liefern lässt.
Darüber hinaus könnte die Kommission eigene Marktakten anlegen, in denen erhobene Marktdaten, Daten aus bereits entschiedenen Fusionsfällen sowie Ergebnisse von Markttests gesammelt werden könnten. Auf diese Weise wäre eine Überprüfung der von den Konkurrenten gelieferten Aussagen gewährleistet, was die eigenständige Meinungsbildung der Kommission unterstreichen könnte. Allerdings müsste über das Anlegen hinaus jemand für die Aktualisierung dieser Daten Sorge tragen, denn nur aktuelle Daten sind für die Einschätzung von Wettbewerbsproblemen von Wert. Der zusätzliche Arbeitsaufwand für diesen Vorgang kann zudem bei der Verhinderung des Wissensverlustes im Rahmen der hohen Personalfluktuation von Nutzen sein. Das objektive Wissen über die Branche eines einmal bearbeiteten Falles wird auf diese Weise bewahrt und steht neuen Mitarbeitern, die sich in eine Branche einarbeiten müssen, zur Verfügung. Beim Anlegen von Marktakten könnte es sich somit um eine lohnende Investition handeln.

Dass sich die Kommission selbst um mehr Objektivität bemüht, lässt das neue Mandat des Anhörungsbeauftragten aus dem Jahre 2001 erkennen. Art. 14 des Mandats sieht vor, dass sich der Anhörungsbeauftragte in einem Bericht zur Objektivität einer von der Kommission durchgeführten Untersuchung äußern kann. Dabei geht es um die Untersuchungen, mit deren Hilfe die Kommission die wettbewerbsrechtlichen Auswirkungen von im Rahmen des Art. 8 Abs. 2 FKVO eingegangenen Verpflichtungszusagen ermittelt. Der Anhörungsbeauftragte kann nun in seinem Bericht auf die Auswahl der Befragten und die Untersuchungsmethode eingehen. Den beteiligten Parteien dient diese Art „Berufungsinstanz" z.B. dazu, eine aus ihrer Sicht bestehende Benachteiligung durch subjektive Konkurrentenauswahl bei der Marktanalyse zu ihren Verpflichtungszusagen kritisieren zu können. Somit besteht die Möglichkeit, das Vorgehen der Kommission in diesem Rahmen durch eine unabhängige, neutrale Person kontrollieren zu lassen und der Kritik auf diese Weise Gehör zu verschaffen. Die Objektivität der in diesem

Rahmen durchgeführten Markttests könnte somit in einem erheblichen Maße erhöht werden.
Aus wettbewerblichen Gründen ist jedoch faktisch jeder Konkurrent – unabhängig von der Auswahl – quasi gezwungen, seine Unzufriedenheit zu jedweder im Rahmen der Abhilfemaßnahmen gefundenen Lösung kundzutun, damit es ihm gelingt, möglichst noch weitergehende Konzessionen der fusionierenden Parteien zu erreichen und somit seine eigene Wettbewerbssituation zu stärken. Somit würde selbst eine andere Auswahl der befragten Konkurrenzunternehmen in den meisten Fällen nichts am Prinzip des Übergewichts der Konkurrentenstimmen ändern. Trotz der Einspruchsmöglichkeit bleiben die Anmelder somit doch in der erheblich schwächeren Position. Leider ist aus der Praxis bisher keine Erstellung eines derartigen Berichtes nach Art. 14 des Mandats bekannt, so dass die Frage der praktischen Umsetzung und der Relevanz, ebenso wie die Frage nach der Wirksamkeit des Instruments des Objektivitätsberichtes offen bleiben muss.

Um die Kritik an den Markttests etwas zu entschärfen, sei auch auf die Tatsache hingewiesen, dass die fusionierenden Parteien vermutlich ebenfalls subjektiv gefärbte Informationen vorlegen. Es ist anzunehmen, dass die Wahrheit irgendwo in der Mitte zwischen den Aussagen der Konkurrenten und denen der Parteien liegen wird. Diese der Wirklichkeit entsprechende Darstellung der Marktsituation kann nicht allein durch die Aussagen der Konkurrenten ermittelt werden, sondern setzt das oben angesprochene Einholen von neutraleren Informationen voraus. Gerade im Rahmen von Zusagen sind die fusionierenden Parteien nach Angaben aus der Praxis häufig den Forderungen ihrer Konkurrenten nach immer weitgehenderen Konzessionen ausgesetzt. Diese Situation kann jedoch nur durch die Hinzuziehung von Gutachten, anderen neutralen Informationen oder von repräsentativen Studien entschärft werden, um die Rechtfertigung der Forderungen überprüfen zu können. Das starke Gewicht der Konkurrentenaussagen würde somit etwas zurück genommen werden, so dass eine einseitige Beeinflussung der Kommissionsargumente verhindert wird.

4. Erste Prüfungsphase

Seit Inkrafttreten der Revision der Fusionskontrollverordnung 1998 ist es für die Parteien explizit möglich, bereits in der ersten Verfahrensphase Zusagen abzugeben. Dies war zwar teilweise sehr vorsichtig auch bereits vor der Revision von der Kommission praktiziert worden[351], es bestand jedoch keine, wie in der neuen Regelung vorgesehen, Verlängerung des Prüfungszeitraumes auf sechs Wochen zur angemessenen Beteiligung der Mitgliedstaaten und Dritter.

---

[351] S. Teil 1, C. II. 3. a).

Für die Unternehmen hat die 1998 eingeführte Zusagenmöglichkeit eine erhebliche Bedeutung. Sie ermöglicht es, trotz anfänglich bestehender Bedenken hinsichtlich der Vereinbarkeit mit dem Gemeinsamen Markt innerhalb von sechs Wochen nach entsprechenden Zusagen eine Genehmigung des Fusionsvorhabens erzielen zu können. Die Beliebtheit der Zusagenentscheidungen in der ersten Phase spiegelt sich in einer starken Zunahme dieser wider. Lag die Zahl der Fälle, die im ersten Verfahrensabschnitt mit Bedingungen und Auflagen genehmigt wurden, 1997 noch bei zwei, so stieg sie in den folgenden Jahren auf 12 (1998), 19 (1999) und 28 (2000) bis im Jahre 2001 wieder ein Rückgang auf 13 Fälle zu verzeichnen war. Dieser Anstieg wird noch deutlicher, wenn man bedenkt, dass von September 1990 bis zur Revision insgesamt nur 14 Genehmigungen unter Bedingungen und Auflagen im Verfahren der ersten Phase erteilt wurden[352].
Auf der einen Seite zeigt der häufige Gebrauch der Zusagenregelung den Wert der Innovation, andererseits können jedoch auch neue Probleme entstehen, die im Folgenden dargestellt werden.

a) Problemfeld: Verteidigungsrechte in der ersten Phase

Während die zweite Phase Instrumente zur Gewährleistung der Verteidigungsrechte aufweist (wie bereits angesprochen[353], handelt es sich hierbei um die Mitteilung der Beschwerdepunkte, die Akteneinsicht sowie die schriftliche und mündliche Stellungnahme), fehlt in der ersten Phase eine derartige Strukturierung. Zu prüfen ist daher, ob dennoch eine ausreichende Verteidigung stattfinden kann, die eine ausgewogene Diskussion der Verpflichtungszusagen ermöglicht, so dass keine Aufoktroyierung der Zusagen von Seiten der Kommission erfolgt.
Hinsichtlich der unterschiedlichen Ausgestaltung der Verfahrensrechte in den beiden Verfahrensphasen ist zunächst darauf hinzuweisen, dass die Phasen unterschiedlichen Zielen dienen. So kommt es in der ersten Phase lediglich darauf an, eine summarische Prüfung vorzunehmen, durch die die kritischen von den unkritischen Fällen getrennt werden. Es geht demnach nicht um eine detaillierte Prüfung eines Fusionsvorhabens, welche in der Kürze der Zeit von maximal sechs Wochen auch gar nicht zu bewältigen wäre. Der Zeitknappheit entsprechend müssen demnach auch die Rechte der Parteien in der ersten Phase ein geringeres Ausmaß aufweisen. Es bleibt somit festzuhalten, dass die erste Phase zwar keine umfassende Gewährleistung der Verteidigungsrechte aufweist, dies aber aufgrund ihres Ziels der Genehmigung ausschließlich unkritischer Fälle (wenn auch unter Auflagen) sowie aufgrund der kurzen Prüfungszeit gerechtfertigt ist. Zudem bedarf es keiner so umfassenden Verteidigungsrechte wie in der zweiten Prüfungsphase, da

---

[352] Montag/Leibenath, WuW 2000, 852 (858).
[353] Teil 1, C. II. 4. b) (2).

es der Kommission in der ersten Phase nicht möglich ist, ein Fusionsvorhaben zu untersagen.

Darüber hinaus steht es den Parteien offen, ihre Verteidigungsrechte voll auszuschöpfen und das Verfahren in die zweite Phase zu bringen, falls sie mit den aus Sicht der Kommission notwendigen Zusagen nicht einverstanden sind. Die Gewährleistung der Verteidigungsrechte wird somit nicht unterlaufen, solange die Parteien eine Beendigung der ersten Verfahrensphase zu ihren Konditionen selbst in der Hand haben, indem sie entweder entsprechende Zusagen abgeben oder eine detailliertere Prüfung im zweiten Abschnitt bevorzugen. Es besteht daher keine Gefahr für die Verteidigungsrechte, da die Parteien gegen die Entscheidung entweder keine Einwände erheben und sich demzufolge in ihren Verteidigungsrechten nicht eingeschränkt fühlen oder das Fusionsvorhaben in die zweite Phase bringen, um ihre Rechte voll auszuschöpfen.

b) Art der Verhandlungen der Abhilfemaßnahmen

Abhilfemaßnahmen bezüglich bestehender Wettbewerbsprobleme werden sowohl in der ersten als auch in der zweiten Verfahrensphase diskutiert. Sie stellen Zusagen der Parteien dar, die eine wegen ernsthafter Bedenken einzuleitende zweite Phase oder eine aus wettbewerbsrechtlichen Gründen drohende Untersagungsentscheidung abwenden sollen. Die Zusagen werden von der Kommission mit Bedingungen und Auflagen abgesichert. Die Kommission hat am 2.3.2001 eine Mitteilung über zulässige Abhilfemaßnahmen[354] erlassen, um die inhaltlichen Grundsätze darzulegen, auf die sie sich bei der Bewertung von Abhilfen stützt. Tz. 34 ff. sowie Tz. 41 ff. dieser Mitteilung gehen auf die näheren Anforderungen ein, die die Zusagen in der ersten bzw. in der zweiten Phase erfüllen müssen.

Im Rahmen der Zusagenverhandlungen der ersten Verfahrensphase zeigt sich insbesondere die folgende Tatsache als problematisch.
Die Zusagen müssen in der ersten Phase geeignet sein, alle nur denkbaren wettbewerblichen Probleme, die sich bisher auch nur angedeutet haben, zu beseitigen. Die „ernsthaften Bedenken" im Sinne des Art. 6 Abs. 1 lit. c) FKVO müssen in überzeugender Weise ausgeschlossen werden können[355]. Anders ist eine Genehmigung in der Kürze der Zeit nicht zu erreichen, da für Verhandlungen und Marktanalysen in der ersten Phase weniger Zeit zur Verfügung steht als im zweiten Verfahrensabschnitt. Ein Nachverhandeln der Zusagen ist in dieser Verfahrensphase wegen Zeitmangel sehr schwierig[356]. Aus diesen Gründen sind die Zu-

[354] Mitteilung über zulässige Abhilfemaßnahmen, ABl. EG, Nr. C 68 vom 2.3.2001, S. 3.
[355] Mitteilung über zulässige Abhilfemaßnahmen, ABl. EG, Nr. C 68 vom 2.3.2001, S. 3 ff., Tz. 11.
[356] Bär-Bouyssière in: Europäisches Wettbewerbsrecht im Wandel, S. 119 (123).

sagen, wie Angaben aus der Praxis belegen, im Zeitpunkt der ersten Verfahrensphase meist weitgehenderer Natur als in der zweiten Phase, um von vornherein alle wettbewerblichen Bedenken ausräumen zu können.
Daraus ergibt sich die Frage, ob es den Parteien zumutbar ist, in der ersten Phase häufig nur weitgehendere Zusagen abgeben zu können, als es theoretisch notwendig wäre. Dieser kritische Punkt impliziert zudem die weitere Frage, ob die Auferlegung von Zusagen einer gewissen Kontrolle bedarf, um sicherzustellen, dass die Forderungen der Kommission hinsichtlich der Zusagen auch adäquat sind. Es ist somit zu überprüfen, ob im Rahmen derzeitiger Zusagenverhandlungen eine angemessene Verteidigung der ursprünglichen Form des Fusionsvorhabens stattfinden kann.

Zunächst ist diesbezüglich anzuführen, dass die Parteien die Zusagen nicht abgeben müssen, wenn sie ihnen zu weitgehend sind. Im Verfahren der zweiten Phase hätten sie die Möglichkeit, ihre Ansicht detaillierter darzustellen, mit Fachbeistand zu unterlegen und so eine bessere Verhandlungsposition einzunehmen. Andererseits stehen die Parteien unter dem Druck, die Fusion möglichst schnell realisieren zu wollen. Insofern kann ihre Bereitschaft hinsichtlich weitreichender Konzessionen leicht ausgenutzt werden. Befragte Unternehmen berichten, dass sie grundsätzlich versuchen, eine zweite Phase zu vermeiden, wenn sie den Fall in der ersten Phase zu vertretbaren Konditionen abschließen können. Was diesbezüglich vertretbar ist, ist letztendlich eine Abwägungsfrage, bei der nicht nur die Reichweite der Konditionen in Betracht gezogen wird, sondern zudem auch praktische Auswirkungen eines längeren Verfahrens z.B. hinsichtlich des Weihnachtsgeschäftes oder wichtiger Messen entscheidend sind.
Nach Angaben aus der Praxis macht die Kommission nur geringe bzw. unpräzise Aussagen über den Umfang und die Reichweite der notwendigen Konzessionen. Dies fördert die Tendenz über das notwendige Maß hinausgehender Zusagen.
Neben dem zeitlichen Druck befinden sich die Parteien überdies in einer schwächeren Verhandlungsposition als die Kommission. Sind die Zusagen nicht so weitgehend wie die Kommission dies fordert, so besteht nur die Möglichkeit der Einleitung der zweiten Phase, welche eine Verlängerung der Prüfungszeit um vier Monate nach sich zieht.
Aufgrund der kurzen Prüfungszeit sind die Beteiligungsrechte der Parteien, wie angesprochen, ohnehin schon recht gering, so dass zu überlegen wäre, ob es nicht zumindest im Rahmen der Zusagenverhandlungen ein Instrument geben sollte, welches die Position der Kommission kontrolliert, die schwache Verhandlungsposition der Parteien ausgleicht und auf diese Weise die Transparenz für alle Beteiligten erhöht.

Man könnte daher erwägen, den Vorschlag des 'Select Committees' aufzugreifen und den in der ersten Verfahrensphase bestehenden Mangel an Verteidigungsrechten sowie die unzureichende Überprüfbarkeit der Kommissionsansicht auszugleichen, indem ein Anhörungsbeauftragter an den Verhandlungen der Zusagen beteiligt wird[357]. Er könnte hier in seiner Funktion zur Wahrung der Verteidigungsrechte eingesetzt werden, welche in der ersten Phase bisher eher gering ausgeprägt sind.

Der Vorschlag des 'Select Committees' betrifft zwei unterschiedlich weitgehende Ansätze des Einsatzes des Anhörungsbeauftragten in diesem Bereich. Etwas zu weitgehend scheint aus Sicht des Verfassers der erste Vorschlag, den Anhörungsbeauftragten im Rahmen der Verhandlungen formell zu konsultieren und nach seiner Einschätzung zu fragen, ob die Zusagen, die den Parteien abverlangt werden, gut begründet und zudem angemessen sind, dass in Frage stehende Wettbewerbsproblem zu lösen.

In die gleiche Richtung geht ein Vorschlag von *Burnside*, den er im Rahmen eines Vortrags zum 10. Jahrestag der Fusionskontrollverordnung macht. Er kritisiert die leichtfertigen Forderungen nach Zusagen seitens der 'Merger Task Force', obwohl die Notwendigkeit dieser noch in Frage steht. Um eine Verlängerung des Verfahrens in die zweite Phase zu vermeiden, gehen die Parteien die Zusagen trotzdem ein, um eine schnelle Genehmigung zu erhalten. *Burnside* fordert deshalb einen Schutz für die Parteien, so dass sichergestellt wird, dass die geforderten Zusagen notwendig und angemessen sind.[358] Im weiteren Verlauf seines Vortrags schlägt *Burnside* vor, den Aufgabenbereich des Anhörungsbeauftragten zu erweitern, indem er im Zusammenhang mit den Zusagenverhandlungen einschätzen und prüfen soll, ob die Kommission adäquate Beweise hat, um zu rechtfertigen, dass sie bestimmte Konzessionen fordert[359].

Hierfür wäre es notwendig, dass sich der Anhörungsbeamte bereits in Fälle der ersten Phase einarbeitet, für die er im jetzigen Mandat noch keine Zuständigkeit besitzt. Im Moment beschränkt sich sein Aufgabenbereich auf Fälle der zweiten Phase, in denen er als neutrale Person für die Wahrung der Verteidigungsrechte der Parteien zuständig ist. Eine Erweiterung seines Handlungsbereiches auf die erste Phase würde eine enorme Arbeitsbelastung nach sich ziehen, sofern erforderlich ist, dass er sich inhaltlich in die kritischen Fällen einarbeitet. Die jetzigen zwei Anhörungsbeauftragten könnten diese Aufgabe kapazitätsmäßig nicht erfüllen und es bleibt fraglich, ob neue Einstellungen in diesem Bereich möglich sind.

Des Weiteren bestehen auch Schwierigkeiten hinsichtlich einer weitgehenden inhaltlichen Einarbeitung. Zur Beurteilung der Rechtfertigung von Zusagen ist eine inhaltliche Befassung mit dem Fall erforderlich. Dies träfe für jedes Fusionsvorhaben zu, bei dem es möglich erscheint, durch Auflagen eine Genehmigung zu erhalten. Für eine in der kurzen ersten Phase notwendige schnelle Einarbeitung wäre deshalb eine gewisse, bereits vorhandene Sachkenntnis in der jeweiligen Branche erforderlich. Der Anhörungsbeauftragte müsste also bezüglich jeder

---

[357] Select Committee on the European Union, House of Lords, 19th Report, S. 21, Tz. 65.
[358] Burnside, The Governance of EC Merger Control – Bumps in the level playing field?, S. 3 f.
[359] Burnside, The Governance of EC Merger Control – Bumps in the level playing field?, S. 16.

Branche über weitreichende Kenntnisse verfügen. Abgesehen davon, dass dies praktisch wohl nicht möglich ist, entspräche es auch nicht der Aufgabe eines Anhörungsbeauftragten. Wie bereits im Rahmen der Unvollständigkeitserklärungen herausgestellt[360], liegt diese nicht darin, Experte einer jeden Branche zu sein, sondern durch seinen Posten die Neutralität des Verfahrens zu fördern.
Aus den angesprochenen Gründen wird eine inhaltliche Einarbeitung des Anhörungsbeauftragten in die Zusagenverhandlungen der ersten Phase vom Verfasser abgelehnt. Leider bleiben auch die Vorschläge von *Burnside* und vom 'Select Committee' in unbefriedigender Weise unkonkret. Es werden keine Aussagen zu einer realistischen Umsetzung ihrer Anregungen gemacht. Die hier aufgeworfenen Probleme wurden von ihnen gar nicht erst in Frage gestellt und diskutiert.

Allerdings ist zu überlegen, ob der zweite Vorschlag des 'Select Committees' hinsichtlich der aufgeworfenen Probleme angemessener erscheint[361]. Danach könnte dem Anhörungsbeauftragten zur besseren Neutralität der ersten Phase die Aufgabe übertragen werden, den Vorsitz der Zusagenverhandlungen zwischen der 'Merger Task Force' und den Unternehmen zu führen und als „Mediator" zu handeln. Auf diese Weise könnte ein gewisser Ausgleich zwischen der schwachen Position der Parteien und der Autorität der 'Merger Task Force' hergestellt werden, so dass verhindert werden könnte, dass die Kommission den Parteien überzogene Zusagen abverlangt. Um seine Aufgabe als „Mediator" wahrnehmen zu können, bräuchte der Anhörungsbeauftragte zudem kein großes Fachwissen. Allein seine Anwesenheit würde vermutlich dazu beitragen, dass die Kommission von überzogenen Forderungen Abstand nimmt.
Zudem ist es dem Anhörungsbeauftragten auch ohne Fachwissen möglich, zu kritisieren, wenn z.B. industriepolitische statt wettbewerbliche Kriterien in die Zusagen mit einbezogen werden. Gerade der Einfluss industriepolitischer Kriterien im Rahmen der Zusagen zeigt sich immer wieder problematisch. Bei der Begründung der Fusionskontrollverordnung hat man sich gegen eine industriepolitische Ausrichtung entschlossen und doch wird diese Tatsache in der Zusagenpraxis der Kommission zum Teil unterlaufen. Die Gefahr des Einflusses der Industriepolitik zeigt sich insbesondere in der Entscheidung des Fusionsvorhabens „Veba/Viag" (jetzt „E.ON"), welches zeitgleich mit der Entscheidung des Bundeskartellamt im Fall „RWE/VEW" verhandelt wurde. Hier wurden die Zusagen in Abstimmung mit dem Bundeskartellamt so konzipiert, dass auf dem Strom- und Energiemarkt die Möglichkeit der Entstehung eines vierten Verbandunternehmens (neben E.ON, RWE und Energie Baden-Württemberg AG (EnBW)) geschaffen wurde[362]. Dadurch sollte eine neue Marktstruktur entstehen, die hinreichenden Binnen- und

---

[360] Teil 2, B. I. 2. b).
[361] Select Committee on the European Union, House of Lords, 19th Report, a.a.O.
[362] Vgl. diesbezüglich Bericht des Bundeskartellamtes über seine Tätigkeit in den Jahren 1999/2000, S. 134.

Außenwettbewerb bewirken sollte. Letztendlich kann jetzt festgestellt werden, dass es auf diesem Markt, in dem es früher zwei große Anbieter (RWE und Veba) und in einigem Abstand auch noch EnBW gab, durch die industriepolitisch gelenkten Zusagen nun vier große Anbieter gibt[363]. Dies stellt eine Strukturverbesserung dar, die zu mehr Wettbewerb geführt hat – allerdings zum Preis von industriepolitisch beeinflussten, marktgestaltenden Zusagen. Zwar handelt es sich bei den Beispielen um Fälle, die in der zweiten Phase verhandelt wurden, die Gefahr des Einflusses industriepolitischer Kriterien besteht jedoch gleichermaßen während der Zusagenverhandlungen der ersten Phase. Zu diesem früheren Zeitpunkt fällt es zudem um so gravierender ins Gewicht, als dass es keine formellen Instrumente zur Sicherung der Verteidigungsrechte gibt, wie z.B. die schriftliche und mündliche Anhörung.

Der Anhörungsbeauftragte hätte in einem derartigen Fall eventuell eingreifen können, um zu verhindern, dass eine industriepolitische Gestaltung der Zusagen stattfindet. Allerdings ist fraglich, ob es dann überhaupt zu einer Einigung gekommen wäre. In diesem Sinne äußerten sich auch die während der Untersuchung befragten Unternehmen. Sie befürchten eine zunehmende Formalisierung, die nicht nur die Kommission eingrenzt, sondern ebenfalls ihre eigenen Vorschläge beschränken könnte.

Während ein angesprochener Wissenschaftler durchaus den Wert einer neutralen Person in den Verhandlungen schätzte, um gerade in der ersten Phase zu weitgehende Zusagen zu verhindern, verhielten sich einige Praktiker zurückhaltend. Um eine Lösung zu finden, nehmen die Parteien zum Teil auch marktgestaltende Zusagen in Kauf und ziehen diese Lösung gegenüber einer sonst drohenden zweiten Verfahrensphase vor. Dass eine neutrale Person diesen „Handel" stören könnte, ist offensichtlich. Für einige der angesprochenen Unternehmen stellt die Einbeziehung des Anhörungsbeauftragten in die Verhandlungen der ersten Phase daher keine erstrebenswerte Neuerung dar. In diesem Punkt ist jedoch nicht auszuschließen, dass es durchaus weitere kontroverse Meinungen gibt, die eventuell aus bestimmten Erfahrungen hervorgehen und die Schaffung einer derartigen, neutralen Position im Rahmen der Verhandlungen deshalb anders bewerten würden.

Aus der Untersuchung lassen sich jedoch keine Aussagen über eklatante Mängel der Verteidigungsrechte im Rahmen der Verhandlungen der Zusagen innerhalb der ersten Phase ableiten. Das liegt hauptsächlich daran, dass die Unternehmen statt der Abgabe weitreichender Zusagen ebenfalls die Option der Einleitung des zweiten Prüfungsabschnitts haben. Zudem droht ihnen keine Untersagung in der ersten Phase. Die eigentlichen Verteidigungsrechte der zweiten Phase sind trotz zusätzlicher Prüfungszeit von vier Monaten gewahrt. Die Beteiligung des Anhö-

[363] Der nun vierte Anbieter ist der Nordostversorger Vattenfall Europe mit schwedischer Mehrheit. Vattenfall integrierte die zur Veräußerung stehenden nordostdeutschen Versorger Bewag, Veag, HEW und Envia. Vgl. Financial Times Deutschland vom 11. Juni 2002, EONS Chancen für Ministererlaubnis steigen, S. 8.

rungsbeauftragten als Mediator an den Verhandlungen wird daher mangels einer aus der Untersuchung hervorgehenden Notwendigkeit für die erste Phase nicht für erforderlich gehalten.

Darüber hinaus zeigt sich auch ein weiterer Punkt als problematisch, sollte der Anhörungsbeauftragte als „Mediator" eingesetzt werden. Konsequenter Weise müsste dem Anhörungsbeauftragten auch ein Instrument an die Hand gegeben werden, welches ihm ermöglicht, unangemessene Forderungen zu rügen oder eventuell auch öffentlich zu machen. Ansonsten hätte er kein Druckmittel in der Hand, welches die 'Merger Task Force' dazu anhalten könnte, nur adäquate, zumutbare und nicht zu weitgehende Zusagen zu fordern. Wie auch immer dieses Instrument aussehen könnte, es würde in jedem Fall Zeit in Anspruch nehmen, die in der kurzen ersten Phase grundsätzlich nicht zur Verfügung steht. Als daran anschließende Frage wäre auch zu beantworten, wer für die Durchsetzung einer Art Rüge in dieser Phase zuständig wäre, die natürlich ebenfalls wiederum Zeit benötigen würde.
Es ist demnach nicht sehr sinnvoll viel Zeit für wenig Konstruktivität, aber viel Formalismus zu opfern. Ohne ein Instrument zur Durchsetzung stellt die Einbeziehung des Anhörungsbeauftragten als „Mediator" keine „Waffe" zur Verteidigung der Rechte der Parteien dar, denn bildlich gesprochen fehlen dem „Wolf die Zähne".

Eine Beteiligung einer neutralen Person an den Verhandlungen der Zusagen wird somit weder von den angesprochenen Parteien dringend gefordert, noch scheint es von der Ressourcenbelastung, der jetzigen inhaltlichen Ausrichtung des Postens des Anhörungsbeauftragten, der Zeit sowie mangelnder Durchsetzbarkeit praktikabel.
Nach Ansicht des Verfassers ist die Anwesenheit einer neutralen Person zum Ausgleich der schwächeren Position der fusionierenden Parteien in der ersten Phase für die unmittelbar Betroffenen nicht erforderlich, da ihnen weder eine Untersagung droht, noch eine Pflicht zur Abgabe überzogener Zusagen besteht. Zur Ausschöpfung ihrer vollen Verteidigungsrechte können sie das Verfahren in die zweite Phase bringen. Diese Entscheidung ist hinsichtlich der zusätzlich erforderlichen Zeit nicht leicht, aber hier kommt es allein auf die Frage an, ob Verteidigungsrechte bestehen, die den Parteien helfen, ihre Ansicht darzustellen – wenn auch erst in der zweiten Phase.

c) Zeitpunkt des Fristablaufs für das Einreichen von Zusagen

Für die Möglichkeit der Abgabe von Zusagen besteht im Rahmen der ersten Phase eine Frist innerhalb derer die Parteien ihre Konzessionen vorzulegen haben. Gemäß Art. 18 Abs. 1 VerfVO beträgt diese hinsichtlich der nach Art. 6 Abs. 2

FKVO abzugebenen Zusagen in der ersten Phase drei Wochen. Die Frist dient dazu, der Kommission, den Mitgliedstaaten sowie Dritten genügend Zeit zur Prüfung des Fusionsvorhabens und der jeweiligen Verpflichtungszusagen zu geben. Dahinter steht der Versuch ein effizientes Verfahren mit straffen Fristen zu gewährleisten, welches dem Zeitdruck der Parteien im Rahmen eines Fusionsvorhabens gerecht wird.

Es ist nun zu prüfen, ob die Fristen den anmeldenden Parteien ausreichend Zeit zur Verteidigung ihres Vorhabens im Sinne der Abgabe wohlüberlegter Zusagen gestattet.

Wirft man einen Blick auf den Vortrag von *Burnside*, so scheint das Problem jedoch nicht darin zu liegen, ob drei Wochen für die Parteien ausreichen, um angemessene Zusagen abgeben zu können. Es steht vielmehr in Frage, ob es der Kommission gelingt, rechtzeitig konkrete Aussagen über bestehende Wettbewerbsprobleme zu treffen, so dass entsprechende Zusagen von den Parteien abgegeben werden können. Die Realität hat gezeigt, dass zum Ende der Dreiwochenfrist immer noch Ergebnisse von Markttests die Kommission erreichen, so dass sie nicht in der Lage ist, innerhalb der Frist konkrete Resultate zu wettbewerbsrechtlichen Bedenken vorzulegen.[364]

Aus dieser Situation – so *Burnside* – entstehen für die Parteien zwei Möglichkeiten. Entweder sie geben bis zum Fristende keine Zusagen ab, warten ab und hoffen, dass keine Probleme mehr auftauchen. Dies zieht allerdings das Risiko nach sich, dass die Frist verstreicht und später keine Zusagen mehr abgegeben werden können. Die andere Möglichkeit besteht darin, dass die Parteien vorab freiwillig Zusagen bezüglich eines potentiellen, wettbewerblich bedenklichen Problempunktes abgeben, welcher sich dann jedoch als völlig unkritisch herausstellen kann.[365] Dies sind beides Perspektiven, die nicht gerade einer ernsthaften wettbewerbsrechtlichen Diskussion entsprechen.

Der Zeitdruck hinsichtlich des Fristablaufs geht zum Teil sogar so weit, dass die 'Merger Task Force' den Parteien Bereiche nennt, in denen potentiell Schwierigkeiten auftreten können, und die Parteien sogar auffordert, schon einmal Zusagen abzugeben, damit die Frist nicht verstreicht. Dies geschieht mit dem Versprechen, die Zusagen nicht in die Entscheidung aufzunehmen, solange sich die wettbewerblichen Bedenken bei den weitergehenden Ermittlungen in den betroffenen Bereichen als unproblematisch erweisen.[366] Für die Parteien bedeutet dies, auf bloßen Verdacht hin Zusagen abgeben zu müssen, nur weil die Kommission keine rechtzeitigen Aussagen über bestehende Wettbewerbsprobleme treffen kann. Gerade im Hinblick auf die Tatsache, dass die Parteien eine Genehmigung ihrer Fusion möglichst schon mit Ende der ersten Phase erreichen wollen und eine dementsprechend hohe Bereitschaft aufweisen, potentiell notwendige, weitgehende

[364] Burnside, The Governance of EC Merger Control – Bumps in the level playing field?, S. 3.
[365] Burnside, a.a.O.
[366] Burnside, a.a.O.

Zusagen abzugeben, sollte eine Diskussion nur existente Wettbewerbsprobleme betreffen, um über das notwendige Maß hinausgehende Zusagen zu vermeiden.

Wie *Burnside* berichtet, reichen die drei Wochen bis zum Fristende für die Kommission teilweise nicht aus, um den Parteien rechtzeitig konkrete Bedenken bezüglich ihres Fusionsvorhabens mitzuteilen. Dem könnte abgeholfen werden, indem die Frist für die Abgabe von Zusagen verlängert wird, so dass die Parteien vor Ablauf der dann verlängerten Frist mit konkret bestehenden Wettbewerbsproblemen konfrontiert werden können. Die Kommission müsste zur konkreten Umsetzung dieses Vorschlags prüfen, wie viel Zeit ihr im Durchschnitt fehlt, um Aussagen über bestehende wettbewerbliche Bedenken treffen zu können.
Sollte sich eine Fristverlängerung dabei als notwendig herausstellen, ist gleichzeitig zu überlegen, ob es nicht sinnvoll wäre, ebenfalls der Kommission eine Frist zu setzen, innerhalb derer sie ihre Bedenken den Parteien mitzuteilen hat. Diese müsste dann vor Ende der Frist ablaufen, die den Parteien für die Abgabe ihrer Zusagen gesetzt ist. Auf diese Weise wäre gewährleistet, dass nach der Mitteilung konkreter Bedenken eine sachliche Diskussion über Zusagen bezüglich existenter und nicht potentieller Bedenken stattfinden kann. Ein eigener Zeitraum für die Formulierung von Zusagen nach Informierung über bestehende Bedenken stünde den Parteien somit auch in der ersten Phase zur Verfügung.
Bedacht werden sollte bei der oben vorgeschlagenen Verlängerung, dass sich der Abschluss der ersten Phase hinausschieben würde, da es den Mitgliedstaaten und Dritten möglich bleiben muss, Stellung zu nehmen. Den Preis für eine längere Frist zur Einreichung von Zusagen würde somit eine insgesamt längere Prüfungszeit darstellen.

Vom Verfasser wird deshalb in Frage gestellt, ob es sinnvoll ist, Fälle, bei denen das Wettbewerbsproblem nicht klar innerhalb der bisherigen Frist umrissen werden kann, bereits in der ersten Phase zu genehmigen. Würde man die erste Phase insgesamt um ein bis zwei Wochen verlängern und müsste dann trotzdem die zweite Phase eingeleitet werden, zöge sich der gesamte Abschluss noch länger hinaus. Insofern sollte sorgfältig darüber nachgedacht werden, ob eine Fristverlängerung mit anschließender Verlängerung der ersten Phase vernünftig erscheint. Diese Verlängerung der ersten Phase würde zudem die Tendenz unterstützen, dass die Schriftsätze immer umfangreicher werden und eine Fristeinhaltung dann nahezu unmöglich wird. Die erste Phase dient aber gerade der Genehmigung unproblematischer Fälle und sollte nicht durch komplexere Fälle zweckentfremdet werden. Diese Überlegung lag auch der Novelle des deutschen Gesetzes gegen Wettbewerbsbeschränkungen von 1999 zugrunde. So hat man sich in diesem Zusammenhang bewusst gegen die Übernahme der europäischen Regelung einer Zusagenmöglichkeit in der ersten Phase entschieden, da man der Ansicht war, dass die erste Phase für problemlose Fälle vorbehalten sein soll. Fälle mit wettbewerblichen Problemen, so hieß es aus informierten Kreisen, gehören in die zweite Phase.

Nach Ansicht des Verfassers wäre deshalb statt einer Fristverlängerung für das Einreichen der Zusagen und einer zwingend daran anschließenden grundsätzlichen Verlängerung der ersten Phase zu überlegen, ob es nicht schon ausreicht, das Problem durch eine größere Branchenkenntnis der Mitarbeiter zu lösen, wie sie bereits im Rahmen des Umfangs des Formblatts CO[367] vorgeschlagen wurde. Durch verbesserte Branchenkenntnisse könnte sich das 'Case Team' selbst ein besseres Bild von eventuellen Wettbewerbsproblemen machen, ohne zu sehr auf die Ergebnisse der Markttests warten zu müssen. Bei der Einschätzung notwendiger Zusagen kann dieses Wissen sehr hilfreich sein.
Kann auf diese Weise eine vernünftige Diskussion vor Ablauf der Frist zwischen der 'Merger Task Force' und den Parteien hinsichtlich konkreter Wettbewerbsprobleme und entsprechender Zusagen stattfinden, kann eine Verlängerung der ersten Phase vermieden werden. Im Hinblick auf ein zügiges Verfahren sowie der Tatsache, dass in der ersten Phase lediglich unkritische Fälle genehmigt werden sollen, ist der Vorschlag der Vertiefung der Branchenkenntnisse einer Verlängerung der Prüfungszeit vorzuziehen.
Im übrigen könnte man überlegen, die oben angesprochene Frist für die Kommission im jetzigen Ablauf der ersten Phase einzuführen. Innerhalb dieser müsste die Kommission konkrete Aussagen über Wettbewerbsprobleme treffen. Zwischen dem Ende dieser Frist und dem Fristende für die Abgabe von Zusagen, könnten die Parteien ihre Abhilfevorschläge einreichen, so dass auf diese Weise sichergestellt wäre, dass eine Auseinandersetzung mit hypothetischen Problemen vermieden werden könnte. Ebenfalls könnte auf diese Weise das Problem gelöst werden, dass die Parteien ansonsten abwarten und darauf hoffen, dass keine Probleme mehr auftreten, falls sie das Risiko eingehen und keine potentielle Zusagen abgeben. Da die erste Phase grundsätzlich für unbedenkliche Fälle bzw. Fälle mit einem einfach gelagerten Wettbewerbsproblem vorbehalten ist, bräuchte der Zeitraum zwischen der Mitteilung der Bedenken und dem Fristende für das Einreichen von Zusagen auch nicht groß sein, da es sich nicht um komplexe Zusagen handelt bzw. handeln sollte.
Wichtig ist nur, dass sich die Parteien auf einen strukturierten Ablauf auch in der kurzen ersten Prüfungsphase verlassen können, damit sie ihre Zusagen auf vernünftig begründete Bedenken hin und nach fairen Diskussionen abgeben können.

---

[367] Teil 2, B. I. 2. a).

d) Starre Fristen im Rahmen der Zusagen der ersten Phase

Nach Art. 18 Abs. 1 VerfVO dürfen die von den Parteien im Rahmen der ersten Phase vorgeschlagenen Verpflichtungen, wie eben angesprochen, nicht später als drei Wochen nach dem Tag des Eingangs der Anmeldung vorgelegt werden. Eine wie im Rahmen der zweiten Phase in Art. 18 Abs. 2 S. 2 VerfVO vorgesehene Verlängerungsmöglichkeit der Frist „unter außergewöhnlichen Umständen" besteht hingegen nicht.

Gerade der unter Punkt c) beschriebene Zeitmangel in der ersten Phase kann dazu führen, dass Wettbewerbsbedenken innerhalb der drei Wochen nicht ausreichend zu konkretisieren sind und als Folge entsprechende Zusagen nicht rechtzeitig abgegeben werden können. Ein ordnungsgemäßes faires Verfahren, in dem die Parteien vor Fristablauf Zusagen abgeben können, scheint damit jedoch gefährdet.
Aus diesen Gründen vertritt die Kommission in ihrem Grünbuch vom 11.12.2001 über die Revision der Fusionskontrollverordnung die Auffassung, dass eine „Fristaussetzung" auf Antrag der Parteien möglich sein sollte[368]. Auf diese Weise soll „allen Beteiligten mehr Zeit für eine sorgfältige Prüfung möglicher Abhilfen zur Verfügung" gestellt werden[369].
Im Gegensatz zur unter Punkt c) diskutierten grundsätzlichen Fristverlängerung für die Abgabe von Zusagen, handelt es sich bei dem Vorschlag der Kommission um eine optionale „Fristaussetzung", die von den Parteien bei Bedarf innerhalb der Dreiwochenfrist für die Einreichung von Zusagen beantragt werden kann. Die Kommission bezeichnet diese Möglichkeit als „Fristaussetzung", weil für eine begrenzte Zeit „die Uhr angehalten" werden soll. Die dadurch entstehende Zeit würde zwischen den Parteien für die Suche nach angemessenen Zusagen und der Kommission für die Prüfung des Vorschlags aufgeteilt.[370]
Ein weiterer Grund für die Einführung einer Fristaussetzung könnte neben dem Zeitgewinn sowie der erhöhten Flexibilität in der ersten Phase auch die Tatsache darstellen, dass fehlende Zeit im bisherigen System zum Teil durch Unvollständigkeitserklärungen gewonnen wird. Stellt sich eine Anmeldung nämlich als unvollständig heraus, so muss sie neu eingereicht werden, und die Frist der ersten Phase beginnt von Neuem zu laufen. Auf diese Weise kann eine zweite Phase vermieden werden. In diesem Zusammenhang beschreibt *Bär-Bouyssière* eine Bereitschaft der Kommission in dieser Hinsicht Verständnis zu zeigen.[371]

Wie bereits angesprochen, dient die erste Verfahrensphase der Filterung wettbewerblich kritischer Fälle von den unbedenklichen. Nur für letztere soll eine Genehmigung bereits in der ersten Phase möglich sein.

---

[368] Europäische Kommission, Grünbuch vom 11.12.2001, Tz. 210.
[369] Europäische Kommission, Grünbuch vom 11.12.2001, Tz. 209.
[370] Europäische Kommission, Grünbuch vom 11.12.2001, Tz. 213 f.
[371] Vgl. zum ganzen: Bär-Bouyssière in: Europäisches Wettbewerbsrecht im Wandel, 119 (123 f.).

Allerdings spricht die Regelung der möglichen Beantragung einer Fristaussetzung grundsätzlich gegen das Prinzip, dass die erste Phase nur für einfache Fälle vorbehalten ist. Selbst Zusagen der Parteien müssen nach Erwägungsgrund 8 der Verordnung 1310/97[372] in diesem Teil des Verfahrens so ausgestaltet sein, dass sie eine einfache Antwort auf klar umrissene wettbewerbliche Probleme darstellen und ein klar umrissenes Wettbewerbsproblem leicht lösen können[373]. Die Möglichkeit einer Fristaussetzung könnte dazu führen, dass Fälle, die aufgrund ihrer Komplexität Zeitprobleme auslösen und somit eigentlich in die zweite Phase gehören, möglichst bereits in der ersten Phase abgeschlossen werden. Dies spricht dann nicht nur gegen das Grundprinzip der Fusionskontrollverordnung, dass nur einfach gelagerte Fälle in der ersten Phase abgeschlossen werden sollen, sondern würde zudem den Einfluss der Mitgliedstaaten verringern. Nur in der zweiten Phase sind sie über den Beratenden Ausschuss am Verfahren beteiligt. Werden mit Hilfe der neuen Regelung mehr Entscheidungen bereits in der ersten Phase entschieden, haben sie keine Einflussmöglichkeit auf diese Fälle. Es besteht damit die Gefahr, dass die Kommission mehr Macht und Entscheidungsgewalt erhält als ihr eigentlich zusteht.

Im übrigen wurde der ersten Phase bereits im Rahmen der Revision von 1997 eine Erweiterungsmöglichkeit von vier auf sechs Wochen zugestanden, falls die beteiligten Unternehmen Verpflichtungszusagen anbieten. Durch eine weitere Option der Verlängerung, könnte der Vorteil des zügigen Fusionskontrollverfahrens mit seinen engen Fristen erheblich aufgeweicht werden.

Allerdings ist im bisherigen Vorschlag der Kommission vorgesehen, dass die Kommission den Antrag der Parteien ablehnen kann, wenn sie keine Möglichkeit sieht, das Fusionsvorhaben auch bei erneuten Änderungen innerhalb der Sechswochenfrist zu genehmigen. Eine Entscheidung würde dann nach Ablauf der sechs Wochen gemäß Art. 6 Abs. 1 lit. c) getroffen werden.[374] Ob dies allein jedoch ausreicht, um den Erwägungsgrund 8 der Verordnung 1310/97 nicht zu unterlaufen und das Grundprinzip der ausschließlichen Genehmigung einfacher Fälle in der ersten Phase aufrecht zu erhalten, ist fraglich.
Es ist nicht unwahrscheinlich, dass, trotz dieser Art „Aufsichtsmöglichkeit" der Kommission, komplexere Fälle mit erheblichem Zeitaufwand in der ersten Phase abgeschlossen würden. So ist es auch bisher, seit der Revision der Fusionskontrollverordnung von 1997, schon zur Genehmigung komplexer Fälle innerhalb der

---

[372] Erwägungsgrund 8 der Verordnung 1310/97 zur Revision der Fusionskontrollverordnung, ABl. EG, Nr. L 180 vom 9. Juli 1997, S. 2.
[373] Vgl. auch Europäische Kommission, Mitteilung über zulässige Abhilfemaßnahmen, ABl. EG, Nr. C 68 vom 2.3.2001, S. 3, Tz. 37.
[374] Europäische Kommission, Grünbuch vom 11.12.2001, Tz. 219.

ersten Phase gekommen[375], obwohl sich der Erwägungsgrund 8 der Verordnung 1310/97 genau dagegen richtet. Die neue Regelung könnte ein neues Einfallstor dafür bieten.
Allerdings sind die in der ersten Phase mit Bedingungen und Auflagen genehmigten Fälle im Jahr 2001 von 27 (im Jahr 2000) auf 13 zurückgegangen. In diesem Sinne beschreibt auch die Kommission eine Tendenz zu einer Verlagerung der Genehmigung von Abhilfemaßnahmen in die zweite Phase und begründet dies mit einer sorgfältigeren Abwägung der Entscheidung seit der Annahme der Mitteilung über Abhilfemaßnahmen.[376] Gleichwohl kann aus dieser Tatsache nicht der Rückschluss getroffen werden, dass die Kommission bei einer etwaigen Fristaussetzung ebenfalls die erforderliche Verantwortung aufweist, komplexe Fälle durch eine Entscheidung in der zweiten Phase abzuschließen. Eine erneute Zunahme der Entscheidungen in der ersten Phase wäre denkbar und verstieße gegen die oben genannten beiden Aspekte der somit fehlenden Beteiligung der Mitgliedstaaten sowie der Genehmigung komplexer Fälle bereits in der ersten Phase.

Gesetzt den Fall, die Kommission würde einen Antrag auf Fristaussetzung ablehnen, bestünde das erneute Problem, dass es keine objektive Institution gäbe, die die Rechtmäßigkeit dieser Ablehnung überprüfen könnte. Den Anhörungsbeauftragten als neutrale Person dafür einzusetzen, wird jedoch vom Verfasser abgelehnt. Der erhebliche Arbeitsaufwand für die Bewertung der in Frage stehenden Punkte wäre für ihn innerhalb der kurzen Zeit für die Beurteilung kaum zu bewältigen, ist er zu diesem Zeitpunkt noch in keiner Weise mit dem Fall inhaltlich vertraut.
Bedarf es des Weiteren eines immer größeren Aufwandes innerhalb der ersten Phase, so besteht wiederum die Gefahr des Verstoßes gegen das Prinzip, dass hier nur Fälle mit einfach gelagertem Wettbewerbsproblem entschieden werden sollen.

Im übrigen ist Folgendes zu überdenken. Ist es nicht möglich, den Fall während der bereits auf sechs Wochen verlängerten Frist der ersten Phase zu genehmigen, dann ist dies ein Indiz dafür, dass dieser Fall so kompliziert ist, dass es notwendig ist, die Mittel der zweiten Phase zu nutzen, um eine Entscheidung zu fällen. Eine Fristaussetzung in der Größenordnung von 20-30 Arbeitstagen, wie es die Kommission vorschlägt, wovon den Parteien und der Kommission jeweils 10-15 Arbeitstage zustehen, kann nicht die vertieften Ermittlungen bieten, die ein Zeitraum der zweiten Phase bis zur Aussendung der Beschwerdepunkte bietet. In den extra 15 Arbeitstagen ist eine fundierte Untersuchung nicht zu bewältigen. Die Zeit reicht vermutlich gerade für einen Markttest und dessen Auswertung. Bestehen

375 Vgl. Bartosch, BB 2001, 2013 (2016); Bartosch, BB 2000, 1897 (1900); Europäische Kommission, 29. Wettbewerbsbericht, 2000, Tz. 181 f.; in etwas anderem Zusammenhang auch: Bär-Bouyssière in: Europäisches Wettbewerbsrecht im Wandel, 119 (123).
376 Europäische Kommission, 31. Wettbewerbsbericht, 2002, Tz. 303.

jedoch Wettbewerbsprobleme, die nicht in den bisher vorgesehenen sechs Wochen gelöst werden können, ist dies ein Anzeichen für größere Wettbewerbsprobleme, die einer vertieften und gewissenhaften Untersuchung bedürfen. Dafür gibt es die zweite Phase.

Eine optionale Fristaussetzung wird daher aus Sicht des Verfassers für die erste Phase abgelehnt. Im Hinblick auf die Tatsache, dass am Ende der ersten Phase keine Untersagungsentscheidung erfolgen kann, sondern lediglich eine verlängerte Prüfungszeit droht, ist die vom Verfasser vertretene Auffassung für die Parteien durchaus zumutbar. Der zügige Verfahrensablauf im Sinne des Beschleunigungsgrundsatzes soll hier nicht durch überambitionierte Flexibilität ausgehebelt werden.

e) Zwischenergebnis

Für die Untersuchung der ersten Phase lässt sich somit folgendes Ergebnis festhalten.
Die erste Phase weist zwar keine so umfassende Gewährleistung der Verteidigungsrechte auf, dies ist jedoch aufgrund des Ziels der Genehmigung ausschließlich unkritischer Fälle sowie aufgrund der kurzen Prüfungszeit gerechtfertigt. Eine Untersagung ist zudem innerhalb der ersten Phase nicht möglich.
Das Problem der teilweise zu weitgehenden Zusagen der Parteien in der ersten Phase sollte nach Ansicht des Verfassers nicht durch eine Beteiligung des Anhörungsbeauftragten an den Verhandlungen der Abhilfemaßnahmen gelöst werden. Die dafür notwendigen, aufwendigen Maßnahmen scheinen übertrieben in Bezug auf die von Praxisseite kaum kritisierten Verhandlungen der Zusagen in der ersten Phase. Mit der Möglichkeit der Einleitung der zweiten Phase und den damit einhergehenden ausführlichen Verteidigungsrechten fehlt demzufolge in der ersten Phase die Notwendigkeit für eine Beteiligung des Anhörungsbeauftragten.
Für das Problem der Kommission, den Fall betreffende Wettbewerbsprobleme vor Ablauf der Dreiwochenfrist (für das Einreichen der Zusagen seitens der Parteien) zu formulieren, wird eine Verlängerung dieser Frist vom Verfasser nicht als ideale Lösung angesehen, da eine derartige Fristverlängerung eine generelle Verlängerung der ersten Phase nach sich ziehen würde. Vielmehr könnten durch ein erhöhte Branchenkenntnis der Mitarbeiter (z.B. durch Einführung einer Abteilungsgliederung) Diskussionen über konkrete Wettbewerbsprobleme stattfinden, ohne dass die Kommission zu sehr auf die späten Ergebnisse der Markttests angewiesen ist. Durch die Einführung einer zusätzlichen Frist für die Kommission, innerhalb derer sie konkrete Aussagen über Wettbewerbsprobleme zu treffen hat, könnte ein kurzer Zeitraum zwischen dem Ende dieser Frist und dem Ablauf der Frist für das Einreichen von Zusagen entstehen, der einen strukturierten Ablauf für die Parteien

schafft, so dass sie ihre Zusagen grundsätzlich nur noch aufgrund konkreter, festgestellter Wettbewerbsprobleme formulieren brauchen.
Der Vorschlag einer optionalen Fristaussetzung im Rahmen der ersten Phase wird vom Verfasser abgelehnt. Zwar könnte dadurch die Flexibilität des Verfahrens erhöht werden, die Vorteile einer zügigen und effizienten ersten Prüfungsphase drohen dabei jedoch unterlaufen zu werden. Gegen eine optionale Fristaussetzung sprechen weiterhin sowohl das Grundprinzip, dass die erste Phase nur der Genehmigung unkritischer Fälle dienen soll sowie auch der Erwägungsgrund 8 der Verordnung 1310/97 zur Revision der Fusionskontrollverordnung, der besagt, dass selbst Zusagen so ausgestaltet sein müssen, dass sie ein klar umrissenes Wettbewerbsproblem leicht lösen. Ist es jedoch nicht möglich, den Fall während der bereits auf sechs Wochen verlängerten Frist in der ersten Phase zu genehmigen, so ist dies ein Indiz dafür, dass dieser Fall so kompliziert ist, dass es notwendig ist, die Mittel der zweiten Phase zu nutzen, um eine Entscheidung zu fällen.

5. Zweite Prüfungsphase

Gibt ein Fusionsvorhaben Anlass zu ernsthaften Bedenken hinsichtlich seiner Vereinbarkeit mit dem Gemeinsamen Markt, so leitet die Kommission gemäß Art. 6 Abs. 1 lit. c) FKVO das Verfahren der zweiten Phase ein. Für diese besteht dann eine Frist von vier Monaten ab Verfahrenseinleitung (Art. 10 Abs. 2 und 3 FKVO).
Die zweite Phase beginnt mit vertieften Ermittlungen der Kommission zur Marktsituation. Das vornehmliche Instrument stellt hierfür das schriftliche Auskunftsverlangen nach Art. 11 VerfVO dar. Dabei versendet die Kommission detaillierte Fragebögen an direkte Konkurrenten, weitere Wettbewerber, Lieferanten, Verbraucher, etc., um Informationen über den in Frage stehenden Markt zu erlangen (vgl. auch Ausführungen zu den Markttests Teil 2, B. I. 3.).
Schlägt ein Unternehmen in der zweiten Phase Verpflichtungen vor, um etwaige Bedenken der Kommission auszuräumen und eine Vereinbarkeit des Fusionsvorhabens mit dem Gemeinsamen Markt sicherzustellen, so sind diese Zusagen der Kommission nicht später als drei Monate nach dem Zeitpunkt der Einleitung der zweiten Phase vorzulegen (Art. 18 Abs. 2 VerfVO).
Die zweite Phase endet entweder mit einer Vereinbarkeitserklärung (Art. 8 Abs. 2 S. 1 FKVO), einer Genehmigung verbunden mit Bedingungen und Auflagen (Art. 8 Abs. 2 Unterabs. 2 FKVO), mit einer Unvereinbarkeitserklärung des Fusionsvorhabens mit dem Gemeinsamen Markt nach Art. 8 Abs. 3 FKVO oder einer Entflechtungsanordnung gemäß Art. 8 Abs. 4 FKVO.

Die Verfahrens- bzw. Verteidigungsrechte der am Zusammenschluss beteiligten Unternehmen sind in Art. 18 FKVO und in Art. 11 ff. VerfVO aufgeführt.

Wie bereits angesprochen[377], unterscheiden beide Verordnungen bezüglich des Schutzes der Beteiligungsrechte zwischen den Rechten unmittelbar Betroffener und Dritter. Auch während der Untersuchung der zweiten Phase findet, wie in der Einleitung angesprochen, eine ausschließliche Konzentration auf die Rechte der Anmelder als unmittelbar Betroffene statt.

a) Ausgestaltung des Verfahrens der Anhörung

Als Ausgestaltung des Grundsatzes auf rechtliches Gehör wird nachfolgend das Verfahren der Anhörung untersucht. Dieses umfasst die Mitteilung der Beschwerdepunkte, das Akteneinsichtsrecht als Ausprägung des Informationsrechts sowie die schriftliche und mündliche Stellungnahme.

Dem Verfahren der Anhörung liegen zwei Gedanken zugrunde: Zum einen soll sichergestellt werden, dass Verfahrensrechte der Parteien respektiert und zudem die grundlegenden Rechte der Individuen, Unternehmen und Dritten geschützt werden.
Der zweite Gedanke betrifft die Seite der Kommission. Auch ihr soll im Rahmen der Anhörung die Gelegenheit gegeben werden, ihre beabsichtigte Entscheidung unter Berücksichtigung der erhaltenen Stellungnahmen nochmals zu überprüfen und sie, wenn nötig, zu korrigieren.[378]

Dem Verfahrensablauf folgend, wird zunächst auf die Mitteilung der Beschwerdepunkte eingegangen, denn sie ist der Ausgangspunkt der Gewährung des rechtlichen Gehörs.

(1) Mitteilung der Beschwerdepunkte

Die Beschwerdepunkte werden den Parteien gemäß Art. 18 Abs. 3 S. 1 FKVO i.V.m. Art. 13 Abs. 2 VerfVO schriftlich mitgeteilt. Wie in Teil 1 unter Punkt C. II. 4. a) (2) (a) bereits erwähnt, erfolgt die Mitteilung etwa sechs bis acht Wochen nach Einleitung der zweiten Phase.
In der Praxis setzen sich die Beschwerdepunkte aus drei Teilen zusammen. Zunächst erfolgt eine Darstellung des Sachverhalts mit allen wesentlichen Tatsachen, auf die die spätere Entscheidung der Kommission gestützt werden soll. Darauf folgt eine rechtliche Bewertung sowie als dritter Teil die Schlussfolgerungen, welche die Kommission aus der Bewertung zu ziehen gedenkt.[379]

---

[377] Teil 1, C. II. 4. a) (2).
[378] Pons, Statement before the Subcommittee E of the European Union Committee, House of Lords, S. 2.
[379] Dieckmann in: Wiedemann, § 44, Rn. 13.

Wie bereits erwähnt, ist die Mitteilung der Beschwerdepunkte wesentlicher Bestandteil der verfahrensrechtlichen Gewährleistung des rechtlichen Gehörs. Fraglich ist, ob diese Gewährleistung auch in angemessener Weise erfolgt oder ob in der Praxis Probleme auftreten.

(a) Vollständigkeit der Beschwerdepunkte

Dadurch, dass sich die Kommission in ihrer späteren Entscheidung nur auf Tatsachen stützen kann, zu denen die Parteien auch gehört wurden, müssen die Beschwerdepunkte bereits alle wesentlichen Tatsachen enthalten.
Im Rahmen der Untersuchung konnten im Bereich der Vollständigkeit der Beschwerdepunkte keine grundsätzlichen Probleme festgestellt werden.

(b) Form der Mitteilung der Beschwerdepunkte

Durch die Beschwerdepunkte sollen die Parteien in die Lage versetzt werden, zu den Einwänden der Kommission wirksam Stellung zu nehmen[380]. Dafür muss es sich nicht nur um eine vollständige Mitteilung, sondern auch um eine verständliche Mitteilung handeln.
Bezüglich der Verständlichkeit hat *Gilchrist* jedoch einige kritische Ausführungen gemacht. So beschreibt er folgenden Mangel: Wenn es in der Mitteilung zu der Definition des sachlichen und geographischen Marktes sowie der Einschätzung verschiedener Aspekte des Falles kommt, konnte eine steigende Tendenz der Vermischung von im Rahmen der Art. 11 FKVO – Untersuchungen ermittelten analytischen Fakten mit den Aussagen und Stellungnahmen intervenierender Parteien beobachtet werden. In einem großen Stück Text zusammengefasst ist eine Differenzierung sowie die Quelle der Informationen kaum noch zu erkennen.[381]
Gemäß Art. 13 Abs. 2 VerfVO setzt die Kommission den Anmeldern eine Frist zur schriftlichen Stellungnahme zu den Beschwerdepunkten. Diese beträgt in der Regel zwei Wochen. Das bedeutet, dass die Parteien ihre gesamte Verteidigung in einer recht kurzen Zeit aufstellen müssen. Läge eine bessere Differenzierung zwischen Meinungen und Fakten vor, könnten sich die Parteien schneller effektiv zur Wehr setzen, indem sie sich zunächst auf die meist einfacher zu entkräftenden Meinungen konzentrieren könnten und diese nicht erst aus einem Gesamttext herausfiltern müssten.
Insofern fordert *Gilchrist* eine Mitteilung in Form einer klaren Analyse. Danach sollten zwischen Fakten aus Untersuchungen der Kommission sowie Fakten und Meinungen der intervenierenden Parteien unterschieden werden und als dritter

---

[380] Dieckmann in: Wiedemann, § 44, Rn. 9.
[381] Gilchrist, Global Competition Review, December – January, 2000/2001, 19 (23).

Teil eine Analyse der gesamten Fakten seitens der Kommission und ihrer daraus gezogenen Schlussfolgerungen enthalten sein.[382]
Eine derartig klare Aufteilung könnte den Parteien eine schnellere Übersicht ermöglichen, anstatt ein „großes Stück" an Information gemischt mit Meinungen präsentiert zu bekommen. Es bestünde somit ein besserer Überblick, der eine schnellere Reaktion der Parteien möglich macht. Da für die schriftliche Stellungnahme zu den Beschwerdepunkten zudem nur eine Zeit von zwei Wochen vorgesehen ist, wäre eine übersichtliche Darstellung für die Betroffenen sehr hilfreich, um sich gleich mit den inhaltlichen Kritikpunkten befassen zu können.

Praxisaussagen konnten diesen von *Gilchrist* festgestellten Mangel jedoch nicht immer bestätigen. Während zum Teil eine Differenzierung zwischen Tatsachen und Rechtsauffassung befürwortet wurde, sahen andere in diesem Bereich keine großen Probleme, da sie bisher immer erkennen konnten, woher die Angaben stammten.
Da diese Mitteilungen von den angesprochenen Unternehmen vertraulich gehandhabt werden, war es dem Verfasser nicht möglich, diese einzusehen, um das von *Gilchrist* herausgestellte Bedürfnis nach klarerer Struktur bestätigen zu können.
Ohne Zweifel kann jedoch zunächst festgehalten werden, dass eine formalisierte Einteilung (z.B. ein Standard-Dokument) für die Parteien von Vorteil sein kann, um zügig einen vollständigen Überblick zu erhalten. Ihr weiteres Vorgehen könnte sich auf bestimmte Punkte konzentrieren, die nicht aus einem großen Gesamttext erst herausgefiltert werden müssen. Das erspart Arbeit und Zeit.
Neben diesem Vorteil ist jedoch fraglich, ob eine Standardisierung für die Wahrung des rechtlichen Gehörs der Parteien auch zwingend notwendig ist, so dass eine Änderung der jetzigen Praxis zu rechtfertigen wäre.
Die vom Verfasser durchgeführte Untersuchung ergab, dass die Praxis einen derartigen Vorschlag z.T. durchaus befürwortet, jedoch auch bisher keinen dramatischen Mangel an Struktur beklagte. Daraus lässt sich schließen, dass von Seiten der Parteien keine großen Bedenken hinsichtlich der Gewährleistung der Verteidigungsrechte im Rahmen der Mitteilung der Beschwerdepunkte bestehen.
Solange keine Qualitätsmängel (z.B. hinsichtlich der Vollständigkeit) festzustellen sind, können Mängel in der Darstellung hingenommen werden. Allein durch sie findet keine Einschränkung der Verteidigungsrechte statt, so dass eine Änderung der Darstellung nach den vorliegenden Untersuchungsergebnissen nicht zwingend notwendig erscheint.

Da die Untersuchungsergebnisse in diesem Bereich jedoch nicht einheitlich waren, wäre zu überlegen, diesen Bereich in einer größeren Umfrage nochmals zu untersuchen, um ein klareres Bild zu erhalten.

---

[382] Gilchrist, Global Competition Review, December – January, 2000/2001, 19 (23).

Ebenfalls könnte die Kommission überlegen, ob es für sie nicht gleichermaßen eine Erleichterung sein könnte, ein Standard-Dokument zu erstellen. Womöglich könnte dieses sogar zügiger erstellt werden als ein zusammenhängender Text mit sämtlichen Informationen.

Insofern könnte ein standardisiertes Dokument zwar durchaus eine Bereicherung darstellen, doch auch ohne ein solches sind die Verteidigungsrechte der betroffenen Parteien nicht verletzt oder eingeschränkt.

(c) Zeitpunkt der Mitteilung der Beschwerdepunkte

Der Zeitpunkt der Mitteilung der Beschwerdepunkte variiert nach Aussagen von Praktikern, der Kommission sowie in der Literatur stark.
Drauz/Schroeder gehen z.B. von einem von der Kommission benötigten Zeitraum von sechs bis acht Wochen bis zur Mitteilung aus[383]. Die Kommission spricht in ihrem Grünbuch über die Fusionskontrollverordnung vom 11.12.2001 von einem Zeitraum von zwei Monaten[384]. *Karel van Miert* stellt den Zeitraum im „Boeing/McDonnell Douglas“ – Fall wie folgt dar: Am 19. März 1997 wurde das Verfahren der zweiten Phase eröffnet und erst Ende Mai erfolgte die Mitteilung der Beschwerdepunkte[385]. Demzufolge handelt es sich hier um einen Zeitraum von etwa neun bis zehn Wochen für die Vorbereitung der Beschwerdeschrift.
Zusammenfassend lässt sich somit festhalten, dass der Zeitraum für die Mitteilung der Beschwerdepunkte zwischen sechs und fast zehn Wochen variieren kann. Für die Parteien kann sich jedoch aus einer späten Mitteilung ein entscheidender Nachteil ergeben: Die Dreimonatsfrist innerhalb derer sie gemäß Art. 18 Abs. 2 VerfVO ihre Verpflichtungszusagen bei der Kommission vorlegen müssen, verlängert sich nicht ebenfalls nach hinten. Insofern fehlt den Parteien im Falle einer späten Aushändigung der Beschwerdeschrift zwischen der mündlichen Anhörung und dem Ende der Dreimonatsfrist entscheidende Zeit für die Diskussion der Abhilfemaßnahmen.
Damit besteht die Gefahr, dass die Kommission durch eine späte Mitteilung der Beschwerdepunkte die Stellung der Parteien gravierend schwächen kann, indem die Betroffenen durch den Zeitmangel in einer der wichtigsten Diskussionen des Verfahrens erheblich unter Druck gesetzt werden.
Aus diesem Grund wird von Praxisbeteiligten die Festlegung einer Frist befürwortet, innerhalb derer die Kommission ihre Beschwerdeschrift den Parteien gegenüber auszuhändigen hat. Beträgt diese z.B. sieben Wochen, so folgt darauf im jetzigen System eine zweiwöchige Frist für die schriftliche Stellungnahme und maximal eine Woche bis zur mündlichen Anhörung, so dass den Parteien vor Ab-

383 Drauz/Schroeder, Praxis der europäischen Fusionskontrolle, S. 207.
384 Europäische Kommission, Grünbuch vom 11.12.2001, Tz. 241.
385 Van Miert, Markt, Macht, Wettbewerb – Meine Erfahrungen als Kommissar in Brüssel, S. 299.

lauf der Dreimonatsfrist (je nach Lage der mündlichen Anhörung) noch zwei bis drei Wochen für Verhandlungen bleiben. Auf diese Weise wäre ein Minimum an Zeit gesichert, welche die Parteien vor Ende der Dreimonatsfrist zur Diskussion der Abhilfemaßnahmen zur Verfügung hätten. Der bisher flexible Zeitpunkt der Mitteilung der Einwände würde zu einem Fixpunkt und könnte dadurch die bestehende Unsicherheit über für die Diskussion von Abhilfemaßnahmen zur Verfügung stehende Zeit beseitigen. Trotz der immer noch sehr engen Fristen könnte somit eine zusätzliche Schwächung der Stellung der Parteien vermieden werden. Demzufolge ist ein fester Zeitpunkt für die Mitteilung der Beschwerdepunkte zu befürworten.

(d) Zwischenergebnis

Bezüglich der Mitteilung der Beschwerdepunkte lässt sich somit folgendes Ergebnis festhalten.
Aufgrund der kurzen Vorbereitungszeit der schriftlichen Stellungnahme zu den Beschwerdepunkten wäre es für die Parteien zwar hilfreich, aber für die Wahrung ihrer Verteidigungsrechte nicht zwingend erforderlich, das Dokument der Mitteilung der Beschwerdepunkte in einer strukturierten, standardisierten Form zu erhalten.
Ferner sollte der Kommission eine Frist gesetzt werden, innerhalb derer sie die Beschwerdepunkte den Parteien gegenüber mitzuteilen hat. Auf diese Weise kann vermieden werden, dass die Parteien durch eine späte Mitteilung die Verhandlungen der Abhilfemaßnahmen aufgrund von Zeitmangel nicht ordnungsgemäß durchführen können. Durch eine Frist könnte zudem verhindert werden, dass die Parteien aufgrund der späteren Zeitknappheit parallel zur Verteidigung die Abhilfemaßnahmen vorbereiten müssen und somit ihre Verteidigungsrechte eingeschränkt werden.

(2) Akteneinsicht

Anders als im übrigen Kartellverfahrensrecht gewährt die Kommission den Anmeldern in Art. 18 Abs. 3 S. 3 FKVO i.V.m. Art. 13 Abs. 3 S. 1 VerfVO ein ausdrückliches Recht zur Einsicht in die Verfahrensakte. Als Ausgestaltung der Gewährleistung des rechtlichen Gehörs erfolgt die Akteneinsicht nach der Mitteilung der Beschwerdepunkte während der Vorbereitung der schriftlichen Stellungnahme. Sie dient dazu, den Parteien eine Möglichkeit zur Überprüfung der Argumentation der Kommission im Hinblick auf ihre Übereinstimmung mit Antworten von Wettbewerbern, Kunden und Lieferanten, etc. zu geben. Auf diese Weise können die betroffenen Parteien im Rahmen ihrer Verteidigung etwaige Schwachpunkte angreifen.

1997 hat die Kommission eine Mitteilung über interne Verfahrensvorschriften für die Behandlung von Anträgen auf Akteneinsicht erlassen[386]. Hierin legt sie dar, bei welchen Verfahrensarten Akteneinsicht gewährt wird, welcher Personenkreis zur Akteneinsicht berechtigt ist sowie Umfang, Zeitpunkt und praktische Durchführung derselben.
Mit dieser Mitteilung ist in die kontroverse Diskussion um die unterschiedlich weitgehende Gewährung der Akteneinsicht Ruhe eingekehrt[387]. So konnten auch im Verlauf der Untersuchung keine Anhaltspunkte für gravierende Probleme der Praxis festgestellt werden. Art und Umfang der Gewährleistung wurden nicht kritisiert.

Lediglich der Zeitpunkt der Akteneinsicht könnte den Parteien Anlass zu Kritik geben. Die Akteneinsicht ist nämlich erst nach der Mitteilung der Beschwerdepunkte möglich (vgl. Art. 13 Abs. 3 S. 1 VerfVO). Das bedeutet, dass sie während der zwei Wochen stattfindet, die den Anmeldern für die Abfassung der schriftlichen Stellungnahme und somit für ein zentrales Verteidigungsrecht zusteht.
Während die Kommission zur Abfassung ihrer Einwände bis zu zwei Monate in Anspruch nimmt, bleiben den Parteien lediglich zwei Wochen für die Verteidigung ihres Fusionsvorhabens, während denen sie zudem auch noch eine sorgfältige Akteneinsicht durchführen müssen. Die somit hervorgerufene Kürze der zur Verfügung stehenden Zeit für die Akteneinsicht (nach Praxisangaben müssen zum Teil äußerst umfangreiche Akten gesichtet werden, die in einem Fall sogar etwa 12.000 Seiten umfassten) sowie die Belastung, parallel die Hauptverteidigung vorbereiten zu müssen, beinhalten somit die Gefahr einer eingeschränkten Verteidigungsmöglichkeit. Insofern wäre zu erwägen, die Akteneinsicht nicht parallel zur Vorbereitung der schriftlichen Stellungnahme durchzuführen, sondern den Betroffenen bereits vorher die Möglichkeit zur Einsicht zu gewähren.
Ein möglicher Zeitpunkt könnte sich z.B. nach der Entscheidung über die Einleitung der zweiten Verfahrensphase (Art. 6 Abs. 1 lit. c) FKVO) anbieten. Die Entscheidung ist so ausgestaltet, dass die Betroffenen daraus erkennen können, welche Wettbewerbsprobleme die Kommission sieht. Es ist also bereits nach der ersten Phase möglich erste Verteidigungsargumente zu sammeln. In dieser Hinsicht könnte es für die Parteien sehr hilfreich sein, bereits die gesammelten Dokumente aus der bisherigen Untersuchung einzusehen. Die Akteneinsicht nach der Mitteilung der Beschwerdepunkte würde dann nur noch die Untersuchungen der zweiten Verfahrensphase umfassen. Dies könnte den Anmeldern in ihrer Vorbereitungsphase für die schriftliche Stellungnahme entscheidende Zeit sparen.

---

[386] ABl. EG, Nr. C 23 vom 23. Januar 1997, S. 3 ff.
[387] Vgl. zur historischen Entwicklung von 1981, dem Jahr der ersten Stellungnahme der Kommission zum Recht auf Akteneinsicht bis zum Erlass der Mitteilung 1997: De Bronett, WuW 1997, 383 (384 f.).

Da die Frist für die schriftliche Stellungnahme aufgrund des engen Fristengefüges des Fusionsverfahrens nicht beliebig verlängert werden kann, würde eine vorgezogene Akteneinsichtsmöglichkeit eine effektive Perspektive darstellen, die durch die parallelen Arbeitsvorgänge entstehende Gefahr der Verteidigungseinschränkung einzudämmen.

(3) Schriftliche Anhörung

Die schriftliche Anhörung erfolgt durch die Stellungnahme zu den Beschwerdepunkten. Gemäß Art. 13 Abs. 2 S. 2 VerfVO setzt die Kommission den Anmeldern in der Mitteilung der Beschwerdepunkte eine Frist zur schriftlichen Äußerung. In der Regel beträgt diese Frist zwei Wochen.
Inhaltlich können die Parteien in ihrer schriftlichen Stellungnahme alles für ihre Verteidigung Zweckdienliche vortragen sowie die Anhörung von Personen vorschlagen, die die vorgetragenen Tatsachen bestätigen (Art. 13 Abs. 4 VerfVO).
Da im Rahmen der zweiten Verfahrensphase immer wieder Kritik hinsichtlich fehlender Zeit laut wird, ist im Folgenden zu untersuchen, ob die generell gewährte Zweiwochenfrist zwischen der Mitteilung der Beschwerdepunkte und dem Einreichen der schriftlichen Stellungnahme für eine angemessene Verteidigung ausreichend ist.

Grundsätzlich ist den Betroffenen für die Vorbereitung der schriftlichen Stellungnahme ausreichend Zeit zur Verfügung zu stellen[388]. Den Betroffenen muss dabei keine vergleichbar lange Frist gelassen werden, wie sie der Kommission für ihre Ermittlungen benötigte[389]. Vielmehr ist auch dem Beschleunigungsgrundsatz im Hinblick auf ein zügiges Verfahren Rechnung zu tragen[390].
Um die Angemessenheit der Frist beurteilen zu können, wird zunächst ein Blick auf die anfallenden „Aufgaben“ während dieser Zeit geworfen.
So haben die Parteien im jetzigen Verfahren erstmals nach der Mitteilung der Einwände die Gelegenheit zur Akteneinsicht, welche die Sichtung äußerst umfangreicher Akten notwendig macht. Je nach Umfang benötigen die Parteien zunächst Zeit, um sich einzuarbeiten und jene Argumente herauszufiltern, die sie entkräften müssen sowie die Argumente hervorzuheben, die ihre Sicht bestärken.
Parallel dazu müssen die Betroffenen ihre Geschäftsgeheimnisse in der Mitteilung der Beschwerdepunkte kennzeichnen, damit die Kommission für Dritte eine nicht vertrauliche Version erstellen kann[391]. Da auch diese Mitteilung von beträchtli-

[388] GA Mayras, Rs. 48/69, "ICI/Kommission", Slg. 1972, S. 619 (707).
[389] GA Mayras, Rs. 40/73 u.a., "Suiker Unie/Kommission", Slg. 1975, S. 1663 (2084).
[390] EuGH, Urteil vom 16.12.1975, Rs. 40/73 u.a., „Suiker Unie/Kommission, Slg. 1975, S. 1663 (1952, Rn. 96/97).
[391] Dieckmann in: Wiedemann, § 44, Rn. 37.

chem Umfang sein kann (zum Teil bis zu 160 Seiten), nimmt dies ebenfalls Zeit in Anspruch.
Des Weiteren muss parallel zur schriftlichen Stellungnahme bereits die mündliche Anhörung vorbereitet werden, deren Termin maximal eine Woche nach dem Ende der Frist für die Einreichung der schriftlichen Stellungnahme liegt[392]. Dieser Zeitraum von einer Woche kann zudem noch erheblich kürzer sein[393] und macht somit eine Vorbereitung der mündlichen Anhörung bereits während der Zweiwochenfrist für die schriftliche Stellungnahme um so erforderlicher.
Zum Teil findet während diese Zeitraumes bereits eine Auseinandersetzung mit eventuell erforderlichen Abhilfemaßnahmen statt, um einen späteren Zeitmangel ausgleichen zu können.
Das Einsehen der Akten, die Kennzeichnung von Geschäftsgeheimnissen im Mitteilungstext, die Vorbereitung der mündlichen Anhörung sowie teilweise auch die Auseinandersetzung mit Abhilfemaßnahmen finden, wie dargestellt, in den zwei Wochen statt, die für die Erwiderung der Beschwerdepunkte vorgesehen sind. Die Vorbereitungszeit der schriftlichen Stellungnahme ist daher insbesondere in umfangreichen Fällen so gedrängt, dass die Gefahr der Beeinträchtigung der Verteidigungsrechte der Parteien nicht von der Hand zu weisen ist.
Werden die Fristen für die schriftliche Stellungnahme sowie die mündliche Anhörung sogar noch kürzer gesetzt, wie es *Gilchrist*[394] zu Folge öfter geschieht, so ist fraglich, ob eine sorgfältige Verteidigung noch möglich bleibt.

Die schriftliche Stellungnahme stellt ein Hauptverteidigungsrecht der Parteien dar. Gerade um gegen die Fusion sprechende Argumente zu entkräften und positive Effekte des Fusionsvorhaben hervorzuheben, bedarf es eines durchdachten und wohlformulierten Schriftsatzes. Wird dies durch eine zu kurze Frist beeinträchtigt oder gar unmöglich gemacht, gerät ein Hauptverteidigungsrecht in die Gefahr unterlaufen zu werden.
Nach Unternehmensangaben handelt es sich bei einer Frist von 14 Tagen für die schriftliche Stellungnahme zwar um eine kurze Frist, die jedoch als „durchaus hinnehmbar“ bezeichnet wird, da eine längere Frist vermutlich häufig auch zu mehr Papier führen würde. Trotz der in dem gleichen Zeitraum anfallenden Aufgaben wurden hinsichtlich des Zweiwochenzeitraumes keine gravierenden Mängel bei der Gewährung dieses Verteidigungsrechts geäußert.
Allerdings besteht gerade bei umfangreichen Fällen die Gefahr, dass die neben der Vorbereitung der Stellungnahme durchzuführende Akteneinsicht zu viel Zeit in Anspruch nimmt. Um deshalb eine Beeinträchtigung der Verteidigung ausschließen zu können, ist – wie gerade unter Punkt **(2) Akteneinsicht** angesprochen, eine Vorverlagerung der Akteneinsicht in Betracht zu ziehen. Die Betroffenen hätten

[392] Gilchrist, Global Competition Review, December – January, 2000/2001, 19 (21).
[393] Vgl. dafür Darstellung unter dem folgenden Punkt B. I. 5. a) (4) (a).
[394] Gilchrist, Global Competition Review, December – January, 2000/2001, 19 (21).

dann, wie es der angesprochene Vorschlag vorsieht, bereits nach der Entscheidung der Einleitung der zweiten Verfahrensphase gemäß Art. 6 Abs. 1 lit. c) FKVO die Möglichkeit zur Einsicht in die Akten. Da diese Artikel 6 – Entscheidung bereits ein ungefähres Bild der bestehenden Wettbewerbsprobleme skizziert, könnten die Parteien ihre schriftliche Stellungnahme bereits in groben Zügen mit Hilfe der einsehbaren Akten vorbereiten. Auf diese Weise würde die nach der Mitteilung der Beschwerdepunkte beginnende Zweiwochenfrist weniger durch zusätzliche Aufgaben eingeschränkt und so eine bessere Verteidigung in diesem Zeitraum zugelassen.

Das Vorbereiten der mündlichen Anhörung sowie die Auseinandersetzung mit etwaig erforderlichen Abhilfemaßnahmen nehmen nach Praxisangaben ebenfalls häufig einen Teil der Zeit für die schriftliche Stellungnahme ein. Dies liegt vorwiegend daran, dass die Zeit zwischen schriftlicher und mündlicher Anhörung sehr begrenzt ist, wenn die mündliche Anhörung bereits ein oder zwei Tage nach Ablauf der Frist für die Einreichung der schriftlichen Stellungnahme liegt. Auch für die Verhandlungen der Abhilfemaßnahmen verbleibt zum Teil nach der Anhörung nur ein zu kurzer Zeitraum, um angemessene Diskussionen zu führen.
Es ist deshalb zu überlegen, ob durch mögliche Änderungen, wie z.B. zeitliche Umstrukturierungen (eine separater Zeitraum für die Vorbereitung der mündlichen Anhörung sowie ausreichend Zeit für die Verhandlungen der Abhilfemaßnahmen nach der mündlichen Anhörung), eine Entlastung der Parteien von diesen Vorgängen während der Zeit für die schriftliche Stellungnahme in Betracht zu ziehen sein könnte.
Dies soll jedoch an den entsprechenden Stellen der Untersuchung der zweiten Verfahrensphase diskutiert werden, da sich die wirksamsten Problemlösungen nur aus ihrer Ursache entwickeln lassen. Die Ursache für die angesprochenen Probleme liegt jedoch in der mangelnden Zeit nach erfolgter schriftlicher Stellungnahme.

Vorerst ist festzuhalten, dass durch die kurze Frist von zwei Wochen im Hinblick auf das Verteidigungsrecht der schriftlichen Stellungnahme keine Verletzung festgestellt werden konnte. Die kurze Frist zieht somit keine Einschränkung der Verteidigung im Sinne einer nur mangelhaft durchführbaren schriftlichen Äußerung nach sich. Allerdings kann gerade durch den Vorschlag einer früheren Einsichtnahme in die Akten eine Stärkung der Verteidigungsmöglichkeit im Rahmen der schriftlichen Stellungnahme erreicht werden, da sich die betroffenen Parteien auf diese Weise während der zwei Wochen verstärkt auf ihre Stellungnahme konzentrieren können. Wird im Folgenden auch noch das Zeitproblem bezüglich der mündlichen Anhörung und der Verhandlungen der Abhilfemaßnahmen gelöst, können die zwei Wochen ausschließlich für eine uneingeschränkte Verteidigung genutzt werden.

(4) Mündliche Anhörung

Gemäß Art. 14 und 15 VerfVO gibt die Kommission den unmittelbar Beteiligten, die dies in ihrer schriftlichen Äußerung beantragt haben, die Gelegenheit zur mündlichen Erläuterung ihres Fusionsvorhabens. Im Gegensatz zur schriftlichen Stellungnahme ist die mündliche Anhörung fakultativ, wird aber nach Praxisangaben häufig genutzt, um die Möglichkeit wahrzunehmen, der Kommission nochmals die entscheidenden Argumente vorzutragen.
Löffler bezeichnet die Anhörung als „wesentliches Element der Auseinandersetzung“ oder auch als „Kernstück des rechtlichen Gehörs“[395]. Ob die Anhörung in ihrer jetzigen Form dieser Ansicht gerecht wird, wird sich im Laufe der folgenden Untersuchung herausstellen.

Um die Wahrung der Geschäftsgeheimnisse und sonstiger vertraulicher Angaben zu gewährleisten, sind die Anhörungen nach Art. 15 Abs. 4 VerfVO nicht öffentlich.
Wie bereits angesprochen[396], ist der Anhörungsbeauftragte für die Durchführung der mündlichen Anhörung zuständig. Er bestimmt Tag, Dauer und Ort der Anhörungssitzung[397]. Neben der Leitung der Anhörung liegt seine Aufgabe darin „zur Objektivität sowohl der Anhörung als auch der späteren Entscheidung beizutragen“ (Art. 5 S. 1 Mandat des Anhörungsbeauftragten). In diesem Zusammenhang achtet er insbesondere darauf, dass die Rechte der Verteidigung gewahrt bleiben.

(a) Zeit für die Vorbereitung der mündlichen Anhörung

Wie bereits erwähnt, haben die Parteien maximal eine Woche Zeit, sich für die mündliche Anhörung vorzubereiten. Nach Praxisangaben fällt der Zeitraum zwischen der schriftlichen Stellungnahme und der Anhörung nach Praxisangaben häufig wesentlich geringer aus. So belief sich die Frist in einem Fall zwischen der Mitteilung der Beschwerdepunkte und der mündlichen Anhörung auf 13 Tage. Für die schriftliche Stellungnahme und die Vorbereitung der mündlichen Anhörung blieben den Parteien nicht einmal volle zwei Wochen. In diesem Fall mussten die Vorkehrungen für die mündliche Anhörung bereits parallel zur schriftlichen Stellungnahme getroffen werden, so dass den Parteien keine Möglichkeit blieb, sich zunächst auf das eine und dann das andere zu konzentrieren. Wie bereits unter Punkt (3) (Schriftliche Stellungnahme) diskutiert, sind solche zeitlichen Engpässe in der Hauptverteidigungsphase der Parteien nicht hinnehmbar, da sie zwangsläufig zu einer Einschränkung der Verteidigungsmöglichkeit führen.

---

[395] Löffler in: Langen/Bunte, 9. Auflage, Bd. 1, Art. 18 FKVO Rn. 5.
[396] Teil 1, C. II. 4. b).
[397] Vgl. dazu insbes. Art. 12 des Mandats des Anhörungsbeauftragten, ABl. EG, Nr. L 162 vom 19.6.2001, S. 21 ff..

Zwar stellen die Parteien in der mündlichen Anhörung die bereits in der schriftlichen Stellungnahme vorgestellten Argumente dar, so dass inhaltlich keine neue Erarbeitung erfolgen muss. Soll die Anhörung jedoch ein „Kernstück des rechtlichen Gehörs"[398] darstellen, so verlangen die bereits eingereichten Argumente nach einer angemessenen Präsentation. Außerdem kann es notwendig sein, Experten und Sachverständige zu organisieren, falls diese hinzugezogen werden sollen, um die Argumente der fusionierenden Parteien zu stützen[399].
Dafür sollte den Parteien nach der schriftlichen Stellungnahme genügend Zeit zur Verfügung stehen, so dass Mängel an dieser Form der Verteidigung nicht durch fehlende Zeit entstehen.
Dieses Problem könnte in der Hinsicht gelöst werden, indem den Parteien ein fester Zeitraum für die Vorbereitung der mündlichen Anhörung zugestanden wird, nachdem sie die schriftliche Stellungnahme eingereicht haben. Dieser Zeitraum sollte etwa vier Tage betragen, so dass in dieser Zeit die Argumentation für eine Präsentation überarbeitet werden kann und zusätzliche Maßnahmen für die mündliche Anhörung koordiniert werden können. Für eine angemessene Verteidigung der Parteien stünde somit ausreichend Zeit zur Verfügung, ohne dass die Konzentration durch parallel zu vollziehende Vorbereitung der Verteidigungsmaßnahmen gestört wird.

(b) Durchführung der Anhörung

Der Nutzen der mündliche Anhörungen liegt insbesondere darin, dass den fusionierenden Parteien die Gelegenheit eröffnet wird, ihre Verteidigung auszubauen. Sie können z.B. Sachverständige heranziehen, um ihre Argumente zu untermauern. Weiter können die Vorteile der Fusion von den Parteien vor einer größeren Zuhörerschaft präsentiert werden. Neben der möglichen Anwesenheit anderer Beteiligter (Art. 14 Abs. 2 VerfVO, Art. 11 Abs. 1 lit. b) VerfVO) und Dritter (Art. 16 Abs. 2 VerfVO), nehmen Beamte der Kommission (z.T. auch verschiedener Generaldirektionen) sowie Vertreter der Mitgliedstaaten (Art. 14 Abs. 5 VerfVO) an der Anhörung teil.
Von Seiten des betroffenen Unternehmens sind in großen Fällen zum Teil der gesamte Vorstand sowie Ökonomen, Anwälte und Geschäftsleute präsent. Dies belegt die Relevanz der mündlichen Präsentation für die betroffenen Firmen.
Allerdings wird nicht nur in der Praxis, sondern ebenfalls in der Literatur[400] kritisiert, dass die Anhörungen im gegenwärtigen System zu passiv ausgestaltet sind, und der Wert der Anwesenheit vieler Wettbewerbsexperten daher nicht angemessen ausgeschöpft wird. So wird den fusionierenden Parteien zwar ausreichend

[398] Löffler in: Langen/Bunte, 9. Auflage, Bd. 1, Art. 18 FKVO Rn. 5.
[399] Vgl. für die Möglichkeit der Hinzuziehung von Sachverständigen seitens des betroffenen Unternehmens, Dieckmann in: Wiedemann, § 44 Rn. 44.
[400] Vgl. z.B. Bechtold, EuR 1992, 41 (43).

Gelegenheit gegeben, ihre Argumente zu präsentieren, ein Dialog mit der Kommission findet dagegen nicht statt. So wird berichtet, dass wenig Gegenfragen gestellt werden und die Diskussion außerhalb der Anhörung stattfindet.
Ein weiterer Vertreter aus der Praxis äußert ebenfalls Zweifel über den Wert der Anhörung. Für ihn liegt das Problem darin, dass die Anhörung fast eine Art „Schaulaufen“ darstellt, bei dem man nicht einschätzen kann, ob die aufgezeigten Argumente nicht ungehört verhallen, da von Seiten der Kommission keinen Reaktionen kommen.
Wirft man einen Blick auf die Einladung zu einer Anhörung kann man sich tatsächlich die Frage stellen, welche neuen Aspekte dabei herauskommen können, wenn lediglich die Präsentation der Argumente stattfindet, die die Parteien und Dritte etc. ebenfalls schon als Schriftsätze eingereicht haben. Die Chance für kontroverse Diskussionen mit anwesenden Wettbewerbexperten wird jedenfalls vertan, wenn kein Dialog stattfindet und nur der Vortrag bereits schriftlich niedergelegter Argumente im Vordergrund steht.
Es ist somit zu fragen, wie die jetzige Anhörung verändert werden kann, so dass sie für die Parteien an Wert gewinnt und zu einer wichtigen Verteidigungsmöglichkeit wird und der Schwerpunkt nicht nur auf der Wiederholung der schriftlichen Argumentation liegt.

Zielt man darauf ab, dass die diversifizierten Meinungen der anwesenden Wettbewerbsexperten für Diskussionen genutzt werden sollten und anschließend sogar durch die Diskussion verschiedener Lösungen zu einer Art Kompromisslösung gelangen könnte, muss man sich fragen, ob dies ebenfalls Ziel einer mündlichen Anhörung ist.
Grundsätzlich ist festzuhalten, dass die mündliche Anhörung kein Gerichtsverfahren und auch kein kontradiktorisches Verfahren ist, bei der sich das betroffene Unternehmen und die Kommission gegenüberstehen[401]. Demnach kann bei diesem Verteidigungsrecht nicht erwartet werden, dass es zu einer Art Verhandlung kommt. Sie dient vielmehr dazu, den betroffenen Unternehmen eine zusätzliche Gelegenheit zur Stellungnahme und zur weiteren Aufklärung des Sachverhalts zu geben.
Für die Kommission besteht zudem ein weiteres Problem im Rahmen der Anhörungen. Sie ist der Gefahr ausgesetzt, dass sie bei Diskussionen mit einer Aussage etwas weggibt, z.B. in Form einer mündlichen Zusage bezüglich der Sichtweise einiger Wettbewerbsprobleme, was sie zu diesem Zeitpunkt jedoch noch nicht ganz übersieht. Es würde ihre Glaubhaftigkeit in Frage stellen, müsste sie in der Anhörung gemachte Äußerungen später wieder zurück ziehen. Insofern ist ihre passive Haltung nachvollziehbar.

[401] EuG, Urteil vom 10.7.1991, Rs. T-69/89, „RTE/Kommission“, Slg. 1991, II, S. 485 (500, Rn. 21).

Allerdings erschwert die Kommission damit den Parteien die Einschätzung, wo genau die problematischen Punkte noch liegen und ob die vorgetragenen Argumente dazu beitragen, einer Lösung etwas näher zu kommen. Eine derartige Entwicklung wäre für die Unternehmen sehr wertvoll und wichtig, da sich zur Zeit eine Tendenz herausbildet, die dem Prinzip der Anhörung entgegenläuft.
Nach *Burnside*[402] findet eine Entwicklung dahingehend statt, dass die betroffenen Parteien die Anhörung nicht mehr zur Präsentation ihrer für die Fusion sprechenden Argumente nutzen. Stattdessen sehen sie eher einen Gewinn darin, gar keine mündliche Anhörung zu beantragen und die verbleibende Zeit vor dem Ende der Dreimonatsfrist (Art. 18 Abs. 2 VerfVO, Frist für die Vorlage von Verpflichtungen) für die Verhandlungen von Abhilfemaßnahmen für die festgestellten Wettbewerbsprobleme nutzen. Oder die Parteien beantragen eine mündliche Anhörung, nutzen sie jedoch, um eine Debatte über mögliche Abhilfemaßnahmen zu inszenieren, statt die Beschwerdepunkte anzugreifen und ihr ursprüngliches Vorhaben zu verteidigen.
Um derartige Tendenzen zu verhindern und die Konzeption der mündlichen Anhörung als Verteidigungsrecht zu wahren und nicht als Verhandlungsort für Abhilfemaßnahmen dem Zweck zu entfremden, bedarf es einer Änderung der Art der Anhörung, um den Wert dieser für die Verteidigung der Parteien zu erhöhen.

Man könnte daher überlegen, die Anhörung insofern zu erweitern, als dass mehr Dialog zwischen der Kommission und den Parteien zugelassen wird und die einseitigen Präsentationen dagegen verringert werden. Die Kommission müsste einen Weg finden, aktiver an der Anhörung teilzunehmen. Sie müsste versuchen, einen Mittelweg zu finden, der es ihr ermöglicht, die Parteien in ihrer Richtungssuche Hinweise zu geben, ohne sich der Gefahr auszusetzen, zu diesem Zeitpunkt Äußerungen kund zu tun, bei denen sie Gefahr läuft, sie später zurück ziehen zu müssen.
Eine Erhöhung des Wertes der Anhörung ist jedoch nicht allein in einer aktiveren Teilnahme der Kommission zu sehen. In jedem Fall könnte – und das widerspricht auch nicht dem Grundsatz, dass es sich hier nicht um ein kontradiktorisches Verfahren handelt – die Anwesenheit Dritter und der Mitgliedstaaten für konstruktive Vorschläge genutzt werden.
Wichtig wäre es dabei z.B. gegenseitige Befragungen zuzulassen. Auf diese Weise könnten die betroffenen Unternehmen zum einen ihre Argumente anhand des Feedbacks selbst noch einmal überprüfen. Mängel in der Argumentation könnten auf diese Weise offensichtlich werden und die Vorschläge anderer dazu dienen, die Richtung der nach der Anhörung zu diskutierenden Abhilfemaßnahmen anzugeben. Zum anderen könnten diese Befragungen auch Gelegenheit bieten, dass die Argumente Dritter vor den Augen der Kommission hinterfragt werden und auf diese Weise etwaige Schwächen offenbart werden könnten. In den Markttests ge-

402 Burnside, The Governance of EC Merger Control – Bumps in the level playing field?, S. 5.

sammelte Informationen könnten insofern eine neue Wertung erfahren. Das Zulassen gegenseitiger Befragungen könnte daher auch eine Maßnahme darstellen, die meist etwas einseitige Darstellung der Konkurrenten in den Marktanalysen zu entkräften, so dass es der Kommission offen steht, zu einer objektiveren Einschätzung zu gelangen.
Darüber hinaus könnte dem Anhörungsbeauftragten eine größere inhaltliche Verantwortung während der Anhörung zugewiesen werden. Er soll durch seinen Posten zur Objektivität sowohl der Anhörung als auch der späteren Entscheidung beitragen. Bekäme er die Möglichkeit während der Diskussionen auch inhaltlich vermittelnd einzugreifen, wären die Parteien vor einseitigen, parteiischen Argumenten besser geschützt.
Auf diese Weise könnte der Wert der Anhörung erhöht und gleichzeitig der Tendenz entgegengewirkt werden, die Anhörung für andere Zwecke als die Verteidigung zu entfremden. Durch die Stärkung des Verteidigungsrechts der mündlichen Anhörung bestände für die Parteien dann eine wertvolle Möglichkeit, ihr Fusionsvorhaben in der ursprünglichen Form zu präsentieren, Argumente Dritter zu hinterfragen und durch konstruktiven Dialog neue Anregungen zur Lösung bestehender Wettbewerbsprobleme zu bekommen.

(c) Diskussion anhörungsfremder Kriterien

Die von *Burnside* beschriebene Entwicklung, dass die Parteien die Anhörung zwar beantragen, sie aber umfunktionieren und, anstatt die Beschwerdepunkte anzugreifen, die mündliche Anhörung für Verhandlungen über Abhilfemaßnahmen nutzen[403], macht deutlich, dass ein Zeitproblem besteht. Hätten die betroffenen Parteien aus ihrer Sicht nach der mündlichen Anhörung ausreichend Zeit für die Verhandlung von Verpflichtungszusagen, würden sie sich die zusätzliche mündliche Verteidigung ihres Vorhabens gegen die Bedenken der Kommission nicht entgehen lassen.

Es ist deshalb zu untersuchen inwieweit die Parteien ihre Verteidigung einschränken müssen, wenn sie, wie aus Praxisangaben hervorgeht, mögliche Verpflichtungszusagen aufgrund späteren Zeitmangels bereits parallel zu ihrer Verteidigung evaluieren müssen. Je nach Fall findet dies als Diskussion Eingang in die mündliche Verhandlung oder findet verdeckt parallel zur mündlichen Stellungnahme statt.
Zeitliche Engpässe ruft vor allem das Ende der für die Zusagen geltenden Dreimonatsfrist hervor, welche meist zwei bis drei Wochen nach der mündlichen Anhörung abläuft. Bei einem derart kurzen Zeitraum ist es für die Parteien kaum möglich, ihre Vorbereitungen für die Vorschläge von Abhilfemaßnahmen allein

[403] Burnside, The Governance of EC Merger Control – Bumps in the level playing field?, S. 5.

auf diesen Zeitraum zu beschränken. So besagen Praxisangaben, dass die Zusagen bereits parallel zur Verteidigung vorbereitet werden, um sofort nach der Anhörung in Verhandlungen darüber eintreten zu können, da die verbleibenden Wochen ansonsten nicht ausreichen würden.
Aufgrund dieser Tatsache ist eine angemessene Verteidigung jedoch in Frage gestellt, da die Konzentration der Parteien bereits zu einem frühen Zeitpunkt darauf gerichtet ist, das Fusionsvorhaben mit Hilfe von Verpflichtungszusagen zu „retten“ und so eine Untersagung zu vermeiden. Es scheint dabei fast unmöglich, gleichzeitig eine überzeugte Verteidigung des ursprünglichen Vorhabens durchzuführen.
Die mündliche Anhörung stellt den letzten Zeitpunkt dar, zu dem sich die Unternehmen ausschließlich der Verteidigung ihres Vorhabens widmen sollten. Erst im Anschluss beginnt ein Zeitraum, in welchem die Parteien bei noch vorhandenen Bedenken der Kommission Zugeständnisse durch Zusagen machen können. Insofern ist es wichtig, die mündliche Anhörung noch einmal zu nutzen, um die Argumente klarzustellen, die für eine auflagenfreie Genehmigung und somit implizit gegen verbotsabwendende Zusagen sprechen. Es handelt sich somit bei der Verteidigung und den Verhandlungen über Abhilfemaßnahmen um völlig unterschiedliche Vorgänge mit völlig unterschiedlichen Zielen. Daher muss eine getrennte Abhandlung der beiden Vorgänge möglich sein. Die der Verteidigung dienende Anhörung ist deshalb grundsätzlich kein Ort für ausführliche Diskussionen über Abhilfemaßnahmen. Vielmehr muss dafür gesorgt werden, dass den Parteien im Anschluss an die Anhörung ausreichend Zeit für die Verhandlungen der Verpflichtungszusagen zur Verfügung steht, so dass sie nicht gezwungen sind, diese bereits parallel zur Verteidigung durchzuführen.

Die im jetzigen System fehlende Zeit könnte mit Hilfe zweier Möglichkeiten gewonnen werden.
Zum einen könnte man eine zeitliche Umstrukturierung der zweiten Phase in Erwägung ziehen, indem man nicht nur den Zeitraum für das Einreichen von Verpflichtungszusagen fixiert, sondern bereits vorher zeitliche Fixpunkte setzt. Greift man die im Rahmen der Beschwerdepunkte[404] diskutierte Möglichkeit der Festlegung einer Frist für die Mitteilung der Beschwerdepunkte auf, so könnte man den weiteren Ablauf ebenfalls fixieren, indem den Parteien gewisse Mindestfristen zugestanden werden. So z.B. eine Mindestfrist von zwei Wochen für die mündliche Stellungnahme sowie eine Mindestfrist von – wie bereits angesprochen – etwa vier Tagen für die Vorbereitung der mündlichen Anhörung. Dies würde gewährleisten, dass den Parteien ein festgesetzter Zeitraum ausschließlich für die Verteidigung zugestanden wird. Allerdings bleiben dann ebenfalls für die Diskussion der Abhilfemaßnahmen, je nachdem nach wie vielen Wochen die Mitteilung der

[404] Teil 2, B. I. 5. a) (1) (c).

Beschwerdepunkte zu erfolgen hat, ebenfalls nur zwei bis drei Wochen für die Verhandlungen der Verpflichtungszusagen.
Da der zeitliche Engpass auf diese Weise demnach nicht behoben werden kann, könnte zum anderen die bereits in der ersten Phase angesprochene optionale Fristaussetzung auf Antrag der Parteien[405] eine Lösung bieten. Auf diese Weise könnte für die Verhandlungen der Abhilfemaßnahmen ausreichend Zeit zur Verfügung stehen, ohne dass die Verteidigung beeinträchtigt wird. Der Vorschlag läuft darauf hinaus, dass die Parteien vor Ablauf der Dreimonatsfrist einen Antrag auf Fristaussetzung stellen, der eine zusätzliche Prüfungszeit nach sich zieht. Diese zusätzliche Zeit würde gerecht auf die Parteien (für die Möglichkeit vertiefter Verhandlungen der Zusagen) und auf die Kommission (für die anschließende Prüfung der Verpflichtungszusagen) aufgeteilt.[406]
Dieser Vorschlag soll allerdings erst unter dem entsprechenden Punkt im Rahmen der Abhilfemaßnahmen diskutiert werden[407], da es sich nicht um einen Änderungsvorschlag in Bezug auf die mündliche Anhörung, sondern um ein Problem der Frist für die Abgabe von Zusagen handelt.
Sollte es damit gelingen, mehr Zeit für die Verhandlungen von Abhilfemaßnahmen zu gewinnen, könnte auf diese Weise verhindert werden, dass Diskussionen über Verpflichtungszusagen den Zweck der mündlichen Anhörung als Verteidigungsrecht entfremden. Die Parteien könnten ihre Aufmerksamkeit dadurch zunächst auf die Verteidigung richten und sich anschließend auf die Verpflichtungszusagen konzentrieren. Eine Parallelität beider Aufgaben könnte somit verringert werden.

(d) Zwischenergebnis

Hinsichtlich der mündlichen Anhörung lässt sich somit folgendes Ergebnis festhalten.
Für die Vorbereitung der mündlichen Anhörung sollte den Parteien ein fester Zeitraum zugestanden werden, der sich nicht mit der Zeit für die schriftliche Stellungnahme überschneidet. Nur so kann es gelingen, statt einer reinen Wiederholung der schriftlichen Argumente eine überzeugende Präsentation vorzubereiten sowie zusätzliche Maßnahmen, wie z.B. die Hinzuziehung von Sachverständigen, zu koordinieren.
Im Rahmen der zur Zeit passiven Ausgestaltung der Anhörung gelingt es nicht die diversifizierten Meinungen der anwesenden Wettbewerbsexperten für eine konstruktive Lösung zu nutzen. Mehr Dialog würde zudem den betroffenen Parteien die Möglichkeit eröffnen, ihre Argumentation nochmals zu überprüfen, aber auch die Argumente anderer Wettbewerber zu entkräften. Eine inhaltliche Beteiligung

---

[405] Teil 2, B. I. 4. d).
[406] Vgl. Europäische Kommission, Grünbuch vom 11.12.2001, Tz. 214.
[407] Teil 2, B. I. 5. b) (3).

des Anhörungsbeauftragten auf einer Ebene der Vermittlung könnte dazu beitragen, der Anhörung größeren Wert zu verleihen.
Die mündliche Anhörung sollte weiterhin nicht für die Verhandlungen von Abhilfemaßnahmen zweckentfremdet werden, sondern der Verteidigung des ursprünglichen Fusionsvorhabens dienen. Wenn die für später vorgesehene Zeit für die Diskussion von Abhilfemaßnahmen nicht ausreicht, muss vielmehr versucht werden, diese z.B. durch die vorgeschlagene optionale Fristaussetzung zu gewinnen.

b) Abhilfemaßnahmen

Nach Art. 8 Abs. 2 Unterabs. 2 FKVO kann die Kommission ihre Entscheidung mit Bedingungen und Auflagen versehen, um sicherzustellen, dass die Parteien ihren angebotenen Verpflichtungen nachkommen. Die Initiative für entsprechende Verpflichtungszusagen liegt grundsätzlich bei den Unternehmen. Häufig wird der Inhalt jedoch regelrecht ausgehandelt.
Für die Vorlage von Verpflichtungen besteht in der zweiten Verfahrensphase eine Frist von drei Monaten (Art. 18 Abs. 2 S. 1 VerfVO). Nur unter außergewöhnlichen Umständen kann diese von der Kommission gemäß Art. 18 Abs. 2 S. 2 VerfVO verlängert werden.

(1) Verhandlungsführung

Nach der mündlichen Anhörung verbleiben noch ca. zwei bis drei Wochen für die Abgabe von Verpflichtungszusagen bevor die Dreimonatsfrist abläuft. In dieser Zeit finden Gespräche über mögliche Abhilfemaßnahmen für die Beseitigung bestehender Wettbewerbsprobleme statt.
Als problematisch könnte sich dabei herausstellen, dass diejenigen, die persönlich das Verfahren führen, nicht mit den Personen identisch sind, die später die Sachentscheidung treffen. Weder die Kommission mit ihren 20 Kommissaren, noch der Wettbewerbskommissar, noch der Generaldirektor sind nach außen am Verfahren beteiligt.[408]
Demzufolge ist zu hinterfragen, in welchem Rahmen das 'Case Team' befugt ist, hinsichtlich angebotener Zusagen „grünes Licht" zu signalisieren. So ist anzunehmen, dass die Entscheidungsbefugnisse eher begrenzt sind und lediglich vorläufige Einschätzungen gegeben werden können. Dies könnte letztlich zu Problemen bei der Beständigkeit und Verlässlichkeit der Aussagen des 'Case Teams' führen, was für die Parteien eine gewisse Unsicherheit nach sich ziehen könnte.
In der Praxis scheint sich dieses Problem laut Untersuchungsergebnissen zu relativieren. So wird berichtet, dass die Verhandlungen zum Teil mit dem Direktor der 'Merger Task Force', Götz Drauz, und seltener in großen Fällen sogar mit dem

[408] Bechtold, EuR 1992, 41 (43).

Generaldirektor der Generaldirektion Wettbewerb, Alexander Schaub, oder dem Wettbewerbskommissar, Mario Monti, stattfinden.

Das bedeutet, dass die Entfernung zur Spitze der Entscheidungsträger in der Praxis im Verlauf der zweiten Verfahrensphase insbesondere in kritischen Fällen immer geringer wird, was sich wiederum auf konkretere Einschätzungsmöglichkeiten und Zusagen seitens der Kommissionsbeamten niederschlägt. Gerade in großen Fällen, in denen nur schwer eine Einigung erzielt werden kann, scheint eine gute Informationspolitik zu bestehen, die die Gefahr von Missverständnissen und Verzögerungen minimiert. Dies zeigte sich z.B. im Fall „Boeing/McDonnell Douglas", den *Karel van Miert* in seinem Buch[409] näher beschreibt. Die Schilderung vermittelt den Eindruck, dass sowohl zwischen den Ermittlern und den Entscheidungsträgern (hier aus Sicht van Mierts) reger Kontakt stattfand als auch für die Parteien zu keinem Zeitpunkt Zweifel und Unsicherheit bezüglich der Art und des Umfangs der notwendigen Forderungen bestanden.

Insofern ist festzuhalten, dass trotz der Trennung von Ermittlern und Entscheidungsträgern keine Unsicherheiten während der Verhandlungen der Abhilfemaßnahmen belegt werden können.

Vermutlich tragen auch die regelmäßigen Treffen der 'Merger Task Force' zu diesem positiven Ergebnis bei.

Den Anmeldern entsteht jedenfalls kein durch Unsicherheit der Ermittler hervorgerufener Nachteil in den Verhandlungen.

(2) Art der Verhandlungen der Abhilfemaßnahmen

Wie bereits im Bereich der Zusagen in der ersten Phase aufgezeigt[410], besteht während der Verhandlungen der Abhilfemaßnahmen die Gefahr, dass die Anmelder unter dem Druck, die Fusion nicht platzen lassen zu dürfen, Zusagen abgeben, die zu weitreichend und zur Lösung des Wettbewerbsproblems nicht mehr angemessen sind. Es besteht somit auch in der zweiten Verfahrensphase die Gefahr, dass ungerechtfertigte und überzogene Forderungen von der Kommission gestellt und von den Anmeldern „zwangsweise" akzeptiert werden. Weiter kann in dieser Phase auch der Versuch politischer Einflussnahme sowie der Einfluss industriepolitischer Kriterien in die Zusagen zu zusätzlichem Druck und damit zu einem unfairen Verfahren führen.

Gerade im Rahmen der häufig erforderlichen komplexen Zusagen der zweiten Phase ist es als kritisch zu beurteilen, dass es keine Institution gibt, die während der Verhandlungen für die Einhaltung eines objektiven Maßstabes sorgt, um die Rechtmäßigkeit der geforderten Zusagen sicherzustellen. Es besteht während dieser Gespräche keine Kontrolle, ob die Anmelder nicht in ungerechtfertigter Weise

---

[409] Van Miert, Markt, Macht, Wettbewerb – Meine Erfahrungen als Kommissar in Brüssel, S. 292-318.

[410] Teil 2, B. I. 4. b).

durch überzogene oder industriepolitisch ausgerichtete Zusagen unter Druck gesetzt werden, so dass sie sich in einer unangemessen schwachen Position befinden. Eine solche Tatsache wäre während der Zusagenverhandlungen in der zweiten Phase um so dramatischer, als dass nach Ablauf der Prüfungszeit eine Untersagung des Fusionsvorhabens erfolgen kann, welche die Parteien mit allen Mitteln (einschließlich überzogener Abhilfemaßnahmen) zu vermeiden versuchen.
Um einem Verhandlungsgleichgewicht näher zu kommen, könnte hier der Vorschlag der Hinzuziehung einer objektiven Instanz, in Form des Anhörungsbeauftragten, wieder aufgegriffen werden[411]. Der Anhörungsbeauftragte könnte die Aufgabe übertragen bekommen, den Vorsitz bei den Verhandlungen zu führen und gleichzeitig zwischen den Parteien und der Kommission als ein „Mediator" zu agieren. Auf diese Weise würde er nicht nur in der mündlichen Anhörung zu mehr Objektivität beitragen, sondern ebenfalls die schwache Position der Anmelder durch Neutralität und Fairness ausgleichen.
Durch eine objektive Person könnte der Gefahr entgegengetreten werden, die durch mangelnden Objektivitätsschutz nach der Verteidigungsphase der Betroffenen entstehen könnte. Denn wären die Parteien der Kommission in ihrer Verhandlungsposition in den Gesprächen derart unterlegen, wäre auch der Wert der in Teil 2 unter Punkt B. I. 5. diskutierten Maßnahmen zum Schutz der Verteidigungsrechte in Frage gestellt. Denn auch umfassende Verteidigungsrechte wären im Endeffekt nutzlos, wenn die anmeldenden Parteien in den sich anschließenden Verhandlungen eine unangemessen schwache Position inne hätten.
Der Anhörungsbeauftragte wäre als neutrale Person geeignet, den Parteien auch in den Verhandlungen einen angemessenen Verhandlungsstandpunkt zu verschaffen und zur Objektivität beizutragen.

Anders als in der ersten Phase des Fusionsverfahrens, in der die Hinzuziehung des Anhörungsbeauftragten als neutrale Person abgelehnt wurde, könnten gewisse Unterschiede in der zweiten Phase zu einer anderen Einschätzung führen.
Zum einen ist anzuführen, dass die Führung des Vorsitzes während der Verhandlungen für den Anhörungsbeauftragten keine vollständig neue Einarbeitung in den Fall bedeuten würde. Er hat bereits aus der mündlichen Anhörung inhaltliche Kenntnisse, die er nutzen kann. Die zusätzlich erforderliche Zeit und Arbeit könnte bereits durch eine geringe Ressourcenaufstockung erbracht werden. Insofern wäre eine Erweiterung der Aufgaben des Anhörungsbeauftragten in dieser Hinsicht durchaus durchführbar und wegen der im jetzigen System mangelnden Transparenz hinsichtlich der Objektivität zu befürworten.
Des Weiteren wäre es möglich, dem Anhörungsbeauftragten in der zweiten Verfahrensphase ein Instrument zur Verfügung zu stellen, welches ihm ermöglichen könnte, unangemessene Forderungen zu rügen. Gemäß Art. 15 des Mandats des Anhörungsbeauftragten erstellt er anhand des Entscheidungsentwurfes einen

[411] Vgl. Teil 2, B. I. 4. b).

schriftlichen Abschlussbericht über die Wahrung des Rechts auf Anhörung. Dieser Bericht böte sich an, um ebenfalls Mängel während der Verhandlungen der Abhilfemaßnahmen zu rügen. Der Abschlussbericht wird nicht nur dem zuständigen Direktor, dem Generaldirektor der Generaldirektion Wettbewerb, sowie dem Wettbewerbskommissar vorgelegt, er wird zudem den anmeldenden Parteien übermittelt und zusammen mit der Entscheidung im Amtsblatt der Europäischen Gemeinschaften veröffentlicht (vgl. Art. 15 Unterabs. 2, Art. 16 Abs. 3 Mandat des Anhörungsbeauftragten). Insofern könnte der Anhörungsbeauftragte durch die Möglichkeit der Offenlegung von Differenzen auf die Kommission einen gesunden Druck ausüben, der es verhindert, dass überzogene Forderungen aufgrund mangelnder Transparenz die Objektivität beeinflussen. Allerdings bezieht sich die Kompetenz des Anhörungsbeauftragten im bisherigen Abschlussbericht lediglich darauf, sich zum Verfahren zu äußern. Materielle Gesichtspunkte werden dort nicht erwähnt.

Die andere Möglichkeit unangemessene Forderungen zu rügen, könnte deshalb durch den nach Art. 13 Abs. 2 des Mandats des Anhörungsbeauftragten zu erstellenden Zusatzbericht erfolgen. In diesem ist bereits jetzt schon vorgesehen, dass sich der Anhörungsbeauftragte auch zu materiellen Aspekten des Falles äußern kann. Der Zusatzbericht weist jedoch für den hier vorgesehenen Zweck zwei Mängel auf. Zum einen wird dieser Bericht bereits nach der Anhörung erstellt und nicht erst nach den Verhandlungen der Abhilfemaßnahmen. Dieses Problem könnte jedoch dadurch gelöst werden, dass der Anhörungsbeauftragte nach den Verhandlungen bei Bedarf einen gesonderten Bericht als Anhang des Art. 13 Berichtes erstellt. Ein derartiger Anhang müsste nur dann verfasst werden, falls der Fall einen Anlass dafür bietet und der Anhörungsbeauftragte eine Äußerung seinerseits deshalb für erforderlich hält. Der zweite Mangel eines als Anhang zu Art. 13 verfassten Berichtes liegt in seiner fehlenden Öffentlichkeit. Als internes Dokument verschwindet er in den Akten der Kommission, so dass damit kein geeigneter Druck erzeugt werden kann. Ob dies jedoch tatsächlich einen Mangel darstellt, lässt sich klären, wenn man den mit dem Dokument verfolgten Zweck näher beleuchtet. Der Anhörungsbeauftragte soll im Rahmen der Verhandlungen als Mediator agieren und somit eine vermittelnde und beratende Funktion einnehmen. Übernimmt er insofern auch eine Beraterrolle hinsichtlich der geforderten Zusagen gegenüber der Kommission, so würde die Öffentlichkeit seiner Offenheit gegenüber der Kommission vermutlich schaden. Es geht hier nicht darum, die Kommission unter Druck zu setzen, sondern sie im Falle angemessener Kritik zum Einlenken zu bewegen. Wird dies im Lichte der Öffentlichkeit ausgehandelt, müsste die Kommission vermutlich ihr Gesicht wahren und somit auf ihrem Standpunkt beharren. Ein interner Bericht ist somit für den angesprochenen Zweck geeigneter.

Zudem wäre eine im Abschlussbericht geäußerte Kritik des Anhörungsbeauftragten quasi endgültig, da er mit der Entscheidung ausgehändigt wird, und böte somit lediglich einen Grund zum Klagen. Zu einer konstruktiven Lösung im laufenden

Verfahren könnte die Kritik des Anhörungsbeauftragten jedoch nicht mehr beitragen. Damit wäre das vermittelnde Ziel des Einsatzes einer neutralen Person als Mediator verfehlt.
Insofern stellt die Äußerungsmöglichkeit des Anhörungsbeauftragten eines im Rahmen des Art. 13 zu erstellenden Anhangs den sachdienlicheren Weg gegenüber einer Rüge im Rahmen des Abschlussberichts dar. Die auf diese Weise fehlende Öffentlichkeit kann wie gezeigt auch förderliche Auswirkungen aufweisen und geht zudem mit dem jetzigen Mandat des Anhörungsbeauftragten konform. Materielle Gesichtspunkte werden danach lediglich auf interner Ebene geäußert, während dem Anhörungsbeauftragten allein in seiner Funktion als Garant der Verfahrensrechte die Öffentlichkeit zur Seite gestellt wird. Da eine komplette inhaltliche Einmischung des Anhörungsbeauftragten abgelehnt wird, und er lediglich als Mediator vermittelnd tätig werden soll, entspricht die inhaltliche Zurückhaltung des Anhörungsbeauftragten gegenüber der Öffentlichkeit auch der hier vorgeschlagenen Lösung.
Ist dem Anhörungsbeauftragten somit mit der Erstellung eines Anhangberichtes zum Art. 13 – Bericht des Mandats ein Instrument an die Hand gegeben, überzogene Forderungen nicht nur während der Verhandlungen anzusprechen, sondern ebenfalls in einen Bericht zu rügen, könnte dies einen Schritt im Hinblick auf die durch Transparenz zu schützende Objektivität darstellen. Ein aktiver Part des Anhörungsbeauftragten zur Sicherstellung von Transparenz und Objektivität während der Verhandlungen der Abhilfemaßnahmen wird somit in der zweiten Verfahrensphase vom Verfasser befürwortet. Eine entsprechend notwendige Ressourcenerhöhung wäre angesichts der dadurch möglichen Zunahme an Transparenz, die einen objektiveren Standpunkt der Kommission sichern könnte, vertretbar.
Da sich allerdings einige Praktiker gegen die Beteiligung des Anhörungsbeauftragen im Rahmen der Verhandlungen von Abhilfemaßnahmen ausgesprochen haben[412], ist vor entsprechenden Änderungen eine Untersuchung des Themas in größerem Umfang zu empfehlen.

(3) Starre Fristen im Rahmen der Zusagen

Für die Möglichkeit der Abgabe von Zusagen besteht im Rahmen der zweiten Phase, wie bereits erwähnt, eine Frist von drei Monaten innerhalb derer die Parteien ihre Verpflichtungen vorzulegen haben (Art. 18 Abs. 2 VerfVO). Die Frist dient dazu, der Kommission, den Mitgliedstaaten, sonstigen Dritten sowie dem Beratenden Ausschuss genügend Zeit zur Prüfung des Fusionsvorhabens und der jeweiligen Verpflichtungszusagen zu geben.
Wie bereits erläutert, bestehen allerdings Probleme hinsichtlich fehlender Zeit für Diskussionen über Abhilfemaßnahmen kurz vor Ende der Dreimonatsfrist. Es

[412] Vgl. Darstellung in Teil 2 unter Punkt B. I. 4. b).

verbleiben den Parteien zwischen der mündlichen Anhörung und dem Ende der Frist im Durchschnitt (je nach Aussenddatum der Beschwerdepunkte und Zeitpunkt der mündlichen Anhörung) lediglich ca. zwei Wochen für die Verhandlungen[413].
Es ist deshalb zu prüfen, ob die Dreimonatsfrist den anmeldenden Parteien ausreichend Zeit zu angemessenen Verhandlungen lässt, ohne sie durch Zeitdruck zu weitgehenden, nicht ordnungsgemäß ausgehandelten Zusagen zu zwingen.

Für die wichtigsten Verhandlungen des ganzen Verfahrens, nämlich die der verbotsabwendenden Abhilfemaßnahmen, scheinen zwei Wochen ein sehr kurzer Zeitraum zu sein.
So berichten Betroffene, dass sie ihre Zusagen bereits vor diesem Zeitraum parallel zur Verteidigung vorbereiten müssen, da ihnen ansonsten nicht genügend Zeit verbleibt. Dass dies jedoch keine Lösung darstellt, wurde bereits in Teil 2 unter Punkt B. I. 5. a) (4) (c) angesprochen.
Wenn sich dann zusätzlich noch die Gefahr bestätigt, dass die Kommission dazu tendiert, den Zeitpunkt der Mitteilung der Beschwerdepunkte hinauszuschieben[414], verbleibt den Parteien teilweise noch weniger Zeit vor Ablauf der Dreimonatsfrist, die dann in keinem Fall mehr ausreicht, ohne zu starken zeitlichen Druck entsprechende Verhandlungen zu führen. Es ist anzunehmen, dass insbesondere die Lösungen für problematische Fälle darunter leiden, dass die verbleibende Zeit im jetzigen System für die Erwägung und Prüfung komplizierterer Zusagen zum Teil nicht ausreicht. Eine optimale Kompromisslösung scheitert dann letztendlich nur an mangelnder Zeit.
Die Gewährleistung von Verhandlungsmöglichkeiten, die ausreichend Spielraum für Diskussion und Prüfung der vorgeschlagenen Zusagen ermöglichen, ist durch den beschriebenen Zeitmangel deshalb in Frage gestellt. Gleiches gilt auch für den Umstand, dass die Parteien die Konsequenz daraus ziehen, die Verpflichtungszusagen parallel zu ihrer Verteidigung vorzubereiten.

Art. 18 Abs. 2 VerfVO sieht vor, dass die Dreimonatsfrist für die Abgabe von Zusagen unter außergewöhnlichen Umständen verlängert werden kann. Die Verlängerung muss von den Parteien unter Angabe der außergewöhnlichen Umstände beantragt werden. Nur wenn noch genügend Zeit für eine ordnungsgemäße Bearbeitung des Zusagenvorschlags durch die Kommission innerhalb der Viermonatsfrist der zweiten Phase und eine Konsultation der Mitgliedstaaten sowie Dritter

---

413 Burnside, The Governance of EC Merger Control – Bumps in the level playing field?, S. 5: geht von nur einer Woche aus; während die Europäische Kommission in ihrem Grünbuch vom 11.12.2001, Tz. 207 von zwei bis drei Wochen spricht. Der Verfasser hat hier einen Mittelwert angenommen.

414 Burnside, The Governance of EC Merger Control – Bumps in the level playing field?, S. 5.

vorhanden ist, ist diese Verlängerung ausnahmsweise möglich[415]. Die Kommission erklärte im 29. Wettbewerbsbericht, dass sie selbst streng auf die Einhaltung der Frist achten will[416]. So hat sie auch in den Fällen „Airtours/First Choice"[417] und „Volvo/Scania"[418] das Vorliegen außergewöhnlicher Umstände nicht anerkannt und befand zudem, dass die verbleibende Zeit bis zur abschließenden Entscheidung für die Anhörung betroffener Dritter sowie der Mitgliedstaaten nicht ausreiche. Lediglich im Fall „Telia/Telenor"[419] konnten die Parteien durch entsprechende Antragstellung innerhalb der Vorlagefrist noch eine Woche nach Ablauf der Dreimonatsfrist neue Zusagen abgeben. Vorteilhaft war hier, dass die Parteien die zusätzlichen Verpflichtungen bereits in ihrem Antrag auf Fristverlängerung angegeben hatten, und es sich um klar umrissene Zusagen handelte.[420] Es ist damit festzuhalten, dass die Verlängerungsmöglichkeit nicht zum Einfallstor nachzureichender Abhilfemaßnahmen geworden ist, sondern lediglich – wie vorgesehen – in Ausnahmefällen herangezogen wurde.
Die gesetzlich vorgesehene Verlängerungsmöglichkeit stellt damit aber auch keine Möglichkeit dar, die Zeitnot vor Ende der Frist zu beheben, selbst wenn die fehlende Zeit durch eine späte Bekanntgabe der Beschwerdepunkte hervorgerufen wurde.

Die strenge Fristenvorgabe ist gerade im Jahr 2001 in einigen Fällen in Frage gestellt worden. Bei diesen Fällen hat es sich als kritisch erwiesen, dass es sich bei der Frist für die Abgabe von Zusagen um eine starre, grundsätzlich nicht verlängerbare Frist handelt. Beispielhaft dafür sind insbesondere zwei Fälle, die daran scheiterten, dass nach Ablauf der Dreimonatsfrist erfolgte Zusagen nicht mehr ausreichend geprüft werden konnten[421].
Der Ablauf der Dreimonatsfrist fiel im Fall „General Electric/Honeywell" auf den 14. Juni 2001. Am 28. Juni 2001 legte *General Electric* ein neues Angebot vor, welches über die bisherigen Zusagen hinausging. Die Parteien hatten jedoch keine außergewöhnlichen Umstände geltend gemacht, so dass ein entsprechend erforderlicher Antrag fehlte. Aus Sicht der Kommission fanden durch die neuen Zusagen zudem keine derartigen Änderungen statt, die nicht bereits während der Dreimonatsfrist hätten gemacht werden können. Sie verneinte daher das Vorliegen

---

415 Vgl. Tz. 39 der Mitteilung über zulässige Abhilfemaßnahmen, ABl. EG, Nr. C 68 vom 2.3.2001, S. 3.
416 Europäische Kommission, 29. Wettbewerbsbericht, 2000, S. 81, Kasten 8.
417 Untersagungsentscheidung vom 22.9.1999, ABl. EG, Nr. L 93 vom 13.4.2000, S. 1 .
418 Untersagungsentscheidung vom 14.3.2000, COMP/M. 1672 – „Volvo/Scania", WuW 2000, 391 f.;
(oder auch: http://europa.eu.int/comm/competition/Mergers/cases/).
419 Entscheidung vom 13.10.1999, ABl. EG, Nr. L 40 vom 9.2.2001, S. 1.
420 Europäische Kommission, 29. Wettbewerbsbericht, 2000, S. 80, Kasten 8.
421 Es handelt sich hierbei um die im Folgenden noch genauer anzusprechenden Fälle von „General Electric/Honeywell" (WuW 2001, S. 846) und „Schneider Electric/Legrand" (WuW 2001, S. 1069).

außergewöhnlicher Umstände. Trotzdem äußerte sich die Kommission zur Sache.[422] Gemäß Tz. 43 der Mitteilung über zulässige Abhilfemaßnahmen gelten für „in letzter Minute" gemachte Zusagen gewisse Erfordernisse. Danach können die Zusagen nur noch angenommen werden, wenn die Kommission eindeutig feststellen kann, dass die angebotenen Verpflichtungen ohne Durchführung eines weiteren Markttests zweifelsfrei die beanstandeten Wettbewerbsprobleme lösen. Darüber hinaus muss für die Konsultation der Mitgliedstaaten ausreichend Zeit verbleiben.
Im Fall „General Electric/Honeywell" blieb keine ausreichende Zeit die Mitgliedstaaten oder Dritte zu konsultieren[423], insofern hätte eine Entscheidung über die verspäteten Zusagen selbst bei Lösung der Wettbewerbsprobleme nicht akzeptiert werden können. Aufgrund des fixen Fristendes der zweiten Phase des Fusionsvorhabens war es somit nicht mehr möglich, die spät erfolgten Zusagen anzunehmen. Das Fusionsvorhaben wurde untersagt.

Ein ähnlicher Verlauf zeigte sich im Fall „Schneider Electric/Legrand"[424]. Hier bestanden für die Kommission ebenfalls noch erhebliche Zweifel an der Beseitigung der Wettbewerbsprobleme durch die nach Ablauf der Frist eingereichten Zusagen. Da die Bedenken nicht eindeutig innerhalb der kurzen verbleibenden Zeit ausgeräumt werden konnten, wurde das Fusionsvorhaben untersagt.[425]

Derartige Ergebnisse sind in der Praxis höchst unbefriedigend, scheint die Untersagung letztlich nur an einem Minimum fehlender Zeit zu liegen, um eine Prüfung der Zusagen vorzunehmen und die Mitgliedstaaten sowie betroffene Dritte zu konsultieren.
Aus diesem Grund soll hier der Vorschlag einer optionalen Fristaussetzung nochmals aufgegriffen werden. Wie bereits in der ersten Phase angesprochen[426], geht es darum, dass den Parteien die Möglichkeit eröffnet wird, innerhalb der Dreimonatsfrist einen Antrag auf Fristaussetzung zu stellen. Für eine bestimmte Zeit, laut Kommissionsvorschlag könnte es sich dabei z.B. um eine Zeit von 20-30 Arbeitstagen handeln, würde dann die „Uhr angehalten" werden. Diese zusätzliche Frist würde dann zu gleichen Teilen zwischen den Anmeldern für notwendige Diskussionen und die Einreichung neuer Verpflichtungszusagen sowie der Kommission für die Prüfung der Zusagen und eventuell erforderlicher Markttests auf-

---

[422] Vgl. Untersagungsentscheidung vom 3.7.2001, COMP/M.2220 – „General Electric/Honeywell", Tz. 547.
[423] Untersagungsentscheidung vom 3.7.2001, COMP/M.2220 – „General Electric/Honeywell", Tz. 549.
[424] Untersagungsentscheidung vom 10.10.2001, COMP/M.2283 – „Schneider/Legrand", WuW 2001, S. 1069;
(oder auch: http://europa.eu.int/comm/competition/mergers/cases/).
[425] Vgl. Pressemeldung IP/01/1393 vom 10.10.2001, S. 2.
[426] Teil 2, B. I. 4. d).

geteilt.[427] Durch die Möglichkeit der Fristaussetzung wird zum einen sichergestellt, dass den Parteien für die Vorlage von Zusagen nach der mündlichen Anhörung mehr Zeit zur Verfügung steht. Zum anderen bleibt für die Konsultation von Mitgliedstaaten und betroffener Dritter ausreichend Zeit, welche durch die von den Parteien zusätzlich beanspruchte Zeit nicht beeinträchtigt wird.

Der Hauptunterschied zu dem in der ersten Phase ebenfalls diskutierten, aber abgelehnten Vorschlag liegt darin, dass nur der zweite Verfahrensabschnitt die Gefahr einer Untersagungsentscheidung bietet, die als schwerwiegende Folge der nicht mehr im Rahmen der Frist prüfbaren Zusagen eintreten kann. Im übrigen besteht in der zweiten Phase keine Beschränkung wie es der Erwägungsgrund 8 der Verordnung (EG) Nr. 1310/97 vorsieht[428]. Dass es sich bei den Abhilfemaßnahmen um eine einfache Antwort auf klar umrissene wettbewerbliche Bedenken handeln muss, ist nur für die erste Verfahrensphase vorgesehen[429]. Insofern ist eine andere Bewertung des Vorschlags im Rahmen der zweiten Phase durchaus möglich, ohne widersprüchlich zu sein.

Mit Hilfe des Vorschlags der Fristaussetzung wäre es möglich, den Parteien zwischen der mündlichen Anhörung und der Abgabe von Zusagen mehr Zeit für die Verhandlungen angemessener Abhilfemaßnahmen zu verschaffen. Ferner könnte es durch weniger Zeitdruck gelingen, die Phase der Verteidigung von der Phase der Zugeständnisse durch Verpflichtungszusagen zu trennen. Die Anmelder hätten so die Möglichkeit, sich überwiegend auf eine Sache zu konzentrieren und auf diese Weise durch Parallelität und Zeitdruck entstehende Mängel vermeiden zu können. Die Anhörung bliebe zudem als Verteidigungsrecht gewahrt und würde nicht durch die Diskussion von Abhilfemaßnahmen ihrem eigentlichen Zweck entfremdet werden müssen.

Allerdings müssten die Parteien für diese Vorteile Einbußen in ihrer durch die starren Fristen gewährleisteten Planungssicherheit hinnehmen sowie sich einer längeren Prüfungszeit fügen. Da es jedoch im Ermessen der Anmelder steht, eine Fristaussetzung zu beantragen, können sie diese zusätzliche Zeit in ihre Planung mit einkalkulieren. Ist ihnen eine schnelle Genehmigung, wenn auch unter weitreichenden Auflagen, aus bestimmten Gründen lieber als ausführliche Diskussionen mit der Chance vielleicht letztendlich einen besseren Kompromiss zu erreichen, so können sie diesen Weg wählen. Insofern liegt es in der Hand der Unternehmen, wann und wie sie eine Beendigung des Verfahrens für ihr Vorhaben anstreben.

---

[427] Vgl. Europäische Kommission, Grünbuch vom 11.12.2001, Tz. 212 f.

[428] ABl. EG, Nr. L 180 vom 9.7.1997, S. 1.

[429] Vgl. dazu auch: Kommission, Mitteilung über zulässige Abhilfemaßnahmen, ABl. EG, Nr. C 68 vom 2.3.2001, S. 3, Tz. 37.

Damit die Entscheidung der Fristaussetzung auch im Ermessen der Parteien verbleibt, bedarf es einer, wie in Teil 2 unter Punkt B. I. 5. a) (1) (c) bereits geforderten Frist für die Kommission, bis zu deren Ende sie die Beschwerdepunkte mitzuteilen hat. Andernfalls besteht die Gefahr, dass sich die Kommission mit der Beurteilung ihrer Einwände Zeit lässt, da sie um die optionale Fristaussetzung weiß, die dann allerdings ihre Optionalität verliert.

Für die Kommission könnte sich hingegen das Problem stellen, dass die ersten Vorschläge der Parteien für Abhilfemaßnahmen schwächer ausgestaltet sein könnten als im jetzigen System. Die Anmelder werden vielleicht versuchen, zunächst möglichst wenig Zugeständnisse zu machen und sehen darin auch keine Gefahr, da sie um die Möglichkeit der Verlängerung wissen.
Grundsätzlich scheint sich die Kommission durch taktische „Spielchen" jedoch nicht von ihrer klaren Linie abbringen zu lassen, wie der ehemalige Wettbewerbskommissar Karel van Miert in seinem Buch erkennen lässt. In dem von ihm beschriebenen Fall hat sich das „Pokerspiel" der Anmelder nicht ausgezahlt, da die Parteien im letzten Moment doch einlenken mussten.[430] Es gab somit schon vor einer etwaigen Fristaussetzungsregelung vereinzelt Fälle, in denen versucht wurde, durch taktisches Vorgehen Vorteile zu erzielen. Dies wird vermutlich auch in Zukunft vereinzelt immer wieder der Fall sein. Die Einführung einer Fristaussetzung würde damit jedoch nicht die Ursache für derartiges Verhalten darstellen.

Die Konstruktion der optionalen Fristaussetzung nach dem Grünbuch der Kommission vom 11.12.2001 weist jedoch zwei diskussionswürdige Punkte auf.
Einmal ist zu überlegen, ob es den Parteien nicht zugestanden werden sollte, die Länge der Fristaussetzung selbst vorzuschlagen bzw. mit der Kommission abzustimmen. Ein Maximum für die Aussetzung könnte dann bei den genannten 20-30 Arbeitstagen liegen. Auf diese Weise hätten sie die Möglichkeit, nur die Zeit beantragen zu müssen, die sie für sich als notwendig ansehen, um entsprechende Zusagen abzugeben. Allerdings ist anzunehmen, dass die Kommission selbst Zeit für die Prüfung der Zusagen sowie eventuell erforderliche Markttests benötigt. Können nun die Parteien die Zeit selbst bestimmen und wird diese dann zu gleichen Teilen zwischen den Unternehmen und der Kommission aufgeteilt, kann der Fall eintreten, dass die nun für die Kommission bestehende Zeit für die Prüfung der Zusagen sowie die erforderlichen Markttests nicht ausreicht. Deshalb müsste ihr zumindest eine Mitbestimmung eingeräumt werden, um sicherzustellen, dass die beantragte Fristaussetzungen auch den zeitlichen Erfordernissen der Kommission genügt.
Ebenfalls wird die Konstruktion der Einreichung des Antrags auf Fristaussetzung innerhalb der Dreimonatsfrist vom Verfasser für diskussionswürdig gehalten. Die

[430] Van Miert, Markt, Macht, Wettbewerb – Meine Erfahrungen als Kommissar in Brüssel, S. 309, 310, 314.

Kommission will durch die zeitliche Begrenzung erreichen, dass die Parteien ihre Zusagen nicht bis zum letztmöglichen Zeitpunkt der Dreimonatsfrist zurück halten. Reichen sie diese nämlich deutlich vor Ablauf der Frist ein, können sie im Zeitpunkt des Fristablaufs bereits aufgrund der Ergebnisse der Markttests eine Einschätzung erhalten, ob die eingegangenen Verpflichtungen für eine Genehmigung ausreichen. Je nach Ergebnis können sie dann eine Fristaussetzung beantragen oder nicht. Die Parteien, die dagegen ihre Zusagen zwar fristgerecht, aber am Ende der Dreimonatsfrist einreichen, müssen ihre Entscheidung hinsichtlich ihres Antrags auf Fristaussetzung aufgrund der vorgesehenen zeitlichen Begrenzung der Antragstellung ohne die Ergebnisse der Markttests treffen. Insofern ist zu überlegen, ob eine Antragstellung auch nach Ablauf der Dreimonatsfrist noch möglich sein sollte.

Aus Sicht der Parteien sollte die optionale Fristaussetzung nicht nur dazu führen, die Parteien zu einer frühen Abgabe von Zusagen anzuhalten, sondern gerade dazu dienen, mehr Zeit zwischen der Anhörung und der Vorlage von Zusagen zu gewähren. Erlangen nur diejenigen einen Vorteil durch die Fristaussetzung, die ihre Zusagen sehr früh abgeben, könnte dadurch ein neues Druckmittel entstehen, die Parteien zu einem früheren Einreichen der Zusagen anzuhalten. Es ist jedoch nicht zwangsweise deshalb auch von Nachteil, die Zusagen spät abzugeben, ohne bereits Zusagen „getestet" zu haben. Gerade in komplizierten Fällen kann ein Vorgehen letzterer Art von Vorteil sein, um komplexe Zusagen in Ruhe auszuhandeln. Die Antragstellung innerhalb der Dreimonatsfrist dient somit nicht dazu, neuen Druck zu erzeugen, da es jeder Partei offen steht, den für sie besten Weg selbst zu wählen.

Für die anmeldenden Parteien wäre es natürlich wünschenswert eine Fristaussetzung auch nach Ablauf der Dreimonatsfrist beantragen zu können. Dies wäre allerdings aus Praktikabilitätsgründen keine sinnvolle Regelung, denn sie würde dazu führen, dass die Parteien ihre Zusagen erst spät (kurz vor Ablauf der Dreimonatsfrist) einreichen und erst dann, wenn sich aufgrund der Markttests eine Untersagung abzeichnet, eine Fristaussetzung beantragen. Im Verfahren befände man sich zu diesem Zeitpunkt dann vermutlich ca. zwei bis drei Wochen vor Fristablauf der zweiten Phase. Wäre es den Parteien möglich, während einer dann beantragten Fristaussetzung neue Zusagen einzureichen, würde die im Anschluss an die Fristaussetzung verbleibende Zeit für eine ordnungsgemäße Prüfung der Zusagen mit anschließenden Markttests, wenn überhaupt, nur sehr knapp ausreichen, die Beteiligung des Beratenden Ausschusses wäre dagegen sehr in Frage gestellt, da kaum noch Zeit für ein Treffen besteht und dieses zudem vermutlich ohne eine komplette Entscheidungsgrundlage erfolgen müsste. Daher ist die Beantragung einer Fristaussetzung nach Ablauf der Dreimonatsfrist nicht praktikabel.

Somit ist es sehr sinnvoll, die Beantragung der Fristaussetzung durch die Dreimonatsfrist zu begrenzen. Es kann auf diese Weise verhindert werden, dass die gewonnene Flexibilität des Verfahrens nicht ausgenutzt wird, indem die Parteien ihre Zusagenvorschläge unnötig hinauszögern oder auch erste Zusagenvorschläge taktisch schwach gestalten. Dass die Kommission ein eigenes Ziel verfolgt, die Parteien zu frühen Zusagen anzuhalten, ist durchaus legitim. An der Antragstellung innerhalb der Dreimonatsfrist ist deshalb jedoch nichts auszusetzen, da die Parteien dadurch keinen Nachteil erleiden. Da eine Fristaussetzung nach Ablauf der Dreimonatsfrist zudem nicht praktikabel ist, wird die Begrenzung der Antragstellung auf die Dreimonatsfrist vom Verfasser befürwortet.

Gerade im Hinblick auf ein trotz der Fristaussetzung möglichst zügiges Verfahren, sollte den Parteien jedoch ein Vorschlagsrecht hinsichtlich der benötigten Zeit eingeräumt werden, damit sie nicht grundsätzlich einen Zeitraum von z.B. 30 Tagen beantragen müssen, wenn sie der Meinung sind, einen guten Kompromiss früher erreichen zu können. Ein Mitspracherecht für die Kommission würde dabei einseitige Bestimmung ausschließen.

Im Ergebnis stellt die optionale Fristaussetzung somit ein wirksames Mittel dar, den Parteien entsprechend der Wichtigkeit ihres Vorhabens angemessene Zeit für die Verhandlungen über Abhilfemaßnahmen zu geben, indem der jetzige Zeitdruck zwischen mündlicher Anhörung und der Einreichung von Zusagen verringert wird. Die durch den längeren Verfahrensablauf entstehenden Nachteile, wie z.B. erhöhte Kosten und eine verzögerte Vollziehung der Fusion, erscheinen eher gering, betrachtet man den Gewinn hinsichtlich der Stärkung des Verteidigungsrecht der mündlichen Anhörung und einer anschließenden Möglichkeit, ohne zu starken Zeitdruck geeignete Abhilfemaßnahmen zu diskutieren.
In jedem Fall sollte jedoch mit dieser Änderung zugleich Wert auf die bereits vorgeschlagene Einführung einer Frist für die Mitteilung der Beschwerdepunkte gelegt werden[431].
Insbesondere in problematischen Fällen könnte mit Hilfe einer Fristaussetzung eine befriedigendere Lösung erreicht werden, da sich vorwiegend bei ihnen, wie z.B. der Fall „General Electric/Honeywell" zeigte, fehlende Zeit in einer Untersagungsentscheidung niederschlagen kann.

(4) Zwischenergebnis

Für die Untersuchung der Rechte der Parteien im Rahmen der Verhandlungen der Abhilfemaßnahmen lässt sich folgendes Ergebnis festhalten.
In Form eines Mediators könnte der Anhörungsbeauftragte als objektive Instanz bei den Verhandlungen dazu beitragen, die schwache Stellung der Parteien in dieser Phase auszugleichen, um so die Objektivität des Verfahrens zu fördern. Festgestellte Mängel könnte er in einem gesonderten Bericht (z.B. als Anhang zum Art. 13 – Bericht des Mandats des Anhörungsbeauftragten) dem Wettbewerbskommissar zukommen lassen.

---

[431] S. Teil 2, B. I. 5. a) (1) (c).

Die Einführung einer optionalen Fristaussetzung wird vom Verfasser in der zweiten Verfahrensphase befürwortet, um die Parteien zwischen der mündlichen Anhörung und der Abgabe von Zusagen nicht durch fehlende Zeit bei den Verhandlungen der Abhilfemaßnahmen zusätzlich unter Druck zu setzen.

c) Zwischenergebnis

Die Untersuchung der zweiten Verfahrensphase ergibt folgendes Ergebnis.
Im Rahmen der Mitteilung der Beschwerdepunkte wäre ein strukturiertes Dokument für die Parteien hilfreich, aber nicht zwingend erforderlich. Einen wichtigeren Änderungsvorschlag stellt die Einführung einer Frist dar, innerhalb derer die Kommission den Parteien die Beschwerdepunkte mitzuteilen hat.
Bezüglich der Art und des Umfangs der Akteneinsicht konnten während der Untersuchung keine gravierenden Mängel entdeckt werden. Allein die Vorverlagerung des Zeitpunkts der Akteneinsicht (z.B. nach der Entscheidung gemäß Art. 6 Abs. 1 lit. c) FKVO) könnte dazu beitragen, im Rahmen der kurzen Frist für die schriftliche Stellungnahme Zeit zu sparen und wird daher vom Verfasser befürwortet.
Gelingt es weiter, die schriftliche Stellungnahme von zusätzlich anfallenden Aufgaben durch die Verlagerung der Akteneinsicht, einen eigenen Zeitraum für die Vorbereitung der mündlichen Anhörung sowie ausreichend Zeit für die Verhandlungen der Abhilfemaßnahmen nach der mündlichen Anhörung zu befreien, stellen zwei Wochen eine angemessene Zeit für die Parteien dar, um eine schriftliche Stellungnahme zu verfassen.
Eine separate Vorbereitungszeit für die mündliche Anhörung sowie mehr Dialog und Diskussion im Verlauf der Anhörung stellen die Hauptänderungsziele während dieser Phase dar. Durch die Einführung einer optionalen Fristaussetzung kann die Zeit zwischen der mündlichen Anhörung und der Abgabe von Zusagen verlängert werden, so dass der Tendenz entgegengewirkt werden kann, die Anhörung als Verteidigungsrecht zur Diskussion von Abhilfemaßnahmen zu zweckentfremden.
Einen weiteren wichtigen Änderungsvorschlag stellt die Beteiligung des Anhörungsbeauftragten als Mediator an den Verhandlungen der Abhilfemaßnahmen dar. Zusammen mit einer optionalen Fristaussetzung wird dann sowohl die schwache Verhandlungsposition der Parteien gestärkt als auch der zeitliche Druck aus den Verhandlungen genommen, so dass die Parteien vernünftige Diskussionen über Zusagen führen können.

6. Gerichtliche Überprüfung der Entscheidung der Kommission

Wie bereits im ersten Teil beschrieben[432], besteht für die Zusammenschlussbeteiligten die Möglichkeit, gegen die abschließenden Kommissionsentscheidungen nach Art. 6 Abs. 1 lit. a) sowie nach Art. 8 Abs. 2 Unterabs. 2, Abs. 3 und Abs. 4 FKVO bei den Europäischen Gerichten Klage zu erheben. Während der Europäische Gerichtshof gemäß Art. 230 Abs. 2 EGV für Klagen der Mitgliedstaaten zuständig ist, können Unternehmen gegen die an sie ergangene Entscheidungen sowie Dritte im Falle unmittelbarer und individueller Betroffenheit gemäß Art. 230 Abs. 4 EGV Klage einreichen. Für letztere ist das Europäische Gericht erster Instanz zuständig[433]. Nach Ende der zweiten Verfahrensphase betrifft die Einreichung einer Klage insbesondere die Möglichkeit der betroffenen Parteien, gegen eine Untersagungsentscheidung nach Art. 8 Abs. 3 FKVO vorzugehen. Gegen eine nach der zweiten Phase mit Bedingungen und Auflagen verbundene Entscheidung (Art. 8 Abs. 2 Unterabs. 2 FKVO) sind bisher bis auf einen Fall nur Klagen von Dritten und in einem Fall von einem Mitgliedstaat erhoben worden[434], was natürlich daran liegt, dass die Parteien die Verpflichtungszusagen grundsätzlich freiwillig abgeben und daher keinen Anlass zum Klagen sehen. Allein im Fall „Coca-Cola Enterprises/Amalgamated Beverages Great Britain“[435] hat *The Coca-Cola Company* trotz einer Genehmigung mit Bedingungen und Auflagen nach Art. 8 Abs. 2 FKVO Klage eingereicht[436].

Nach Art. 6 der Europäischen Menschenrechtskonvention (im Folgenden: EMRK) hat jede Person das Recht auf ein faires Verfahren, welches öffentlich und innerhalb angemessener Frist von einem unabhängigen und unparteiischen Gericht geführt wird. Vor diesem Hintergrund erscheint es zunächst problematisch, dass die Kommission im Fusionsverfahren zugleich Ermittler, Ankläger, Jury, Richter und Vollstrecker im eigenen Fall ist. Diese Situation ist singulär und taucht in dieser Form in keinem Mitgliedstaat wieder auf. Wirft man einen Blick auf die Fusionskontrollverfahren in Belgien, Frankreich, Deutschland und Großbritannien

---

[432] Teil 1, C. II. 5.

[433] Art. 3 Abs. 1 lit. c) des Beschlusses des Rates vom 24.10.1988 zur Errichtung eines Gerichtes erster Instanz der Europäischen Gemeinschaft, ABl. EG, Nr. L 319 vom 25.11.1988, S. 1.

[434] Vgl. diesbezüglich Fußnote 418 bei Wagemann in: Wiedemann, § 17 Rn. 201.

[435] Europäische Kommission, Entscheidung vom 22.1.1997, IV/M.794, „Coca-Cola/Amalgamated Beverages GB“, ABl. EG, Nr. L 218 vom 9.8.1997, S. 15.

[436] *The Coca-Cola Company* klagte zum einen gegen eine gegenüber der Kommission abgegebene, unverbindliche Verpflichtungszusage sowie zum anderen gegen die Feststellung der Kommission, dass eine Tochtergesellschaft von *Amalgamated Beverages G.B.* auf dem britischen Markt für Cola-Getränke eine beherrschende Stellung einnehme. Die Klagen wurden insgesamt als unzulässig abgewiesen. Vgl. EuGI Urteil vom 22.3.2000, verb. Rs. T-125/97 und T-127/97, „The Coca-Cola Company und Coca-Cola Enterprises Inc. / Kommission“, Slg. 2000, II-1737 ff.

so zeigt sich, dass in jedem System eine Aufteilung der Gewalt auf mindestens zwei Autoritäten erfolgt[437].

Nach ständiger Rechtsprechung ist die Kommission jedoch kein Gericht im Sinne des Art. 6 Abs. 1 EMRK[438]. Es handelt sich demnach bei dem Verfahren nach der Fusionskontrollverordnung nicht um ein Gerichtsverfahren, sondern vielmehr um ein Verwaltungsverfahren. Jedes Verfahren, in dem eine Wettbewerbs- oder andere Autorität zugleich als Ankläger und Richter handelt, hat jedoch das Potential, mit der EMRK in Konflikt zu geraten[439]. So ist es für die Parteien im europäischen System um so wichtiger, dass sie sich im Sinne der EMRK zur Überprüfung der Kommissionsentscheidung an ein unabhängiges Gericht wenden können. Die Möglichkeit einer wirksamen Kontrolle durch ein unabhängiges Gericht würde den Anforderungen des Art. 6 Abs. 1 EMRK genügen. Zu prüfen ist daher, ob die Einspruchsmöglichkeit bei Gericht ein ausreichendes und wirksames Gegengewicht gegenüber der hohen Machtkonzentration auf Seiten der Kommission darstellt.

Wichtig dabei ist, zu betrachten, was die Parteien beim Gericht bezüglich ihrer Fusion erreichen können. Die unmittelbar Beteiligten klagen nach Abschluss der zweiten Phase, wie eben beschrieben, meist gegen eine Untersagungsentscheidung nach Art. 8 Abs. 3 FKVO. Lediglich Dritte, ihre Klagebefugnis vorausgesetzt, würden sich gegen Vereinbarkeitsentscheidungen nach Art. 6 oder Art. 8 FKVO zur Wehr setzen. Die Frage ist also, ob die beteiligten Parteien durch Klageerhebung gegen eine Untersagungsentscheidung etwas erreichen können.

Zunächst sei darauf hingewiesen, dass das Gericht erster Instanz im Falle einer Klageeinreichung durch ein betroffenes Unternehmen lediglich eine Überprüfung der Rechtmäßigkeit, nicht aber der Zweckmäßigkeit der Kommissionsentscheidung vornimmt. Damit beschränkt sich die richterliche Kontrolle auf die Einhaltung der Verfahrensvorschriften, die Prüfung des Vorliegens einer hinreichenden Begründung, die Überprüfung einer zutreffenden Feststellung und nicht offensichtlich unrichtigen Würdigung des Sachverhalts sowie auf die Frage nach Vorliegen von Ermessensmissbrauch.[440] Somit wird nur darüber geurteilt, ob die Verfahrensrechte der Parteien gewahrt wurden, ob sich die Entscheidung auf sachliche Argumente stützt und ob aus diesen Argumenten die richtigen Schlüsse gezogen wurden. Das Gericht führt demnach keine umfassende Neuverhandlung des Sachverhalts durch und trifft auch keine inhaltliche Entscheidung hinsichtlich einer Genehmigung. Werden Mängel bei der Entscheidungsfindung der Kommis-

---

[437] Vgl. Darstellung bei: Burnside, The Governance of EC Merger Control – Bumps in the level playing field?, S. 6-10.

[438] EuGH, Urteil vom 7.6.1983, verb. Rs. 100 bis 103/80, „Musique Diffusion Francaise/Kommission", Slg. 1983, 1825 (1827).

[439] Select Committee on the European Union, House of Lords, 19th Report, S. 23.

[440] Kirchhoff, BB-Beilage 14 zu Heft 11/1990, S. 14.

sion festgestellt, so hebt das Gericht die Entscheidung der Kommission auf[441]. Gemäß Art. 233 Abs. 1 EGV nimmt die Kommission dann das Verwaltungsverfahren wieder auf. Die Entscheidungsfrist beginnt nach Art. 10 Abs. 5 FKVO von Neuem zu laufen. Handelt es sich bei der Nichtigerklärung um eine Entscheidung der Kommission nach Art. 8 Abs. 2 oder 3 FKVO, beginnt allerdings nur der zweite Prüfungsabschnitt neu, die erste Verfahrensphase bleibt bestehen[442]. Um das Fusionsvorhaben zu verwirklichen, müssen die Parteien deshalb eine erneute Prüfung von der Kommission vornehmen lassen, in der auch die veränderten Marktbedingungen seit der Kommissionsentscheidung Niederschlag finden[443]. Der Fall wird demnach erneut verhandelt, was wiederum Zeit in Anspruch nimmt. Im Juni 2002 hat das Europäische Gericht erster Instanz die Untersagungsentscheidung der Kommission im Fall „Airtours/First Choice“[444] aufgehoben. Dieses Urteil ist das erste seiner Art und erfolgte knapp drei Jahre nach Einreichung der Klage. Eine derart lange Dauer des Verfahrens vor Gericht stellt die Effektivität des Instruments der Klageerhebung zur Überprüfung der Entscheidung der Kommission jedoch in Frage. Für die im angesprochenen Fall beteiligten Unternehmen ist das Fusionsvorhaben mittlerweile uninteressant geworden. Durch erhebliche Marktveränderungen in der Touristikbranche sowie fehlende finanzielle Mittel hat die Entscheidung nun keine praktischen Auswirkungen mehr für die betroffenen Parteien.[445] Da das ursprüngliche Ziel der Durchführung der Fusion nicht mehr erreicht werden kann, scheint es sehr fraglich, ob die gerichtliche Überprüfung ein ausreichendes Gegengewicht zur Macht der Kommission darstellt. Faktisch ist nämlich die Entscheidung der Kommission quasi endgültig, wenn sie nicht in angemessener Zeit revidiert werden kann, um im Falle der gerichtlichen Aufhebung das Vorhaben noch auszuführen.

Im Umfeld von Fusionsverfahren wird häufig die Auffassung geäußert, dass die Parteien während der zweiten Verfahrensphase im jetzigen System kaum eine andere Chance haben, als die Forderungen der Kommission im Hinblick auf die Abhilfemaßnahmen zu erfüllen, da ansonsten eine Untersagung droht. Eine Klage dagegen würde zu lange dauern, um das Fusionsvorhaben noch durchzuführen,

---

[441] Neben einer vollständigen Nichtigerklärung ist auch eine teilweise Nichtigerklärung möglich, die sich auf die mit der Entscheidung verbundenen Bedingungen und Auflagen beschränkt, sofern sich diese von der übrigen Entscheidung abtrennen lassen, EuGH Urteil vom 31.3.1998, verb. Rs. C-68/94 und C-30/95, „Frankreich/Kommission“ Slg. 1998, I, 1375 (1528 Rn. 256); auch: EuGH Urteil vom 23.10.1974, Rs. 17/74, „Transocean Marine Paint/Kommission“, Slg. 1974, 1063 (1082, Tz. 21).

[442] Schütz in: GK Hootz, Art. 10 Rn. 13.

[443] Financial Times Deutschland vom 7. Juni 2002, Gerichtsniederlage für EU-Kommissar Monti, S. 15.

[444] Untersagungsentscheidung vom 22.9.1999, ABl. EG, Nr. L 93 vom 13.4.2000, S. 1 .

[445] Financial Times Deutschland vom 7. Juni 2002, Gerichtsniederlage für EU-Kommissar Monti, S. 15.

selbst wenn sie erfolgreich sein sollte.[446] Sicherlich würde bereits eine Beteiligung des Anhörungsbeauftragten an den Verhandlungen der Abhilfemaßnahmen die Position der Parteien stärken können[447]. Allerdings wird in einigen Fällen trotzdem eine Untersagungsentscheidung ergehen. Die nach Art. 6 Abs. 1 EMRK erforderliche Überprüfungsmöglichkeit durch ein unabhängiges Gericht könnte jedoch in Frage gestellt sein, wenn diese zu viel Zeit in Anspruch nimmt. Die Folge wäre, dass die Parteien quasi ohne gerichtliche Überprüfung ihr Fusionsvorhaben aufgeben müssen.

Auch die Befragung von Unternehmen während der Untersuchung ergab, dass die jetzige Art gerichtlichen Rechtsschutzes aus Sicht der Unternehmen kein effektives Mittel darstellt, da der wirtschaftliche Erfolg nicht mehr hergestellt werden kann. So berichtet auch das Unternehmen „Airtours“, dass es bereits bei Einreichung der Klage im Herbst 1999 eine Neuauflage des Fusionsvorhaben für unwahrscheinlich hielt. Allerdings wollten sie sicherstellen, „dass eine ähnliche Fusion in Zukunft anders entschieden würde“.[448] Auch im Fall der Klageeinreichung von „General Electric“ und „Honeywell“ nach der Untersagungsentscheidung der Kommission im September 2001, ließen die Unternehmen verlauten, dass sie mit ihren Klagen nicht versuchen, die Übernahme doch noch zu ermöglichen. Sie wollen lediglich erreichen, „dass die Kommission eine Reihe von Schlussfolgerungen zurücknehmen muss, die zur abschlägigen Entscheidung geführt hatten“.[449] Den Unternehmen geht es daher nicht mehr um den Vollzug des eigenen Fusionsvorhabens, sondern vielmehr um die Klärung grundsätzlicher Fragen. Ein effektiver Rechtsschutz im Sinne einer Überprüfung und eventuellen Aufhebung der Kommissionsentscheidung mit anschließender Durchführung des Vorhabens kann in der jetzigen gerichtlichen Kontrolle jedoch nicht gesehen werden. Gerade das sollte den Parteien allerdings zugestanden werden, da die Entscheidung der Kommission ansonsten eine quasi endgültige Entscheidung darstellt. Dies widerspricht jedoch dem Art. 6 Abs. 1 EMRK.

Als Ergebnis lässt sich somit zunächst festhalten, dass die Entscheidung der Kommission zwar theoretisch überprüfbar ist, der Erfolg im Falle einer falschen Entscheidung nicht wiederherstellbar ist und demnach an der Praktikabilität gezweifelt werden muss. Man könnte sogar so weit gehen, Art. 6 EMRK gefährdet zu sehen, da die gerichtliche Überprüfung im Fall einer vorausgegangenen falschen Entscheidung der Kommission keine für die Parteien erfolgversprechende Option darstellt.

---

[446] Select Committee on the European Union, House of Lords, 19th Report, S. 20.

[447] Zur Ausführung dieses Vorschlags vgl. Darstellung in Teil 2 unter Punkt B. I. 5. b) (2).

[448] Financial Times Deutschland vom 7. Juni 2002, Gerichtsniederlage für EU-Kommissar Monti, S. 15.

[449] Financial Times Deutschland vom 13. September 2001, Honeywell und GE klagen gegen EU-Entscheidung, S. 11.

Wie wichtig ein besseres Verfahren wäre, zeigen folgende Zahlen: Von 18 Untersagungsentscheidungen (von 1990 bis Ende Februar 2002) wurden 9, also genau 50%, von den Anmeldern angefochten. Von den angefochtenen Fällen wurden drei Untersagungsentscheidungen vom Gericht bestätigt[450]. Ein Einspruch wurde zurückgezogen[451] und bei vier weiteren steht noch eine Entscheidung des Gerichts aus[452]. Die neunte Untersagungsentscheidung betrifft die bereits angesprochene Aufhebung der Entscheidung im Fall „Airtours/First Choice".[453]

Den Mangel der praktischen Überprüfbarkeit hat wohl auch das Gericht erster Instanz registriert und seine Verfahrensordnung geändert, um die Verfahren im Bereich der Fusionskontrolle zu beschleunigen[454]. Die Änderungen sind jedoch erst im Februar 2001 in Kraft getreten, so dass die Kommission im Grünbuch vom 11.12.2001 noch keine Angaben zu den Auswirkungen machen konnte[455]. Zur Zeit werden zwei Einsprüche im beschleunigten Verfahren behandelt. Dies betrifft einmal die Untersagungsentscheidung im Fall „Schneider/Legrand" sowie auch den Fall „Tetra Laval/Sidel". In beiden Fällen werden die gerichtlichen Entscheidungen im Herbst 2002 erwartet.[456] Voraussichtlich wird die Prüfungszeit dann bei beiden Fällen ca. ein Jahr betragen haben, da sie beide im Oktober 2001 von der Kommission untersagt wurden.[457]
Zwei Punkte im Rahmen des beschleunigten Verfahrens lassen jedoch Kritik zu. Zum einen handelt es sich dabei um die Frage, wer dieses Verfahren in Anspruch nehmen kann. Zur Zeit liegt es allein in der Hand des Gerichts erster Instanz, wem dieses schnellere Verfahren zugute kommt. So lautet es in dem neuen Kapitel 3a unter Art. 76a der Verfahrensordnung des Gerichts erster Instanz: „Das Gericht ***kann*** in Anbetracht der besonderen Dringlichkeit ... beschließen, im beschleunigten Verfahren zu entscheiden". Demzufolge ist es nicht verpflichtet, Klagen im Rahmen von Fusionsfällen einer schnelleren Prüfung zu unterziehen. Die Unternehmen müssen daher trotzdem mit einer Prüfungszeit von ca. drei Jahren rechnen, im Falle, dass ihr Antrag auf Entscheidung im beschleunigten Verfahren nicht befürwortet wird.
Zum anderen ist selbst eine gerichtliche Prüfungszeit von einem Jahr im Rahmen von Fusionsvorhaben noch ein langer Zeitraum. Es ist zweifelhaft, ob nach einem gesamten Prüfungszeitraum von fast eineinhalb Jahren (ca. fünf Monate für die

---

450 "RTL/Veronica/Endemol"; "Kesko/Tuko"; "Gencor/Lonrho".
451 „Bertelsmann/Kirch/Premiere".
452 "Worldcom/Sprint"; "General Electric/Honeywell"; "Tetra Laval/Sidel"; "Schneider/Legrand".
453 Quelle: Financial Times Deutschland vom 7. Juni 2002, EU-Gericht pfeift Monti zurück, S. 1.
454 ABl EG, Nr. L 322 vom 19. Dezember 2000, S. 4.
455 Europäische Kommission, Grünbuch vom 11.12.2001, Tz. 250.
456 Monti, Speech on the Roadmap for the reform project Conference on Reform of European Merger Control, Brussels, June 4, 2002, S. 7.
457 Nach Abschluss der Dissertation hob das EuG I im Oktober 2002 die Untersagungsentscheidungen der Kommission in den Fällen "Tetra Laval/Sidel" sowie "Schneider/Legrand" auf. Die Prüfungszeit betrug somit wie erwartet ein Jahr.

Prüfung durch die Kommission zuzüglich einem Jahr gerichtlicher Prüfung) der wirtschaftliche Erfolg des Fusionsvorhabens noch gerettet werden kann. Es ist deshalb zu prüfen, ob in anderen Rechtsordnungen schnellere Möglichkeiten der gerichtlichen Klärung bestehen. Dies könnte einen Hinweis darauf geben, dass eine kürzere Prüfungszeit bei entsprechend vorhandenen Ressourcen und Strukturen durchaus möglich ist.

Aus der Stellungnahme zum Grünbuch der Kommission vom 11.12.2001 der Kanzlei Hengeler Mueller geht hervor, dass es z.B. vor einem englischen Gericht möglich war, eine Entscheidung bereits in weniger als fünf Monaten nach der Originalentscheidung zu erreichen[458].
Weiter war es auch dem Kammergericht in Berlin zu Zeiten, als das Bundeskartellamt seinen Sitz noch in Berlin hatte, ebenfalls möglich Fälle in einer Zeit von sechs Monaten bis zu einem Jahr zu überprüfen. Andererseits dauern gerichtliche Verfahren in Ländern wie Belgien und Italien ein bis zwei Jahre.[459] Insofern wird es sich aller Voraussicht nach, wie die zur Zeit anhängigen Fälle noch zeigen werden, bei dem beschleunigten Verfahren um ein durchschnittlich schnelles System zur gerichtlichen Überprüfung handeln.
Besteht jedoch nicht für alle Fusionsfälle gleichermaßen die Option, ein schnelleres Verfahrens zu nutzen, kann dies zur Folge haben, dass ein Unternehmen, wie im Fall „Airtours/First Choice", eine gerichtliche Prüfungszeit von bis zu drei Jahren akzeptieren muss. Im Hinblick auf die Prüfungsdauer anderer europäischer Länder stellt dies einen sehr langen Zeitraum dar.
Das beschleunigte Verfahren zeigt jedoch, dass grundsätzlich auch auf europäischer Ebene eine schnellere Prüfungszeit möglich ist, die womöglich im Falle einer gerichtlichen Umstrukturierung zu einer Beschleunigung und Gleichbehandlung aller Fusionsfälle beitragen könnte.
In diese Richtung geht auch der in Reaktion auf die lange Prüfungsdauer im Fall „Airtours/First Choice" von Wettbewerbskommissar Monti gemachte Vorschlag. Er befürwortet die Einrichtung einer separaten Kammer bei Gericht, die ausschließlich für Fusionsfälle zuständig wäre. Auf diese Weise soll es gelingen, den Unternehmen eine schnellere Möglichkeit an die Hand zu geben, die Entscheidung der Kommission gerichtlich überprüfen zu lassen. Gerade weil die Kommission in Fusionsverfahren zugleich Ermittler, Ankläger und Richter ist, könnte auf diese Weise ein effektives Instrument zur Überprüfung der Kommission geschaffen werden, welches bisher aufgrund der Dauer des Verfahrens quasi nutzlos war. Es müsste demnach gelingen, ein Verfahren innerhalb der neuen Kammer zu etablieren, welches eine gerichtliche Überprüfung der Kommissionsentscheidung bereits innerhalb von einigen Monaten ermöglicht. Dass ein Verfahren dieser Art

---

[458] Hengeler Mueller, Stellungnahme zum Grünbuch der Kommission vom 11.12.2001, S. 26.
[459] Vgl. zu den Angaben: Burnside, The Governance of EC Merger Control – Bumps in the level playing field?, S. 6-8.

grundsätzlich möglich ist, zeigt z.B. der in England vorhandene „Competition Commission Appeals Tribunal“, welcher darauf ausgerichtet ist, Einsprüche gegen Wettbewerbsentscheidungen innerhalb von sechs Monaten zu bearbeiten[460]. Die Kommission hat allerdings keinen Einfluss auf eine etwaige Reform des Gerichtsverfahrens und der Europäische Gerichtshof steht einer derartigen Änderung zur Zeit aus Personal- und Kostengründen eher skeptisch gegenüber. Allerdings könnten die Mitgliedstaaten im Wege einer Debatte über eine Vertragsänderung, dem Ziel der Einrichtung einer separaten Kammer ein wenig näher kommen.[461] Auf diese Weise könnte ein effektives Instrument zur zügigen, gerechten und wirksamen gerichtlichen Überprüfung der Kommissionsentscheidungen begründet werden, welches den Unternehmen die Möglichkeit verschafft, den wirtschaftlichen Erfolg ihres Fusionsvorhabens noch zu retten.

Dass dies nach einer angenommenen Prüfungszeit von sechs Monaten gar nicht so abwegig scheint, zeigt z.B. das in Deutschland geprüfte Fusionsvorhaben von „E.ON/Ruhrgas“. Bei diesem grundsätzlich als Einheit zu behandelnden Vorgang geht es eigentlich um zwei Vorgänge. Einmal handelt es sich um den Erwerb von 51% der Gelsenberg AG durch E.ON, um so mittelbar den Einfluss auf die Ruhrgas AG zu erlangen. Der zweite Vorgang betrifft die Übernahme sämtlicher Geschäftsanteile der Bergemann GmbH (beide Vorhaben dienen dazu die mittelbare Kontrolle über die Ruhrgas AG zu erlangen)[462]. Von der Anmeldung des ersten Vorgangs (am 15. August 2001; die Anmeldung des zweiten Vorgangs folgte am 9.11.2001) beim Bundeskartellamt über dessen Untersagung[463] bis zum Erlass einer Ministererlaubnis[464], in deren Verfahren die beiden Vorhaben gemeinsam geprüft und genehmigt wurden, vergingen bereits elf Monate. Durch eine von Dritten eingereichte Klage beim Oberlandesgericht Düsseldorf wurde das Vorhaben in einer Eilentscheidung weiter blockiert, da das Gericht Zweifel an der Rechtmäßigkeit der Ministererlaubnis hatte. Das endgültige Urteil über die Fusion soll nun im Herbst 2002 fallen[465] – über ein Jahr nach der Anmeldung des ersten Vorhabens. E.ON hat bislang jedoch nicht das Interesse an der Fusion verloren[466], was zeigt, dass ein Fusionsvorhaben auch nach einem Jahr noch von wirtschaftli-

---

[460] Vgl. Vodafone, Stellungnahme zum Grünbuch der Kommission vom 11.12.2001, Punkt 4.8. i.

[461] Vgl. Financial Times Deutschland vom 12. Juni 2002, Monti kommt Kritikern bei Fusionskontrolle entgegen, S. 1 sowie vom 13. Juni 2002, Montis Kontrolleure, S. 31.

[462] Vgl. für einen Überblick: Darstellung des Bundesministeriums für Wirtschaft und Technologie, http://www.bmwi.de/Homepage/Politikfelder/Wirtschaftspolitik/Wettbewerbspolitik/Ministererlaubnis.jsp.

[463] Das Vorhaben „E.ON/Gelsenberg“ wurde am 17. Januar 2002 untersagt; das Vorhaben „E.ON/Bergemann“ wurde am 28. Februar 2002 untersagt; Vgl. http://www.bundeskartellamt.de/fusion 2002.html.

[464] Die Ministererlaubnis wurde am 5. Juli 2002 erlassen; Vgl. http://www.bmwi.de/Homepage/Presseforum/Pressemitteilungen/2002/2705prm1.jsp.

[465] Financial Times Deutschland vom 5. August 2002, EON kämpft um Fusion mit Ruhrgas, S. 1.

[466] Vgl. Financial Times Deutschland vom 5. August 2002, EON kämpft um Fusion mit Ruhrgas S. 1.

chem Interesse sein kann[467]. Ein einjähriger Zeitraum, der durch eine ca. 5-6 monatige Prüfung der Kommission und eine anschließende 6 monatige Prüfung durch das Gericht entsteht, könnte somit ausreichen, um ein Fusionsvorhaben noch zu retten. Für Unternehmen bestände damit eine realistische Möglichkeit den wirtschaftlichen Erfolg des Vorhabens noch zu erreichen.
Die Gefahr der Verletzung des Art. 6 Abs. 1 EMRK wäre somit durch ein schnelleres gerichtliches Verfahren gebannt.

Zum Teil werden jedoch noch progressivere Änderungen gefordert, die die Einführung eines dem U.S.-Recht ähnlichen Systems beinhalten[468]. Soll in den USA der Vollzug eines Zusammenschlusses aufgehalten werden, so müssen die Wettbewerbsbehörden ein entsprechendes Verfahren vor einem Gericht einleiten. Dies betrifft nicht nur das Department of Justice (im Folgenden: DoJ), welches die Antitrustgesetze generell durch die Erhebung von Klagen vor Gericht durchsetzt, sondern ebenfalls die Federal Trade Commission (im Folgenden: FTC), die ihre Aufgabe im Wesentlichen ohne die Mitwirkung der Gerichte durchführt, im Fall einer einstweiligen Anordnung zur Verhinderung des Vollzugs eines Zusammenschlusses diese jedoch ebenfalls vor Gericht erstreiten muss.[469]
Im Grünbuch vom 11.12.2001 veröffentlichte die Kommission einige Zahlen, die Zweifel hinsichtlich der Funktionalität sowie der anvisierten Vorteile gegenüber dem europäischen System aufwerfen[470]. So wurden in einem Zeitraum von 1996 bis 2001 von der FTC zwölf Anträge auf einstweilige Verfügung zur Aussetzung des Vollzugs eines Zusammenschlusses gestellt. In einem Fall wurde noch vor der Verhandlung eine Einigung erzielt, während in vier Fällen das Vorhaben aufgegeben wurde. In den verbleibenden sieben Fällen wurden Rechtsmittel gegen die Verfügung eingelegt. Diese Zahlen werden jedoch relativiert, wenn man von vier weiteren Fällen erfährt, in denen die betroffenen Unternehmen ihr Fusionsvorhaben aufgaben, nachdem sie von Mitarbeitern der FTC erfahren hatten, dass die FTC eine einstweilige Verfügung beantragen würde. Geht man nun von insgesamt 16 Fällen aus, in denen eine einstweilige Verfügung erging, bzw. ergehen sollte, so wurde die Hälfte der Fälle aufgegeben, bevor es zu einer gerichtlichen Untersuchung kam. Lediglich sieben Fälle wurden vor Gericht verhandelt. Auch die von der Kommission genannten Zahlen bezüglich der vom DoJ durchgeführten

---

[467] Vorteilhaft war für E.ON, dass sie die Anmeldung des Vorhabens bereits vor verbindlichem Vertragsabschluss beim Bundeskartellamt einreichen konnten, so dass sich das Vorhaben bereits im Verfahren der Ministererlaubnis befand als die Verträge am 20. Mai 2002 unterzeichnet wurden; vgl. Financial Times Deutschland vom 25. Juli 2002, Fusion von EON und Ruhrgas droht Verzug, S. 8. Auf den Vorteil einer vorgezogenen Anmeldung sei deshalb nochmals hingewiesen.
[468] Vgl. Hengeler Mueller, Stellungnahme zum Grünbuch der Kommission vom 11.12.2001, S. 26; Financial Times Deutschland vom 7. Juni 2002, Niederlage für Monti, S. 31; Europäische Kommission, Grünbuch vom 11.12.2001, Tz. 252.
[469] Vgl. dazu Harmjanz, Auflagen und Bedingungen, S. 50-53.
[470] Vgl. zu den folgenden Angaben: Europäische Kommission, Grünbuch vom 11.12.2001, Tz. 252, Fußnote 47.

Fälle zeigen wie hoch die Zahl der aufgegebenen Fälle liegt. In einem Zeitraum von 1996 bis 2000 wurde vom DoJ in 80 Fällen Klage erhoben, während in 126 Fällen das Fusionsvorhaben aufgegeben oder modifiziert wurde, nachdem es zur Androhung einer einstweiligen Verfügung kam.
Diese Zahlen zeigen, dass in den USA viele Fusionsvorhaben wegen drohender Untersagungsentscheidungen bereits aufgegeben werden, bevor eine gerichtliche Nachprüfung erfolgt. Im Hinblick auf die letztendliche Durchführbarkeit von Fusionen beim Auftreten von Wettbewerbsproblemen belegt der Vergleich der Zahlen, dass ein mit einer neutralen Instanz durchgeführtes Verfahren, wie es in den USA der Fall ist, für die Parteien nicht erfolgssichernder ist.
Vorteile gegenüber dem bereits ausgeführten Vorschlag der Einrichtung einer eigenen Kammer für Fusionsfälle sind somit nicht erkennbar, so dass letzteres vom Verfasser favorisiert wird. Eine kürzere gerichtliche Prüfungszeit eröffnet den Unternehmen gerade im Fall einer ergangenen Untersagungsentscheidung eine effiziente Überprüfungsmöglichkeit verwaltungsrechtlichen Handelns.

Gedanken hinsichtlich der Einführung einer Art Verwaltungsprozess, der ein Vorgehen gegen einzelne belastende Umstände (wie z.B. zu weitgehende Verpflichtungszusagen) ermöglichen könnte, wurden aus Gründen der Ineffektivität und der Doppelkontrolle sowie mangels Institution für die Durchführung wieder verworfen.
Ebenso scheint der Gedanke der Einführung einer zusätzlichen Jury zur Entscheidungsfällung, welche die Trennung der Ermittler und Ankläger von den Entscheidern ermöglicht, wenig praxisnah.
Zudem vermag keine der angesprochenen Möglichkeiten ein gerichtliches Verfahren zu ersetzen, auf welches sich die Reformen zunächst konzentrieren sollten.

Letztlich gewährt die europäische Struktur, in der die Kommission als Ermittler, Ankläger und Richter handelt, ein Verfahren, welches nur aufgrund dieser Struktur so zügig innerhalb der engen Fristen durchgeführt werden kann. Eine Abgabe des Falles (z.B. an ein Gericht) bei festgestellten Wettbewerbsproblemen erfordert erneute Einarbeitungszeit für die neuen Entscheidungsträger. Eine Verfahrensbeendigung nach höchsten fünf Monaten, erscheint dann kaum möglich. Um eine neutrale Entscheidung zu gewährleisten, wäre es deshalb effektiver, die Entscheidungen bei der Kommission zu belassen und die gerichtliche Überprüfung zu beschleunigen.

Für die gerichtliche Kontrolle der von der Kommission getroffenen Fusionsentscheidungen, hier insbesondere der angesprochenen Untersagungen, lässt sich festhalten, dass das jetzige System keine effektive Überprüfung verwaltungsrechtlichen Handelns gewährleistet, da die Parteien aufgrund der Dauer des Verfahrens den wirtschaftlichen Erfolg des Fusionsvorhabens nach einer negativen Kommissionsentscheidung nicht mehr herstellen können. Für die unter Zeitdruck stehenden Parteien ist die Kommissionsentscheidung demzufolge zur Zeit quasi endgültig. Mit Hilfe eines zügigeren Verfahrens bestünde für die Unternehmen allerdings eine Chance, ihr Fusionsvorhaben eventuell dennoch durchzuführen. Insofern würde mit einer eigenen Kammer für Fusionsfälle bei Gericht eine wirksame Überprüfungsmöglichkeit geschaffen, die den Parteien auch gemäß Art. 6 Abs. 1 EMRK zusteht.

II. Untersuchungsergebnis der Elemente des Verfahrens

Hinsichtlich der einzelnen Elemente des Verfahrens lässt sich folgendes Ergebnis festhalten.
Für eine effiziente Zeitplanung der anmeldenden Parteien wäre es von hohem Wert, die Möglichkeit einer vorgezogenen Anmeldung zu nutzen, um das Ende der Vertragsverhandlungen für das Fusionsvorhabens mit dem Abschluss der Prüfung des Vorhabens kondizieren lassen zu können.
Um unangemessene Beeinträchtigungen der Parteien zu vermeiden, muss es ferner gelingen die sachliche Kontinuität im Falle eines Personalwechsels zwischen den Vorgesprächen und den Verhandlungen nach der Anmeldung zu gewährleisten. Daher wird vorgeschlagen, Facheinheiten zu bilden, aus denen zumindest ein branchenerfahrener sogenannter stellvertretende Leiter zusammen mit dem 'Case Manager' dem Fall zugeordnet bleibt, um den Erhalt der Ergebnisse der Vorgespräche trotz eines nie ganz auszuschließenden Wechsels der Mitarbeiter zu sichern. Wird zudem eine Branchengliederung eingeführt, kann im Falle eines Personalwechsels der flexiblen Mitarbeiter sowohl eine schnellere Einarbeitung der neuen Mitarbeiter erfolgen, als auch der zur Zeit mangelnden Ausschöpfung der Dispensmöglichkeit im Rahmen des Formblatts CO abgeholfen werden. Letztere war häufig aufgrund fehlender Sachkenntnis und Einschätzungsmöglichkeit im frühen Zeitpunkt der Vorgespräche für die Anmeldung nicht ausreichend ausgeschöpft worden.
Um Zweifel an möglicher Parteilichkeit im Rahmen der Markttests zu beseitigen, sollte sich die Kommission verstärkt um die vermehrte Hinzuziehung neutralerer Informationen bemühen, da sie, wie aufgezeigt, auf Informationen von Wettbewerbern nicht verzichten kann.
Eine Beteiligung des Anhörungsbeauftragten an den Verhandlungen der Abhilfemaßnahmen wird in der ersten Phase aus Gründen mangelnder Praktikabilität ebenso wie die Einführung einer optionalen Fristaussetzung abgelehnt. Im Falle einer auf diese Weise verlängerten ersten Phase droht die Effizienz unterlaufen zu werden. Gerade die erste Verfahrensphase ist der Genehmigung unkritischer Fälle mit einfach gelagertem Wettbewerbsproblem vorbehalten. Da in diesem Zeitraum zudem keine Untersagungsentscheidungen getroffen werden können, ist im Sinne der Effizienz für kritische Fälle auf die zweite Verfahrensphase mit umfangreichen Verteidigungsrechten zu verweisen.

Die zweite Phase weist im gegenwärtigen System mit ihren engen Fristen ein Ungleichgewicht auf, welches die Gewährleistung der Verteidigungsrechte wegen der knapp bemessenen Zeit benachteiligt. Durch die nur beschränkt zur Verfügung stehende Zeit kommt es zu einer Vermischung des Verteidigungszeitraumes mit der Vorbereitung und Diskussion von Abhilfemaßnahmen. Als Folge müssen sich die Parteien parallel zu ihrer Verteidigung bereits mit Kompromissvorschlägen im Hinblick auf ihr Vorhaben beschäftigen. Ist eine angemessene Konzentration auf die Verteidigung jedoch nicht möglich, drohen diese Verteidigungsrechte unterlaufen zu werden. Ursachen für die Parallelität sind sowohl fehlende Strukturierung der zweiten Phase als auch fehlende Zeit für die Verhandlungen der Abhilfemaßnahmen. Um den Zeitdruck von Beginn an möglichst gering zu halten, wird vorgeschlagen, die zweite Phase besser zu strukturieren, indem der Kommission eine Frist für die Mitteilung der Beschwerdepunkte gesetzt wird, die Akteneinsicht bereits zu einem früheren Zeitpunkt möglich ist und eine separate Vorbereitungszeit für die mündliche Anhörung eingeräumt wird. Zusätzlich kann durch die Einführung einer optionalen Fristaussetzung zusätzlich erforderliche Zeit für die Verhandlungen der Abhilfemaßnahmen zwischen der mündlichen Anhörung und der Abgabe von Zusagen gewonnen werden.
Um der mündlichen Anhörung zur Verteidigung des Fusionsvorhabens größeren Wert zu verleihen, sollte die Anwesenheit der Wettbewerbsexperten zu mehr Dialog genutzt werden. Die zur Zeit passive Ausgestaltung der Anhörung lässt die bedeutende Möglichkeit einer in großer Sachkompetenz geführten kontroversen Diskussion ungenutzt.
Weiter wird in der zweiten Phase die Beteiligung des Anhörungsbeauftragten an den Verhandlungen der Abhilfemaßnahmen vom Verfasser befürwortet, zumal durch die Möglichkeit einer optionalen Fristaussetzung auch in kritischen Fällen keine Zeitnot entstünde. Durch seine Beteiligung in Form eines Mediators könnte die zur Zeit schwache Verhandlungsposition der Parteien gestärkt werden.
Zwar treffen die Probleme des Rechtsschutzes das Verfahren nur indirekt, sie sind aber geeignet, die Parteien im Rahmen der Zusagenverhandlungen unter zusätzlichen Druck zu setzen. Aufgrund einer im gegenwärtigen System quasi endgültigen Entscheidung der Kommission können die Parteien, auch wenn sie anderer Meinung sind, kaum anders handeln als die von der Kommission für notwendig erachteten Zusagen einzugehen, um eine Untersagungsentscheidung zu vermeiden. Durch die Einführung einer separaten Kammer beim Europäischen Gericht könnte eine zügige Überprüfungsmöglichkeit (sechs Monate sollten angestrebt werden) geschaffen werden, um die Macht der Kommission zu begrenzen quasi endgültige Entscheidungen zu treffen. Der Druck auf die Parteien hinsichtlich des Eingehens nur aus Sicht der Kommission notwendiger Zusagen könnte somit gemindert werden.
Es bleibt somit festzuhalten, dass im gegenwärtigen System gerade in der zweiten Phase die bestmögliche Gewährung der Verfahrensrechte durch die knapp bemessene Zeit eingeschränkt wird. Eine Umsetzung der Lösungsvorschläge würde zu

einer besseren Gewährleistung der Verteidigungsrechte führen und somit der Ausgewogenheit des Fusionskontrollverfahrens näher kommen.

C. Das Mandat des Anhörungsbeauftragten – Auswirkungen auf die Verfahrensrechte der Parteien

Im Mai 2001 trat, wie bereits im ersten Teil angesprochen, ein neues Mandat des Anhörungsbeauftragten in Kraft. Die gegenüber dem Mandat von 1994 erweiterte Stellung des Anhörungsbeauftragten soll durch mehr Unabhängigkeit und Transparenz dazu beitragen, ein objektiveres Verfahren zu gewährleisten.
Der Anhörungsbeauftragte stellt einen unentbehrlichen Garant der fundamentalen Verfahrensrechte der Parteien dar. Eine Stärkung seiner Position könnte daher auch einen Fortschritt hinsichtlich der Stärkung der Verteidigungs- bzw. Verfahrensrechte der Parteien nach sich ziehen.
Es ist deshalb zu untersuchen, wie die Änderungen im Mandat durch einen gestärkten Anhörungsbeauftragten implizit zu einer den Parteien zugute kommende Objektivität beitragen sowie einer besseren Gewährung der Verfahrensrechte dienen. Exemplarisch werden dafür die aus Sicht des Verfassers relevantesten Neuerungen herangezogen.

Während der Untersuchung hat es sich jedoch wiederholt als Schwierigkeit herausgestellt, dass das geänderte Mandat erst knapp eineinhalb Jahre in Kraft ist. Die Erfahrungen in der Praxis waren daher wenig zahlreich und können somit nicht für eine generelle Aussage genutzt werden. Aus diesem Grund ist nachfolgend die verstärkte Hinzuziehung von Literatur für eine Bewertung unerlässlich.

I. Auswirkungen der Änderungen des neuen Mandats

Neben den bereits diskutierten Änderungen, wie z.B. die Hinzuziehung des Anhörungsbeauftragten im Rahmen der Unvollständigkeitserklärungen oder im Rahmen der Verhandlungen der Abhilfemaßnahmen in der ersten und zweiten Phase, werden auch im Folgenden Änderungen hinsichtlich der Stärkung der Rolle des Anhörungsbeauftragten und damit implizit auch der Stärkung der Parteien diskutiert.
Um einen Eindruck der teilweise gravierenden Änderungen zu gewinnen, wird in jedem Abschnitt auch auf die Stellung des Anhörungsbeauftragten vor der Mandatsänderung eingegangen.

1. Die Berichte des Anhörungsbeauftragten – Probleme der Offenlegung

Der Anhörungsbeauftragte erstellt im Verlauf des Verfahrens zwei Berichte: eine Art Zwischenbericht über den Verlauf der Anhörung (Art. 13 des Mandats von 2001) und einen Abschlussbericht nach Art. 15 des Mandats von 2001[471]. Die ebenfalls nach dem Mandat aus dem Jahr 1994[472] zu erstellenden zwei Berichte (Art. 8 und Art. 10 des Mandats von 1994) waren nicht öffentlich und nur für den internen Gebrauch bestimmt. Häufig wurde, wie Angaben belegen, wenn überhaupt auch nur einer dieser Berichte geschrieben. Nach langer Diskussion entschied man sich, den Abschlussbericht (Art. 15 des Mandats von 2001) den Adressaten der Entscheidung gegenüber offenzulegen sowie ihn im Amtsblatt der Europäischen Gemeinschaften zu veröffentlichen, womit eine gravierende Änderung stattfand. Denn in der Nichtöffentlichkeit bis zum Jahre 2001 lag ein Schwerpunkt der Kritik. Legt ein Bericht verfahrensrechtliche oder materielle Schwächen offen und entscheidet sich die Kommission dies zu ignorieren, kann sie die Rechte der Parteien unterlaufen, indem sie das Dokument des Garanten der Verteidigungsrechte lediglich zu den internen Dokumenten abheftet. Der Schutz für die Parteien, den der Anhörungsbeauftragte bieten sollte, war daher mangels Offenlegung ineffektiv. Die Änderungen des Mandats bezüglich der vom Anhörungsbeauftragten verfassten Berichte werden im Folgenden näher erläutert. Zu untersuchen ist vor allem, ob die Offenlegung die erhofften Auswirkungen hinsichtlich einer größeren Unabhängigkeit des Anhörungsbeauftragten, einer höheren Transparenz und damit eines objektiveren Verfahrens für die Parteien mit sich bringt.

Nachdem die mündliche Anhörung stattgefunden hat, erstattet der Anhörungsbeauftragte dem zuständigen Kommissionsmitglied gemäß Art. 13 Abs. 1 des Mandats von 2001 über den Ablauf der Anhörung sowie seine Schlussfolgerungen in Bezug auf die Ausübung des Anhörungsrechts Bericht. Hierin geht er weiter auf Verfahrensfragen wie die Offenlegung von Unterlagen, die Gewährung von Akteneinsicht, die Frist für die Antwort auf die Beschwerdepunkte sowie auf den ordnungsgemäßen Ablauf der Anhörung ein (Art. 13 Abs. 1 S. 2 des Mandats). Zusätzlich kann er sich auch gemäß Art. 13 Abs. 2 des Mandats zum weiteren Verlauf des Verfahrens äußern und z.B. den Verzicht von Beschwerdepunkten anregen oder auch die Einholung weiterer Auskünfte vorschlagen.
Theoretisch entspricht dieser Bericht nach Art. 13 Abs. 1 des Mandats dem vorherigen Art. 8 - Bericht des Mandats des Anhörungsbeauftragten von 1994. Praktisch gesehen, enthielt der Art. 8 – Bericht im Falle seiner Verfassung eine „bunte Mischung“ von Äußerungen die je nach Fall variierten. Diese konnten die künfti-

[471] Mandat des Anhörungsbeauftragten von 2001, ABl. EG, Nr. L 162 vom 19.6.2001, S. 21 ff..
[472] Mandat des Anhörungsbeauftragten von 1994, ABl. EG, Nr. L 330 vom 21.12.1994, S. 67 ff..

ge Entscheidung, das Ausreichen von Beweisen oder auch begangene Verfahrensfehler betreffen. Wie Art. 8 des Mandats von 1994 vorsah, wurde dieser Bericht dem Generaldirektor für Wettbewerb übermittelt und lediglich fakultativ nach Art. 9 auch dem Wettbewerbskommissar übergeben. Während der Vorbereitung zum Beschluss des neuen Mandats von 2001 wurde diskutiert, diesen Bericht offenzulegen und ihn den Parteien zu übermitteln. Auf diese Weise sollte versucht werden, nicht nur die Stellung des Anhörungsbeauftragten zu stärken, sondern ebenfalls den Parteien die Möglichkeit zu geben, dieses bisher interne Dokument mit eventuell entscheidenden Informationen einzusehen. Gerade wenn zwischen der Kommission und dem Anhörungsbeauftragten Meinungsunterschiede über gewisse Punkte bestehen sollten, müssen die Parteien darüber informiert werden. Besteht nämlich aus Sicht der Kommission die Gefahr, dass Fehler bzw. Schwächen ihrerseits öffentlich werden, wird sie versuchen, diese auszuräumen und Einigung zu erzielen, um spätere Konfrontation zu vermeiden. Ohne eine Offenlegung würden die Parteien von derartigen Meinungsunterschieden nichts erfahren und der Anhörungsbeauftragte seine Aufgabe der Sicherung der Verteidigungsrechte nicht effektiv durchsetzen können.

Gegen eine derartige Offenlegung dieses Berichtes sprach jedoch von Seiten der Kommission, dass es sich hierbei um einen Zwischenbericht handelt, der lediglich ein vorbereitendes Dokument darstellt[473]. Es könnte daher sein, dass die Kommission anhand dieses Berichtes oder auch unabhängig davon ihre Meinung noch ändert. Das Dokument könnte dann Kritikpunkte enthalten, denen die Kommission bis zur Entscheidung jedoch nachgekommen ist. Der Bericht wäre dann in gewisser Weise unrichtig.

Um dies zu vermeiden, hat man sich im neuen Mandat aus dem Jahr 2001 dafür entschieden, den Anhörungsbeauftragten neben dem Bericht nach Art. 13 des Mandats einen gesonderten Abschlussbericht erstellen zu lassen (Art. 15 des Mandats). War ein zweiter Bericht bereits im Rahmen des Mandats von 1994 (Art. 10 des Mandats von 1994) möglich, um eine direkte Berichterstattung an den Wettbewerbskommissar zu gewährleisten, so war dieser Bericht jedoch nicht obligatorisch. Vor der Änderung im Jahr 2001 hatte der Anhörungsbeauftragte im Rahmen des Art. 10 des Mandats von 1994 zudem keine Möglichkeit, die Beifügung des Berichts zum Entscheidungsentwurf der Kommission zu verlangen (dies lag im Ermessen des Wettbewerbskommissars), bevor dieser an das Kollegium der Kommissare übermittelt wurde. Eine zumindest teilweise, wenn jedoch interne Veröffentlichung, konnte er somit nicht selbständig durchsetzen. Im übrigen geht aus Angaben von ehemaligen Anhörungsbeauftragten hervor, dass der ehemalige Art. 10 – Bericht des Mandats von 1994 kaum Relevanz besaß, was hauptsächlich daran lag, dass dem Wettbewerbskommissar bereits der Art. 8 – Bericht des Mandats von 1994 (nach Art. 9) übermittelt wurde, was den Art. 10 – Bericht

[473] Antwort der Europäischen Kommission im Rahmen einer Befragung des Sub-Committee E, S. 5.

quasi überflüssig machte. Denn erhielt neben dem Generaldirektor ebenfalls der Kommissar bereits den Art. 8 – Bericht und befand diesen als ausreichend, so benötigte man keinen Art. 10 – Bericht, da er ansonsten eine reine Wiederholung darstellen würde. So kam es, dass ehemalige Anhörungsbeauftragte niemals einen Artikel 10 – Bericht schrieben[474].
Im neuen Mandat von 2001 hat man sich entschieden, bereits den Art. 13 – Bericht direkt an den Wettbewerbskommissar und nicht mehr an den Generaldirektor für Wettbewerb zu richten, um die Unabhängigkeit des Anhörungsbeauftragten von der in der Generaldirektion Wettbewerb bestehenden Hierarchie zu stützen. Der zweite Bericht, hier als Abschlussbericht bezeichnet, bekam eine neue Bedeutung. Der nach Art. 15 des Mandats anzufertigende schriftliche Abschlussbericht ist nun obligatorisch und wird u.a. in jedem Fall auch dem den 20 Kommissaren vorgelegten Entscheidungsentwurf beigefügt (Art. 16 Abs. 1 des Mandats) sowie den Adressaten der Entscheidung mit dieser übermittelt (Art. 16 Abs. 3 S. 1 des Mandats). Ebenfalls findet gemäß Art. 16 Abs. 3 S. 2 des Mandats eine Veröffentlichung des Abschlussberichtes zusammen mit der Entscheidung im Amtsblatt der Europäischen Gemeinschaften statt.
Inhaltlich geht der Bericht auf die Frage nach der ordnungsgemäßen Wahrung des Anhörungsrechts nach Art. 13 Abs. 1 des Mandats ein. Des Weiteren beinhaltet er Äußerungen des Anhörungsbeauftragten hinsichtlich der Frage, ob im Entscheidungsentwurf ausschließlich Beschwerdepunkte behandelt wurden, zu denen sich die Parteien äußern konnten. Gegebenenfalls kann der Anhörungsbeauftragte auch zur Objektivität einer Untersuchung im Sinne von Art. 14 des Mandats Stellung nehmen. Damit ist eine Untersuchung gemeint, mit deren Hilfe die wettbewerbsrechtlichen Auswirkungen von Verpflichtungszusagen im Rahmen von Verfahren beurteilt werden.

Durch die Übermittlung des Abschlussberichts an die Adressaten der Entscheidung sowie dessen anschließende Veröffentlichung könnte die Unabhängigkeit des Anhörungsbeauftragten nach außen sichtbar werden und auf diese Weise seine Objektivität zum Ausdruck gebracht werden. Denn um negative Kritik im Bericht zu vermeiden, die mit einer Offenlegung nach außen dringen würde, wird die Kommission vermutlich versuchen, von vornherein selbst in höchstem Maße objektiv zu handeln und den Parteien ausreichende Verteidigungsrechte zu gewähren. Auf diesem Weg könnte es gelingen, dem Anhörungsbeauftragten einen gewissen Einfluss auf die gesamte Durchführung des Verfahrens und insbesondere der ordnungsgemäßen Gewährung des Anhörungsrechts zu geben. Ob sich diese erhofften Vorteile auch bewahrheitet haben, soll eine Untersuchung der Auswirkungen des neuen Abschlussberichts in der Praxis zeigen.

[474] Unlängst ist die Erstellung eines Art. 10-Berichts zu einer gängigeren Praxis geworden, Europäische Kommission im Rahmen einer Befragung des Sub-Committee E, S. 4.

In der Praxis war es schwierig, konkrete Aussagen über die Auswirkungen der Veröffentlichung des Abschlussberichts zu erhalten, da der Bericht erst seit dem Beschluss des neuen Mandats im Mai 2001 an die Adressaten übermittelt und veröffentlicht wird.
So hatten einige Unternehmen selbst noch keine praktischen Erfahrungen gesammelt und konnten deshalb nur eine Bewertung dieser Neuerung nach theoretischen Gesichtspunkten abgeben. Aufgrund der mit der Veröffentlichung einhergehenden Erhöhung von Transparenz befürworteten jedoch alle die Wende vom internen zum öffentlichen Dokument. Unter dem Vorbehalt, dass in dem Bericht mehr drinstehen würde als lediglich formale Angaben zum Verlauf der Anhörung, sondern ebenfalls eine inhaltliche Einschätzung aufgetretener Probleme im Rahmen der Verteidigungsrechte, sahen sie in einem vom Anhörungsbeauftragten geschriebenen Abschlussbericht mit anschließender Veröffentlichung die Möglichkeit, bereits während des Verfahrens einer gewissen Art Überprüfungsinstanz sicher zu sein.

Aufgrund mangelnder praktischer Erfahrungen wird im Folgenden versucht, eine Beurteilung anhand der Abschlussberichte selbst zu erlangen, um zu einer Einschätzung der erhofften Auswirkungen zu kommen.

Da zwischen der endgültigen Entscheidung und der Veröffentlichung dieser immer ein gewisser Zeitraum liegt (teilweise bis zu 10 Monaten in Fusionskontrollverfahren), sind bisher erst wenig Abschlussberichte des Anhörungsbeauftragten öffentlich einsehbar. Aus Vertrauensschutzgründen konnte die Kommission auch keine weiteren Berichte zugänglich machen. Im Official Journal of the European Communities (der im Internet zugänglichen englischen Ausgabe des Amtsblatts der Europäischen Gemeinschaften) sind bisher zwei Abschlussberichte des Anhörungsbeauftragten zu Fusionskontrollverfahren veröffentlicht worden[475]. Beide Berichte wurden von dem ehemaligen Anhörungsbeauftragten Herrn Schröter verfasst und bestanden aus jeweils drei Sätzen, die verlautbarten, dass in dem jeweiligen Fall keine Probleme hinsichtlich des Anhörungsrechts der Parteien ersichtlich war, und dass ein ordnungsgemäßes Verfahren durchgeführt wurde. In einem Fall hatten die Parteien keine Anhörung beantragt.
Da das Mandat des Anhörungsbeauftragten auch Antitrust-Verfahren nach Art. 81 und 82 des EG-Vertrages umfasst (Vgl. Art. 1 des Mandats), wurde versucht, durch die im Rahmen dieser Verfahren erstellten Abschlussberichte einen besseren Überblick zu erhalten. So war es möglich anhand von acht weiteren Berichten einen etwas weitergehenderen Einblick in derartige Berichte zu erlangen. Hier zeigte sich, dass die Berichte nicht grundsätzlich so kurz gefasst sind, sondern

[475] Official Journal of the European Communities, C 91 vom 17.4.2001, S. 8 sowie Official Journal of the European Communities, C 116 vom 17.5.2002, S. 11.

dass in problematischen Fällen auch ein ausführlicherer Bericht erstellt wurde[476]. Die Sorge der Unternehmen, dass diese Berichte lediglich formelle Gesichtspunkte enthalten und damit inhaltlich hinter den Erwartungen zurück bleiben, wird zwar zunächst durch die in den Fusionskontrollverfahren veröffentlichten Berichte erhärtet, eine grundsätzliche Bestätigung dieser Annahme kann jedoch mit Blick auf die im Rahmen der Antitrust-Verfahren erstellten Berichte nicht aufrecht erhalten werden. Gerade z.B. im Fall „Deutsche Post AG" äußert sich der Anhörungsbeauftragte unter Punkt 3 inhaltlich hinsichtlich von der Deutschen Post AG kritisierten Verfahrensfehler[477]. In keinem der Berichte wurde jedoch offene Kritik gegenüber etwaiger Mängel von Kommissionsseite geäußert.

Eine materielle Intervention des Anhörungsbeauftragten z.B. hinsichtlich der Bewertung von Beweisen oder der künftigen Entscheidung darf im Rahmen des Abschlussberichtes nicht erwartet werden, obwohl gerade dies für die Parteien ebenfalls sehr interessant wäre. Bezüglich des Abschlussberichtes überschreitet das jedoch die Kompetenzen des Anhörungsbeauftragten, die sich in diesem Bericht allein auf Äußerungen über die Wahrung der Verfahrensrechte sowie das Verfahren selber beschränken. Materielle Äußerungen seinerseits erfolgen nur intern im Rahmen des Zwischenberichtes gemäß Art. 13 des Mandats. Eine Ausdehnung der materiellen Äußerungen auch auf den Abschlussbericht scheint in erster Linie für die beteiligten Parteien interessant, da sie dadurch eine zusätzliche objektive Meinungsäußerung erhalten. Eine derartig abschließende materielle Beurteilung ist dagegen kaum vorstellbar, liegt doch der Schwerpunkt der Aufgabe des Anhörungsbeauftragten in der Wahrung der Verfahrensrechte der Parteien sowie in der Organisation des Verfahrens, nicht aber in seiner inhaltlichen Beurteilung. Es ist daher unangebracht, im Rahmen des Abschlussberichtes eine abschließende inhaltliche Beurteilung des Anhörungsbeauftragten zu erwarten. Der Abschlussbericht stellt somit keinen Zwischenbericht dar, auf dessen Anregungen materieller Art noch reagiert werden kann. Der Abschlussbericht ist endgültig, materielle Einschätzungen kommen hier einer richterlichen Bewertung gleich. Der Anhörungsbeauftragte ist jedoch kein Richter, sondern Garant der Verfahrensrechte der Parteien, so dass eine Ausdehnung seiner Aufgaben auf materielle Äußerungen im Abschlussbericht abgelehnt wird.

Allerdings deutet schon die Ausführlichkeit der Abschlussberichte in problematischen Fällen darauf hin, dass die Veröffentlichung durchaus der Objektivität wie auch insbesondere der Transparenz dient. Verfahrensprobleme werden offen angesprochen, wie z.B. im Fall „Deutsche Post AG" aufgetretene Versäumnisse der Kommission bezüglich versehentlich nicht einzusehender Akten. Zwar ist der angesprochene Fall kein Fusionsfall, dennoch lässt eine derartig sorgsame Verfas-

---

[476] Vgl. dazu exemplarisch: Official Journal of the European Communities, C 358 vom 15.12.2001, S. 5 im Fall COMP/36.915 „Deutsche Post AG".

[477] COMP/36.915 „Deutsche Post AG", Official Journal of the European Communities, C 358 vom 15.12.2001, S. 5.

sung von Abschlussberichten in Antitrust-Verfahren auch auf ähnlich ausführliche Äußerungen in Fusionsverfahren schließen, zumal die Abschlussberichte zum Teil von ein und demselben Anhörungsbeauftragten verfasst werden[478]. So wurden auch die meisten der angesprochenen Abschlussberichte (gerade auch im Fall „Deutsche Post AG") von Herrn Schröter verfasst. Dass er Fusionsfälle im Fall auftretender Probleme weniger ausführlich und sorgfältig behandelt hätte als Antitrust-Fälle, scheint sehr unwahrscheinlich.
Trotz der äußerst knappen, aus drei Sätzen bestehenden Abschlussberichte im Rahmen des Fusionskontrollverfahrens, kann daher davon ausgegangen werden, dass verfahrensrechtlich kritische Punkte bei Bedarf angesprochen und durch den Anhörungsbeauftragten bewertet werden.

Obwohl keine praktischen Erfahrungen der Unternehmen bewertet werden konnten, lässt sich jedoch aus den Berichten aufgrund ihrer Ausführlichkeit in kritischen Fällen erkennen, dass hiermit ein neues Instrument zur Sicherung der Verteidigungsrechte, Gewährleistung von mehr Objektivität sowie zu größerer Transparenz geschaffen wurde. Der Einfluss des Anhörungsbeauftragten über die Führung des Verfahrens kann auf diese Weise erhöht und somit auch Vertrauen bei den Parteien hinsichtlich eines fairen Verfahrens aufgebaut werden. Diese positiven Tendenzen lassen auf eine zukünftig ebenfalls positive Bewertung in der Praxis hoffen. Dennoch soll darauf hingewiesen werden, dass eine abschließende Bewertung aufgrund mangelnder Erfahrungen in der kurzen Zeit seit Mai 2001 und aufgrund erst weniger veröffentlichter Abschlussberichte hier nicht möglich ist und lediglich eine erste Einschätzung an ihren Platz treten muss.

2. Stärkung der Unabhängigkeit des Anhörungsbeauftragten

Um zur Objektivität des Verfahrens sowie der Entscheidung beitragen zu können, bedarf es einer gewissen Unabhängigkeit des Anhörungsbeauftragten. Eine normale Eingliederung in die Hierarchie der Generaldirektion für Wettbewerb könnte dazu führen, dass kritische Äußerungen nur mit großer Zurückhaltung verübt werden und der Garant der Verteidigungsrechte zu einer von der Generaldirektion Wettbewerb abhängigen „Spielfigur" wird und somit nicht mehr zur Objektivität beiträgt.
Um dieser Gefahr entgegen zu treten, sind im neuen Mandat des Anhörungsbeauftragten aus dem Jahr 2001 Maßnahmen ergriffen worden, um die Unabhängigkeit zu stärken. Diese werden im Folgenden diskutiert und auf ihre Nachhaltigkeit oder auch fehlende Wirksamkeit untersucht. Ebenfalls werden etwaig vorhandene Kritikpunkte angesprochen. Auf diese Weise soll festgestellt werden, ob die be-

[478] Seit Oktober 2001 gibt es nun zwei Anhörungsbeauftragte, während das Amt zuvor von einer Person ausgeführt wurde.

stehende Unabhängigkeit des Anhörungsbeauftragten für die Wahrung der Verteidigungsrechte ausreicht.

a) Ernennung und Amtszeit

Vor dem neuen Beschluss über das Mandat des Anhörungsbeauftragten im Mai 2001 wurden die Anhörungsbeauftragten in der Praxis grundsätzlich aus den Reihen der Generaldirektion Wettbewerb ernannt[479]. Der Grund dafür lag in den Erwägungsgründen zum Beschluss über das Mandat des Anhörungsbeauftragten von 1994 in denen es heißt, dass die „Vorbereitung und Durchführung des Verwaltungsverfahrens, ..., zweckmäßigerweise einer in Wettbewerbsfragen erfahrenen unabhängigen Person übertragen werden sollte"[480]. Diese Passage findet sich auch in den Erwägungsgründen zum Beschluss des neuen Mandats wieder (Erwägungsgrund 3), allerdings ist in Erwägungsgrund 7 explizit angeführt, dass ebenfalls „Bewerber berücksichtigt werden, die nicht Beamte der Kommission sind". Da für die Aufgaben des Anhörungsbeauftragten, wie z.B. die Gewährung von Akteneinsicht, die Organisation der Anhörung oder auch die Erstellung der beiden Berichte, kein internes Wissen aus der Generaldirektion Wettbewerb erforderlich ist, kann ein mit genügend Sachkenntnis ausgestatteter von außerhalb kommender Bewerber diesen Posten gleichermaßen qualifiziert ausführen. Ein solcher von außen kommender Bewerber könnte durch eine bereits im Vorfeld geringere Abhängigkeit von der Generaldirektion zu einer größeren Unabhängigkeit des Postens des Anhörungsbeauftragten beitragen und so Kritikbereitschaft und Objektivität erhöhen. Laut Kommission werden Anhörungsbeauftragte in einem transparenten Verfahren ernannt[481]. Wie dieses genau aussieht, war jedoch nicht in Erfahrung zu bringen. In jedem Fall erfolgt eine Ausschreibung des Postens, wobei nicht bekannt ist, wie groß der Umfang dieser Ausschreibung ist und ob er Außenstehende tatsächlich umfasst. Allerdings können Zweifel an der Transparenz geäußert werden, wenn eine Erwähnung der Art des Verfahrens weder im Mandat selbst noch als Veröffentlichung im Amtsblatt erfolgt. Auch die durch die explizite Berücksichtigung von Bewerbern, die nicht Beamte der Kommission sind, bewusste Abwendung von möglichen internen „Klüngeleien" schlägt fehl, wenn das Verfahren der Ernennung eine objektive Bewerbung nicht ermöglicht. Gerade im Hinblick auf eine bestehende mentale Unabhängigkeit, wird eine von außerhalb der Generaldirektion Wettbewerb kommende Bewerbung bei gleicher Qualifikation zu favorisieren sein, um falsche Loyalitätsgedanken von vornherein ausschließen zu können. Insofern ist es wichtig und wird letztendlich auch zu mehr Objektivität führen, wenn die Absicht einer offenen Bewerbung auch tatsächlich umgesetzt wird. Eine höhere Transparenz in Form einer Veröffentlichung des diesbe-

---

479 Select Committee on the European Union, House of Lords, 19th Report, S. 15.
480 Vgl. ABl. EG, Nr. L 330 vom 21.12.94, S. 67.
481 Europäische Kommission, Grünbuch vom 11.12.2001, Tz. 245.

züglichen Verfahrens, z.B. in einer Verordnung, sowie einer umfangreichen Ausschreibung, könnte bestehende Zweifel bezüglich mangelnder Unabhängigkeit von der in der Generaldirektion herrschenden Hierarchie beseitigen und ist deshalb anzuraten. Allein die Möglichkeit der Aufnahme außerhalb der Generaldirektion stehender Bewerber erhöht die Glaubwürdigkeit der Kommission, sich bei der Auswahl um Personen zu bemühen, die schon aufgrund ihrer Neutralität besonders geeignet sind, den Posten auszuführen.
Allerdings wäre auch zu überlegen, ob man für dieses Amt nicht grundsätzlich nur außerhalb der Generaldirektion Wettbewerb stehende Bewerber berücksichtigen sollte, um Loyalitätskonflikte von vorneherein zu vermeiden. Andererseits können jedoch Beamte aus der Generaldirektion Wettbewerb durch ihre Arbeitszeit dort bereits so viel Prestige und Respekt erworben haben, dass sie sich für den Posten des Anhörungsbeauftragten besonders eignen. Demzufolge ist eine offene Bewerbung, die es ermöglicht, sowohl Beamte der Generaldirektion als auch Außenstehende zu berücksichtigen, zu favorisieren.

Weiter ist zu untersuchen, inwiefern der Anhörungsbeauftragte vor einer Abberufung gesichert ist, falls er der Kommission als zu „unbequem" und zu „engagiert" erscheint. Er muss sich frei von Sorgen um seinen Posten kritisch äußern können, damit er als neutrale Instanz und Garant der Verteidigungsrechte seiner Position gerecht werden kann. Da eine Protektion der Verfahrensrechte durchaus Meinungsdifferenzen hervorrufen kann, ist sicherzustellen, dass der Anhörungsbeauftragte seiner Ansicht nach notwendige Äußerungen tätigen kann, ohne berufliche Schwierigkeiten in Form einer Entlassung fürchten zu müssen. Nur so kann er zur Objektivität des gesamten Verfahrens beitragen.
Art. 2 Abs. 1 S. 2 des Mandats sieht vor, dass eine Aussetzung des Mandats, eine Abberufung oder Versetzung unabhängig von der Art des Verfahrens Gegenstand einer mit Gründen versehenen Entscheidung der Kommission sein muss. Nach Satz 3 wird diese Entscheidung zudem im Amtsblatt der Europäischen Gemeinschaften veröffentlicht. Diese Regelung wurde erst mit dem neuen Beschluss vom Mai 2001 in das Mandat aufgenommen. Zwar wurde bis 1999 kein Fall bekannt, in dem der Anhörungsbeauftragte gegen seinen Willen entlassen wurde[482], die Stärkung des Anhörungsbeauftragten im neuen Mandat und die damit einhergehende Möglichkeit kontroverserer Diskussionen und Meinungsverschiedenheiten, birgt jedoch die Möglichkeit eines für die Kommission „unbequemeren" Anhörungsbeauftragten. Ein Schutz gegen willkürliche Entlassung ist demzufolge erforderlich.
Wird die Entscheidung einer Abberufung generell im Amtsblatt veröffentlicht, kann sich die Kommission keine unzureichend begründete, aus internen Motiven erfolgte Entlassung erlauben. Aufgrund der mit der Veröffentlichung verbundenen

[482] Europäische Kommission im Rahmen einer Befragung des Sub-Committee E, S. 3.

Sichtbarkeit werden einer möglichen Willkür Grenzen gesetzt. Insofern bildet die Öffentlichkeit einen guten Schutzmechanismus gegen etwaige Beliebigkeiten.
Es ist jedoch zu überlegen, ob es nicht sinnvoll wäre, Gründe und Regeln für eine Versetzung, Abberufung oder Aussetzung in einer gesonderten Verordnung niederzulegen. Hierfür würde sich z.B. eine Verordnung in Zusammenhang mit der Bekanntgabe des Verfahrens der Ernennung anbieten. Auf diese Weise könnte eine hohe Transparenz hinsichtlich der Ernennung und auch dem Ende der Amtszeit des Anhörungsbeauftragten erreicht werden.

Durch zusätzliche Transparenz in Form einer Verordnung wäre der Anhörungsbeauftragte in seiner Position besser abgesichert, so dass er für die Wahrung der Verfahrensrechte auch in kritischen Fällen uneingeschränkt sorgen könnte. Eine derartige Stärkung käme somit auch den Parteien zugute. Zur Förderung der Objektivität sollten zudem die näheren Modalitäten einer Ausschreibung auch für außenstehende Bewerber schriftlich fixiert werden, so dass eine Umgehung dieses Vorhabens für die Kommission nicht möglich ist.

b) Verwaltungsrechtliche Stellung

Weiter ist zu untersuchen, wie groß die Abhängigkeit des Anhörungsbeauftragten von der in der Generaldirektion Wettbewerb bestehenden Hierarchie ist und ob eventuell weitere Maßnahmen ergriffen werden müssen, um seine Unabhängigkeit zu sichern. Gerade wenn dem Anhörungsbeauftragten seit Mai 2001 insofern mehr Macht über die Führung des Verfahrens zukommt, als dass er einen den Parteien und der Öffentlichkeit offengelegten Abschlussbericht erstellt, ist es wichtig – wenn nicht gar notwendig –, ihn im Falle von Meinungsverschiedenheiten in seiner Unabhängigkeit zu stärken. Andernfalls könnte sein Standpunkt durch entsprechenden Druck seitens der Kommission beeinflusst werden. Um das zu verhindern, muss er sich frei von etwaigen Zwängen äußern können. Nur dann ist gesichert, dass sich der Anhörungsbeauftragte in kritischen Fällen auch kritisch gegenüber der Kommission äußert.
Vor dem neuen Beschluss über das Mandat des Anhörungsbeauftragten von 2001 gehörte der Anhörungsbeauftragte gemäß Art. 1 Abs. 3 S. 1 des Mandats von 1994 verwaltungstechnisch zur Generaldirektion Wettbewerb, genoss jedoch von der Hierarchie unabhängige Privilegien. Er erstattete z.B. direkt dem Generaldirektor Bericht über den Verlauf der Anhörung (Art. 8 des Mandats von 1994), und er hatte ferner das Recht den Wettbewerbskommissar nach Maßgabe von Art. 9 des Mandats von 1994 unmittelbar mit einer Sache zu befassen (Vgl. Art. 1 Abs. 3 S. 2 und Art. 9 des Mandats von 1994).
Das neue Mandat belässt zwar das Büro des Anhörungsbeauftragten in der Generaldirektion Wettbewerb, geht hinsichtlich der Möglichkeit die Tätigkeit als Anhörungsbeauftragter in Unabhängigkeit auszuführen jedoch wesentlich weiter.

Nach Art. 2 Abs. 2 des Mandats wird der Anhörungsbeauftragte nun verwaltungstechnisch dem für Wettbewerb zuständigen Mitglied der Kommission unterstellt. Die Konsequenz ist, dass der Anhörungsbeauftragte nun direkt dem Wettbewerbskommissar nach Art. 13 des Mandats über den Ablauf der Anhörung Bericht erstattet, so dass eine Beeinflussung von Seiten der Generaldirektion minimiert wird. Je direkter der Zugang zu den eigentlichen Entscheidungsträgern ist, desto weniger bietet sich die Möglichkeit für andere, auf die im Bericht geäußerte Meinung des Anhörungsbeauftragten Einfluss zu nehmen. In diesem Sinne wird auch der seit Mai 2001 vom Anhörungsbeauftragten zu schreibende Abschlussbericht an den der gesamten Kommission vorgelegten Entscheidungsentwurf angefügt (Art. 16 Abs. 1 des Mandats). Alle Kommissare können sich somit selbst über die ordnungsgemäße Gewährung des Anhörungsrechts oder entsprechende Probleme und deren Auswirkungen ein eigenes Bild machen und darauf beruhend eine eigenständige Entscheidung treffen. Zwischen dem Garant der Verteidigungsrechte und den Trägern der Entscheidung ist keine Ebene mehr, die zu einer Verfälschung und damit zu weniger Objektivität beitragen kann.
Nach Aussagen von zwei ehemaligen Anhörungsbeauftragten bezüglich der Frage, ob sie ihre Unabhängigkeit jemals bedroht sahen, konnte einer diese Frage mit einem klaren „nein“ beantworten. Der andere hatte in seinen acht Jahren Amtszeit einen Fall erlebt, in dem versucht wurde, seine Unabhängigkeit einzuschränken. Der entsprechend ausgeübte Druck kam jedoch nicht von Seiten der Generaldirektion, sondern von außerhalb.[483] Auch die Aussage eines weiteren ehemaligen Anhörungsbeauftragten belegte, dass er trotz einiger unpopulärer Entscheidungen nicht unter Druck gesetzt wurde. Damit ist festzuhalten, dass bereits vor der Stärkung des Mandats 2001 (denn auf diesen Zeitraum beziehen sich die beiden Aussagen) grundsätzlich keine Mängel in Bezug auf die Unabhängigkeit bezeichnet wurden. Demnach ist mit hoher Wahrscheinlichkeit anzunehmen, dass nach der Änderung und dem damit eröffneten direkten Zugang zum Wettbewerbskommissar erst recht keine Probleme hinsichtlich der Einschränkung der Unabhängigkeit auftauchen.
Aus diesem Grund scheinen Überlegungen, die in die Richtung gehen, den Anhörungsbeauftragten einer neutralen Institution, wie z.B. dem Juristischen Dienst oder dem Europäischen Gericht erster Instanz anzugliedern und ihm dort ein separates Büro zu geben[484], um seine Unabhängigkeit zu wahren, nicht zwingend erforderlich zu sein. Allenfalls für Außenstehende würde damit ein noch deutlicheres Zeichen der Förderung von Objektivität und Unabhängigkeit gesetzt. Ob dies jedoch umfangreiche Umstrukturierungen rechtfertigt, die dazu führen, dass das Büro des Anhörungsbeauftragten unpraktischer Weise aus dem Bereich ausge-

[483] Johannes und Gilchrist, Befragung ehemaliger Anhörungsbeauftragter durch das Sub-Committee, 1. November 2000, Tz. 252 f.

[484] S. Europäische Kommission, Zusammenfassung der Stellungnahmen zum Grünbuch der Kommission vom 11.12.2001, S. 35 sowie Select Committee on the European Union, House of Lords, 19th Report, S. 16.

gliedert wird, in dem der direkte Austausch von Informationen bisweilen notwendig ist, scheint zweifelhaft. Im umständlichsten Fall wäre das Büro in Luxemburg beim Gericht erster Instanz, was informelle Gespräche für Beamte der Generaldirektion Wettbewerb oder in Brüssel ansässige Anwälte quasi unmöglich machen würde. Bevor nicht eine Notwendigkeit der Verlegung des Büros sichtbar wird, z.B. wenn von den Anhörungsbeauftragten interne Einflussversuche gemeldet werden, ist die Lösung der Untergliederung unter den Wettbewerbskommissar mit verbleibendem Büro in der Generaldirektion vorzuziehen.
Auch der Vorschlag den Anhörungsbeauftragten dem Präsidenten der Kommission zu unterstellen, scheint keine Vorteile mit sich zu bringen. Über die einzelnen Wettbewerbsfälle wird der Wettbewerbskommissar wesentlich besser informiert sein und eventuell je nach Größe des Falles mit den Beteiligten teilweise auch selbst gesprochen haben. Damit ist er für den Anhörungsbeauftragten die qualifiziertere Person zur Klärung auftretender Probleme. Sollte zudem der Anhörungsbeauftragte, wie es der Verfasser vorschlägt, an den Verhandlungen der Abhilfemaßnahmen beteiligt werden, so bedarf es ebenfalls notwendiger Absprachen im Falle von Problemen. Auch hier ist wiederum der Wettbewerbskommissar aufgrund seiner Einzelfallkenntnis die qualifiziertere Ansprechperson. Der Vorteil einer verwaltungstechnischen Unterstellung unter den Präsidenten der Kommission kann daher nicht gesehen werden. Es ist grundsätzlich schwer vorstellbar, dass der Wettbewerbskommissar, nur weil er mit der Materie Wettbewerb befasst ist, weniger objektiv und integer sein sollte als der Präsident der Kommission. Zudem wurde berichtet, dass sich der Wettbewerbskommissar bisher weder in die Aufgabe des Anhörungsbeauftragten eingemischt habe, noch versucht habe den Anhörungsbeauftragten in kritischen Fällen zu beeinflussen. Eine verwaltungstechnische Unterstellung unter den Präsidenten wird demzufolge aus Praktikabilitätsgründen sowie mangels Erforderlichkeit abgelehnt.

Im übrigen hat die Kommission durch die Änderung der verwaltungstechnischen Stellung des Anhörungsbeauftragen bereits ein Zeichen für Dritte gesetzt, obwohl eine Änderung intern wegen fehlender Kritik von Seiten der Anhörungsbeauftragten nicht für unbedingt notwendig erachtet wurde. Die Änderung ist jedoch nicht nur als Zeichen zu sehen, sondern stellt daneben eine tatsächliche Stärkung der Unabhängigkeit des Anhörungsbeauftragten dar, da er sich unabhängig von der in der Generaldirektion herrschenden Hierarchie zu den Fällen äußern kann und Kritik unmittelbar den Wettbewerbskommissar erreicht. Der direkte Weg zum Wettbewerbskommissar ohne die „Umleitung" über den Generaldirektor, bietet somit keine Gelegenheit mehr, Kritik durch fehlende Weiterleitung zu missachten oder durch entsprechenden Druck Äußerungen zu beeinflussen. Durch die verwaltungstechnische Unterstellung des Anhörungsbeauftragten unter den Wettbewerbskommissar ist seine Unabhängigkeit somit sichergestellt.

Eine Ausgliederung des Büros des Anhörungsbeauftragten aus der Generaldirektion Wettbewerb wird aufgrund von Praktikabilitätsproblemen und mangelnder Erforderlichkeit als vom Verfasser zu weitgehend erachtet.

Durch die verwaltungstechnische Unterstellung des Anhörungsbeauftragten unter den Wettbewerbskommissar besitzt der Anhörungsbeauftragte demzufolge genügend Unabhängigkeit, um seiner durch neue Aufgaben gestärkten Stellung gerecht werden zu können. Die Parteien müssen nicht befürchten, dass eine Eingliederung in die Generaldirektion Wettbewerb ein faires Verfahren sowie die Wahrung ihrer Verfahrensrechte gefährden könnte.

II. Weiterer Ausbau der Stellung des Anhörungsbeauftragten

Zu überprüfen ist ferner, ob ein weiterer Ausbau der Stellung des Anhörungsbeauftragten für die Wahrung der Verteidigungsrechte sowie die Objektivität des Verfahrens förderlich wäre und wie dieser aussehen könnte.
Vor diesem Hintergrund wurde vorgeschlagen, dem Anhörungsbeauftragten eine Funktion zu übertragen, wie sie der Administrative Law Judge (im Folgenden: ALJ) im Verfahren vor der U.S. Federal Trade Commission (im Folgenden: FTC) innehat[485]. Das Hauptverfahren ist dort als ein justizförmiges Verwaltungsverfahren ausgestaltet, in welchem sich die Anwälte der Zusammenschlussbeteiligten und die Anwälte der FTC gegenüberstehen. Dem ALJ obliegt dabei die Leitung des Verfahrens. Er gehört zwar zur FTC, ist aber als Verwaltungsrichter von den dort ermittelnden Anwälten unabhängig. Der ALJ beendet das Verfahren mit einer vorläufigen Entscheidung, die von einer engeren Kommission überprüft wird.[486] Dem ALJ stehen somit inhaltliche Entscheidungsgewalten zu, die allerdings von einer Kommission nochmals überprüft werden. Auf die Aufgabe des Anhörungsbeauftragten übertragen würde daraus folgen, dass ihm die Macht und die Aufgabe übertragen wird, auch die Materie des Falles zu beurteilen. Neben einer verfahrensrechtlichen Beteiligung stände eine inhaltliche Prüfung des Falles mit einer anschließenden Wertung.
Aus Sicht des Verfassers bestehen jedoch genau an dieser Stelle Probleme. Der Anhörungsbeauftragte muss dann sowohl eine inhaltliche Entscheidungsrolle übernehmen als auch eine verfahrensrechtliche Organisation mit Blick auf die Gewährung der Verfahrensrechte durchführen. Beide Aufgaben verlangen eine sorgfältige, zeitaufwendige Erledigung, die in Frage steht, wenn eine Person für beides verantwortlich ist. Die bisher im Vordergrund stehende verfahrensrechtliche Rolle des Anhörungsbeauftragten droht aber unterlaufen zu werden, wenn

---

[485] Select Committee on the European Union, House of Lords, 19th Report, S. 21.
[486] Körber, Die Konkurrentenklage im Fusionskontrollrecht der USA, Deutschlands und der Europäischen Union, S. 45.

gerade die Ausgestaltung des Verfahrens, welche den Parteien Schutz vor Willkür bietet, nicht mehr optimal gewährleistet ist. Eine inhaltliche Ausweitung der Aufgabe des Anhörungsbeauftragten vermag dies nicht zu kompensieren.

Über die für eine einzige Person fehlende Durchführbarkeit hinaus, würde sich der Charakter des Postens so stark verändern, dass er mit der ursprünglichen Aufgabe als Garant der fundamentalen Verteidigungsrechte für die Parteien sowie der Erleichterung der Verfahrensabläufe nicht mehr viel zu tun hätte. Von einer Erweiterung der ursprünglichen Funktion kann somit nicht gesprochen werden.
Die Übertragung einer Aufgabe, wie sie der ALJ innehat, stellt vielmehr einen vollständig neuen Tätigkeitsbereich dar. Würde der Anhörungsbeauftragte diese Funktion übernehmen, bräuchte man im Prinzip einen neuen Anhörungsbeauftragten, der wiederum die Organisation und Leitung verfahrensrechtlicher Maßnahmen übernimmt. Die Einführung einer der des ALJ entsprechenden Stelle wäre zudem nur schwer (wenn überhaupt) in die jetzige Struktur des Fusionskontrollverfahrens einzugliedern und würde aufgrund einer zusätzlichen Entscheidungsebene vermutlich auch mehr Zeit in Anspruch nehmen. Es sind jedoch insbesondere die engen Fristen, die die europäische Zusammenschlusskontrolle unter anderem so wertvoll machen. Es ist nicht erkennbar, dass eine Art ALJ einen Vorteil für die Objektivität sowie die Qualität der Entscheidung zwingend mit sich bringen muss, so dass dies eine längeres Verfahren rechtfertigen würde.
Die Diskussion über die Einführung eines zusätzlichen Postens kann letztlich jedoch dahinstehen, da sie, wie festgestellt, mit einer Erweiterungsmöglichkeit für die Aufgabe des Anhörungsbeauftragten nichts mehr zu tun hat.

Im Übrigen wäre eine ausführliche inhaltliche Einarbeitung ohne eine umfangreiche Ressourcenaufstockung praktisch nicht durchzuführen. Auch die Beteiligung des Anhörungsbeauftragten an den bereits in Teil 2 unter Punkt B. 5. b) (2) diskutierten Verhandlungen der Abhilfemaßnahmen wurden vom Verfasser so angedacht, dass der Anhörungsbeauftragte keine inhaltlichen Erklärungen und sachlichen Beurteilungen abgibt, sondern als Mediator handelt und darauf achtet, dass keine wettbewerbsfremden Kriterien Eingang in die Diskussionen finden. Ein völlige inhaltliche Einarbeitung mit anschließender Wertung wurde deshalb bereits dort wegen mangelnder Durchführbarkeit im Rahmen des Postens des Anhörungsbeauftragten abgelehnt.

Abschließend ist zu erwähnen, dass es nicht darum gehen sollte, dass Verwaltungsverfahren in ein Gerichtsverfahren umzugestalten. Vielmehr sollte der Schwerpunkt darauf gelegt werden, das jetzige Verfahren hinsichtlich der Objektivität sowie der Transparenz noch besser auszugestalten, wie es die Vorschläge dieser Arbeit intendieren. Die Unabhängigkeit des Anhörungsbeauftragten sowie implizit damit auch die Verfahrensrechte der Parteien können auf diese Weise nach Ansicht des Verfassers nachhaltiger gestärkt werden, als durch die Einfüh-

rung einer Art Gerichtsverfahren, welches die Aufgabe des Anhörungsbeauftragten so stark verändern würde, dass von ihr quasi nichts mehr übrig bliebe. Mehr Objektivität wäre zudem nicht zwingend die Folge der Übertragung auch inhaltlicher Pflichten. Eine bessere Ausgestaltung des jetzigen Verfahrens wäre dagegen in jedem Fall mit einer Aufwertung der Objektivität und somit auch der Stellung der Parteien verbunden.
Solange es zudem ein Gericht gibt, welches die Nachprüfung der Kommissionsentscheidung vornimmt, gibt es eine Möglichkeit, etwaigem Missbrauch im Verwaltungsverfahren Einhalt zu gewähren – vorausgesetzt eine gerichtliche Umstrukturierung ermöglicht schnelle und wirksame Überprüfungsmöglichkeiten.

Ein revolutionärer Ausbau der Stellung des Anhörungsbeauftragten in die Richtung eines verwaltungsrechtlichen Richters weist mit dem ursprünglichen Posten kaum noch Gemeinsamkeiten auf. Der verfahrensrechtlichen Organisation würde aufgrund inhaltlicher Beurteilungspflichten nicht so viel Aufmerksamkeit zuteil werden wie es ihr bedarf, um die Verfahrensrechte der Parteien optimal zu gewährleisten. Die inhaltliche Beurteilung stellt vielmehr einen zusätzlichen Posten dar, der selbst im Falle einer Erweiterung der Aufgabe des Anhörungsbeauftragten mit dieser aus Sicht des Verfassers nicht zu vereinen ist. Eine derartige Erweiterung des Postens wird somit abgelehnt.

III. Persönlichkeit des Anhörungsbeauftragten

Alle angesprochenen institutionellen Mechanismen zur Sicherung der Unabhängigkeit des Anhörungsbeauftragten und zur Stärkung seiner Position, wie z.B. die Offenlegung seines Abschlussberichtes oder auch die verwaltungstechnische Unterstellung unter den Wettbewerbskommissar, stellen keine Garantien für ein unparteiisches, objektives Verfahren mit optimaler Gewährleistung der Verteidigungsrechte dar. Auch radikalere Änderungsvorschläge, wie die Angliederung des Anhörungsbeauftragten an den Legal Service oder gar an das Europäische Gericht erster Instanz, oder den Ausbau seiner Stellung in Richtung richterlicher Befugnisse können nichts daran ändern, dass die neutrale Wahrnehmung der Aufgabe des Anhörungsbeauftragten nicht allein durch institutionelle Maßnahmen gesichert werden kann, sondern ebenfalls in hohem Maße nach einer starken Persönlichkeit verlangt. Auch institutionell sichergestellte Unabhängigkeit kann leer laufen, wenn der Anhörungsbeauftragte sie nicht durch ein gewisses Maß an Souveränität auszuschöpfen weiß. Auch der Vorschlag hinsichtlich einer ausschließlichen Berücksichtigung außerhalb der Generaldirektion Wettbewerb stehender Bewerber, um die Abhängigkeit von vornherein zu minimieren, vermag die Persönlichkeitskomponente nicht zu entbehren. Wichtig ist es deshalb, neben der Qualifikation und den Erfahrungswerten in Wettbewerbsfragen eine Person für diesen Posten zu benennen, die von der Persönlichkeit her fähig ist, unabhängig zu sein und möglichem Druck von außen Stand zu halten. Aus diesem Grund war der Anhörungsbeauftragte traditionell ein dienstälterer, erfahrener Beamte. Für ihn ist es weniger wahrscheinlich und ihm fehlt auch der Anreiz, sich innerhalb der Kommission beliebt machen zu wollen, indem er gerade dann nicht kritisch ist, wenn er es eigentlich sein müsste.[487] Dieser Gedanke ist sicherlich richtig, dennoch kann nicht ausgeschlossen werden, dass nicht auch jüngere Bewerber frei von derartigen Hintergedanken sind. Insofern wird es immer auf den Einzelfall ankommen, in welchem sich auch ein jüngerer Bewerber durch seine Erfahrung und Souveränität qualifizieren kann. Ein genereller Ausschluss jüngerer Bewerber ist deshalb abzulehnen. Auch hier kommt es daher auf die Persönlichkeit an.

Selbst wenn durch die verwaltungstechnische Unterstellung des Anhörungsbeauftragten unter den Wettbewerbskommissar die Gefahr internen Drucks erheblich verringert werden kann, so bleibt die Möglichkeit, dass Dritte versuchen Einfluss auszuüben. Dies kann nicht durch Umstrukturierungen verhindert werden, sondern nur durch eine standhafte Persönlichkeit des Anhörungsbeauftragten mit genügend Souveränität abgefangen werden. Eine integere Persönlichkeit, welche Prestige besitzt und welcher Respekt entgegengebracht wird, bleibt somit der entscheidende Maßstab und sollte deshalb bei der Ernennung nicht außer Acht gelassen werden.

IV. Untersuchungsergebnis des Mandats des Anhörungsbeauftragten

Trotz des Mangels an praktischen Erfahrungen mit veröffentlichten Abschlussberichten des Anhörungsbeauftragten lässt sich erkennen, dass sie geeignet sind, zu einer größeren Transparenz und höheren Objektivität bei der Gewährleistung der Verfahrensrechte beizutragen. Materiellrechtliche Erwägungen des Anhörungsbeauftragten werden weiterhin nur intern abgehandelt, was nach Ansicht des Verfassers mit Blick auf die Tatsache, dass der Anhörungsbeauftragte kein Richter ist und keine abschließenden inhaltlichen Beurteilungen treffen sollte, auch angemessen erscheint.
Die Berücksichtigung außenstehender Bewerber ist dazu geeignet die Objektivität und die Unabhängigkeit der Ausführung des Amtes des Anhörungsbeauftragten zu fördern. Durch eine Verordnung sollte jedoch mehr Transparenz in das Verfahren der Ernennung sowie auch gleichermaßen in das Verfahren der Abberufung als Schutz vor willkürlichen Entlassungen hineingebracht werden.

---

[487] Temple Lang, Befragung ehemaliger Anhörungsbeauftragter durch das Sub-Committee, 1. November 2000, Tz. 260.

Durch die verwaltungstechnische Unterstellung des Anhörungsbeauftragten unter den Wettbewerbskommissar wird die Möglichkeit der Einflussnahme durch die Generaldirektion Wettbewerb erheblich minimiert, da die Berichterstattung nunmehr direkt gegenüber dem Wettbewerbskommissar erfolgt. Somit wird gleichzeitig die Unabhängigkeit des Anhörungsbeauftragten erhöht. Ebenfalls trägt im Zusammenhang mit der Berichterstattung die nun obligatorische Anfügung des Abschlussberichts an den der gesamten Kommission vorgelegten Entscheidungsentwurf in hohem Maße zur Stärkung der Stellung des Anhörungsbeauftragten bei. Weitere Überlegung der Unterstellung des Anhörungsbeauftragten unter den Präsidenten der Kommission sowie die Angliederung an den Juristischen Dienst oder das Gericht erster Instanz werden vom Verfasser als zu weitgehend abgelehnt.

Auch eine Ausweitung der Stellung des Anhörungsbeauftragten auf die Aufgaben eines administrativen Richters nach dem Vorbild des Administrative Law Judge wird vom Verfasser nicht befürwortet, da es den Charakter des jetzigen Postens so stark verändern würde, dass vom Garanten der Verteidigungsrechte in der jetzigen Form nicht mehr viel übrig bleiben würde.

Bei allen Maßnahmen zur Absicherung der Unabhängigkeit und zur Förderung der Objektivität und Transparenz sollte jedoch nicht vergessen werden, dass in hohem Maße eine respektive und souveräne Persönlichkeit des Anhörungsbeauftragten mit dem notwendigen Respekt dazu beiträgt, dass das Amt erfolgreich ausgeführt wird und dadurch implizit die Rechte der Parteien gestärkt werden.

3. Teil: Gesamtergebnis

Die Verfahrensrechte der anmeldenden Parteien wurden in den wesentlichen Abschnitten des Verfahrens untersucht. Darüber hinaus fand zur umfassenden Bewertung eine Betrachtung des Mandats des Anhörungsbeauftragten sowie der Rechtsschutzmöglichkeit statt. Die Erreichung einer Balance zwischen einem kurzen Verfahren mit engen Fristen und der Gewährung einer bestmöglichen Verfahrensstruktur im Sinne der Sicherstellung möglichst umfangreicher Verfahrensrechte wurde im gegenwärtigen System wie folgt bewertet.

Was die „klassischen" Verteidigungsrechte im Rahmen des rechtlichen Gehörs während der zweiten Verfahrensphase angeht, ist folgendes Ergebnis festzuhalten. Im gegenwärtigen System wird in der zweiten Verfahrensphase die bestmögliche Gewährung der Verfahrensrechte durch die knapp bemessene Zeit eingeschränkt. Es kommt in dieser Phase zu einer Vermischung des Verteidigungszeitraumes mit der Vorbereitung und Diskussion der Abhilfemaßnahmen, d.h. die Parteien müssen sich parallel zur Verteidigung bereits mit Vorschlägen für etwaig notwendige Kompromisse beschäftigen. Die Verfahrensrechte drohen dabei unterlaufen zu werden, da eine angemessene Konzentration auf die Verteidigung unter diesen Umständen ausgeschlossen ist. Hervorgerufen wird die Notwendigkeit zu dieser Parallelität nicht nur durch fehlende strukturierende Zeitpunkte, sondern auch durch fehlende Zeit für die Verhandlungen der Abhilfemaßnahmen nach der mündlichen Anhörung. Um den Zeitdruck von vornherein möglichst gering zu halten, wird deshalb vorgeschlagen, die zweite Verfahrensphase besser zu strukturieren, indem der Kommission eine Frist für die Mitteilung der Beschwerdepunkte gesetzt wird, die Akteneinsicht bereits zu einem früheren Zeitpunkt möglich ist und eine separate Vorbereitungszeit für die mündliche Anhörung eingeführt wird. Weiter könnte die Einführung einer optionalen Fristaussetzung ein wirksames Instrument darstellen, den aus den engen Fristen resultierenden Zeitdruck im Bedarfsfall zu mindern und den Parteien somit zwischen der mündlichen Anhörung und der Abgabe von Zusagen die erforderliche Zeit zugestehen zu können. Untersagungsentscheidungen, die allein aufgrund von Zeitmangel hinsichtlich der Abgabe und Überprüfung von Zusagen zustande kommen, könnten so verhindert werden.

Um den Verfahrensablauf umfassend optimieren zu können, wurden auch die anderen Elemente des Verfahrens in Bezug auf eine mögliche unangemessene Beeinträchtigungen der Anmelder untersucht. Dabei ergaben sich folgende Ergebnisse und Änderungsvorschläge. Im Sinne der Effizienz seitens der Unternehmen wäre es von enormer Bedeutung, eine vorgezogene Anmeldung zu ermöglichen, um das Ende der Vertragsverhandlungen mit dem Ende der Prüfung des Vorhabens kondizieren zu lassen und auf diese Weise Zeit zu sparen.

Um ein faires und ordnungsgemäßes Verfahren zu gewährleisten muss es ferner gelingen, die folgenden Probleme möglichst ausschließen zu können. Zum einen

geht es hierbei um den zwischen den Vorgesprächen und der Anmeldung stattfindenden Personalwechsel, der die Gefahr birgt, etwaige Vorgespräche umsonst geführt zu haben. Zum anderen muss es gelingen, die Dispensmöglichkeit im Rahmen des Formblatts CO auszuschöpfen, um die Parteien nicht übermäßig zu belasten. Beide diesbezüglich vorgeschlagenen Lösungsansätze betreffen Umstrukturierungen innerhalb der 'Merger Task Force'. Um eine sachliche Kontinuität im Rahmen eines Personalwechsels gewährleisten zu können, wurde die Bildung von Facheinheiten vorgeschlagen, bei denen ein branchenerfahrener sogenannter stellvertretender Leiter neben dem 'Case Manager' dem Fall zugeordnet bleibt und als „ständige" Person für die Kontinuität der bereits in den Vorgesprächen gewonnenen Ergebnisse sorgt. Führt man gleichzeitig eine Branchengliederung ein, wäre im Falle eines notwendigen Personalwechsels der flexiblen Mitarbeiter sowohl eine schnellere Einarbeitung dieser Mitarbeiter gewährleistet als auch der zur Zeit mangelnden Ausschöpfung der Dispensmöglichkeit im Rahmen des Anmeldeformulars abgeholfen. Es wurde nämlich festgestellt, dass letztere häufig aufgrund fehlender Sachkenntnis und Einschätzungsmöglichkeit zum frühen Zeitpunkt der Vorgespräche für die Anmeldung nicht ausreichend ausgeschöpft wird.
In der Charta der Grundrechte der Europäischen Union wurde das Recht auf Anhörung erneut bezeichnet und zugleich weiter formuliert. Nach Artikel 41 Abs. 1 hat jede Person ein Recht darauf, „dass ihre Angelegenheiten von den Organen und Einrichtungen der Union unparteiisch, gerecht ..... und innerhalb einer angemessenen Frist behandelt werden". Vor dem Hintergrund der Unparteilichkeit schien gerade das Instrument der Markttests Zweifel bei den anmeldenden Parteien hervorzurufen. Da jedoch eine grundsätzliche Änderung der Durchführung, wie aufgezeigt, keine gleichwertigen Informationen bietet, kann die enge Zusammenarbeit mit den Konkurrenten der fusionierenden Parteien nur durch die zusätzliche vermehrte Hinzuziehung neutralerer Informationen entschärft werden. Darüber hinaus wäre es möglich, in einer mit mehr Dialog versehenen mündlichen Anhörung eine direkte Diskussion zu ermöglichen, in der fragwürdige Informationen der Konkurrenten hinterfragt werden können, bevor sie in die endgültige Wertung der Kommission eingehen.

Weitere analysierte Probleme im Rahmen des Rechtsschutzes betreffen das Verfahren zwar nur indirekt, sind jedoch geeignet die Parteien gerade in den Zusagenverhandlungen unter zusätzlichen Druck zu setzen. Selbst wenn die Anmelder davon überzeugt sind, dass die von der Kommission für erforderlich gehaltenen Zusagen zu weitreichend sind, müssen sie diese eingehen, um eine im gegenwärtigen System aufgrund der Dauer praktisch nicht gerichtlich überprüfbare Untersagungsentscheidung zu vermeiden. Um dieses Problem zu lösen, wird vom Verfasser die Einführung einer separaten Kammer bei den Europäischen Gerichten befürwortet, durch die eine zügige Überprüfung (hierbei sollten sechs Monate angestrebt werden) von Fusionskontrollentscheidungen ermöglicht wird. Der

Druck auf die Parteien hinsichtlich der lediglich aus Sicht der Kommission notwendigen Zusagen könnte so gemindert werden, da die Entscheidung der Kommission dann nicht mehr quasi endgültig wäre, sondern eine zügige gerichtliche Überprüfung die Macht der Kommission begrenzen würde. Ein zügigeres Gerichtsverfahren könnte für die Parteien demnach sowohl während des Verfahrens als auch im Hinblick auf ihre Rechte im Sinne des Art. 6 EMRK von überragendem Wert sein.

Bei der Untersuchung des neuen Mandats des Anhörungsbeauftragten aus dem Jahre 2001 konnten die folgenden Auswirkungen auf die Verfahrensrechte der Parteien festgestellt werden. In seiner Funktion als Garant der Verteidigungsrechte erfuhr der Anhörungsbeauftragte zunächst durch die Veröffentlichung seines Abschlussberichtes eine Zunahme an Einfluss über das Verfahren, insbesondere über die Bewertung der Gewährleistung der Verfahrensrechte für die Parteien. Die im Abschlussbericht enthaltenen Äußerungen stärken somit die Durchsetzung der Verfahrensrechte und tragen zu einer sichtbaren Objektivität und für Außenstehende erkennbare Transparenz bei.
Die Änderung der verwaltungstechnischen Unterstellung unter den Wettbewerbskommissar führt in erster Linie zu mehr Unabhängigkeit des Anhörungsbeauftragten und somit zu einer Minimierung der Gefahr der Einflussnahme durch die Generaldirektion Wettbewerb. Ist seine Unabhängigkeit gesichert, so muss er bei für die Kommission unpopulären Entscheidungen im Rahmen seiner Funktion als Garant der Verteidigungsrechte keine Konsequenzen befürchten. Die Parteien müssen somit keine falsche Zurückhaltung befürchten und können der Wahrung ihrer Rechte sicher sein. Auch diese Änderung wirkt sich somit auf die Stärkung der Stellung der Parteien aus. Eine wünschenswerte Änderung in diesem Zusammenhang würde allerdings eine Verordnung darstellen, die sowohl das Verfahren der Ernennung als auch die Möglichkeit der Versetzung bzw. Abberufung des Anhörungsbeauftragten regelt. Die dadurch geschaffene Transparenz verhindert den Verdacht willkürlicher Entscheidungsmacht der Kommission.
Eine Erweiterung der Stellung des Anhörungsbeauftragten im Hinblick auf die Stellung eines administrativen Richters wird vom Verfasser abgelehnt. Allerdings wurden Erweiterungsvorschläge seines Aufgabenbereiches während der Untersuchung der einzelnen Elemente des Verfahrens durchaus diskutiert und zum Teil auch befürwortet. Die Beteiligung des Anhörungsbeauftragten wurde vor Beginn der zweiten Phase insgesamt mangels Praktikabilität abgelehnt, obwohl mehrere Möglichkeiten, wie die Beteiligung an den Unvollständigkeitserklärungen oder an den Verhandlungen der Abhilfemaßnahmen in der ersten Phase, in Erwägung gezogen und diskutiert wurden. Die u.a. mit derartigen Maßnahmen vermutlich einhergehende Verlängerung des Verfahrens trägt ebenso wie die abgelehnte Möglichkeit der Einführung einer optionalen Fristaussetzung in der ersten Phase dazu bei, die Effizienz der ersten Prüfungsphase zu unterlaufen. Gerade diese ist der Genehmigung von unkritischen Fällen mit einfach gelagerten Wettbewerbspro-

blemen vorbehalten, die gemäß dem summarischen Prüfungscharakter auch zügig genehmigt werden sollen. Da den Parteien in der ersten Verfahrensphase keine Untersagung des Vorhabens droht, ist es im Sinne der Effizienz angemessen, ausführlichere Strukturen der Verteidigung der zweiten Phase zuzuordnen. Die Erweiterung der Aufgaben des Anhörungsbeauftragten wurde deshalb in der zweiten Phase auch im Rahmen einer Beteiligung an den Verhandlungen der Abhilfemaßnahmen befürwortet. Die zur Zeit schwache Verhandlungsposition der fusionierenden Parteien soll auf diese Weise gestärkt werden, so dass sie vor überzogenen Zusagenforderungen der Kommission geschützt sind. Letztendlich würde die Optimierung der Verteidigungsrechte nichts bringen, wenn die Parteien in den anschließenden Verhandlungen dann doch stark unterlegen sind. Durch die Möglichkeit der optionalen Fristaussetzung bestünde für die Beteiligung des Anhörungsbeauftragten auch genügend Zeit. In diesem Rahmen wird eine Erweiterung der Stellung des Anhörungsbeauftragten als sehr wertvoll angesehen.
Im Ergebnis haben die Erneuerungen des Mandats des Anhörungsbeauftragten somit zu einer enormen Stärkung seines Postens insbesondere hinsichtlich seiner Unabhängigkeit geführt. Seine Stärkung als Garant der Verteidigungsrechte kommt implizit auch den Parteien zugute. Allein die zusätzliche Erweiterung seiner Aufgaben im Hinblick auf eine Beteiligung an den Verhandlungen der Abhilfemaßnahmen wird als weitere Änderung als sehr lohnend erachtet, um die dort bisher schwächer ausgestaltete Verhandlungsposition der anmeldenden Parteien zu stärken.

Es bleibt somit festzuhalten, dass im gegenwärtigen System konstruktive Verbesserungen bezüglich des Verfahrens, des gerichtlichen Rechtsschutzes und des Mandats des Anhörungsbeauftragten möglich und erstrebenswert sind.
Die während der Untersuchung aufgezeigten Lösungsvorschläge greifen ineinander, ergänzen und begünstigen sich gegenseitig. Durch eine Gesamtbetrachtung des Verfahrens konnten somit aufeinander abgestimmte Lösungsvorschläge entwickelt werden, die zu einer optimierten Verfahrensstruktur beitragen und die Verfahrensrechte der Parteien stärken ohne die Effizienz außer Acht zu lassen. Einer Balance der beiden anfangs genannten Komponenten, Gewährung umfangreicher Verfahrensrechte bei kurzer Verfahrensdauer, kann somit durch die Umsetzung der Lösungsvorschläge näher gekommen werden.

Abkürzungsverzeichnis

A.a.	anderer Ansicht
ABl. EG	Amtsblatt der Europäischen Gemeinschaften
BB	Betriebs-Berater (Zeitschrift)
BKartA	Bundeskartellamt
CLP	Current Legal Problems (Zeitschrift)
CMLR	Common Market Law Review (Zeitschrift)
DB	Der Betrieb (Zeitschrift)
EGV	Vertrag zur Gründung der Europäischen Gemeinschaften
EuGH	Europäischer Gerichtshof
EuR	Europarecht (Zeitschrift)
EuZW	Europäische Zeitschrift für Wirtschaftsrecht (Zeitschrift)
EWG	Europäische Wirtschaftsgemeinschaft
EWS	Europäisches Wirtschafts- und Steuerrecht (Zeitschrift)
FKVO	Fusionskontrollverordnung
GWB	Gesetz gegen Wettbewerbsbeschränkungen
i.S.v.	im Sinne von
i.S.d.	im Sinne des/der
JuS	Juristische Schulung (Zeitschrift)
KOM	Kommission
lit.	litera
m.w.N.	mit weiteren Nachweisen

NJW	Neue Juritische Wochenzeitschrift (Zeitschrift)
NZG	Neue Zeitschrift für Gesellschaftsrecht (Zeitschrift)
ORDO	Jahrbuch für die Ordnung von Wirtschaft und Gesellschaft (Zeitschrift)
RIW	Recht der internationalen Wirtschaft (Zeitschrift)
sog.	sogenannte
Tz.	Textziffer
u.a.	unter anderem
vgl.	vergleiche
vs.	versus
WM	Wertpapier-Mitteilungen (Zeitschrift)
WRP	Wettbewerb in Recht und Praxis (Zeitschrift)
WuW	Wirtschaft und Wettbewerb (Zeitschrift)
ZHR	Zeitschrift für das gesamte Handelsrecht und Wirtschaftsrecht (Zeitschrift)
Ziff.	Ziffer
ZIP	Zeitschrift für Wirtschaftsrecht (Zeitschrift)

Literaturverzeichnis

Albers, Michael — Auslegungsfragen und praktische Anwendung der europäischen Fusionskontrolle, S. 99-114, in: Schwerpunkte des Kartellrechts 1990/91, hrsg. vom Forschungsinstitut für Wirtschaftsverfassung und Wettbewerb e.V. Köln, München 1992.
(zitiert: Albers in: Schwerpunkte des Kartellrechts 1990/91)

Arnold, Rainer — Vereinheitlichung des Verwaltungsverfahrensrechts in der EG, S. 7-33, in: EuR, Beiheft 1, 1995, hrsg. u.a. von Jürgen Schwarze, Baden-Baden 1995.

Axster, Oliver — Die Europäische Fusionskontrolle, S. 569-588, in: Festschrift für Karlheinz Quack zum 65. Geburtstag am 3. Januar 1991, hrsg. u.a. von Harm Peter Westermann, Berlin 1991.
(zitiert: Axster in: Festschrift für Quack)

Babusiaux, Christian — The perspective of the French Ministry of Economics and Finance, S. 48-58, in: National and EEC Merger Control, Conflict or Peaceful Coexistence? Chairmen of the Seminar: Cornelis Canenbley and Manfred Caspari, Berlin 19. Juni 1989.
(zitiert: Babusiaux in: Canenbley/Caspari, National and EEC Merger Control)

Bär-Bouyssière, Bertold — Die Zusagenpraxis im Bereich der Fusionskontrolle, S. 119-130, in: Europäisches Wettbewerbsrecht im Wandel, hrsg. von Jürgen Schwarze, Baden-Baden 2001.
(zitiert: Bär-Bouyssière in: Europäisches Wettbewerbsrecht im Wandel)

Baron, Michael — Die neuen Bestimmungen der Europäischen Fusionskontrolle, in: WuW 1997, S. 579-591.

Bartodziej, Peter — Reform der EG-Wettbewerbsaufsicht und Gemeinschaftsrecht – Eine Studie zu Vorbildern, Möglichkeiten und primärrechtlichen Gestaltungsgrenzen für ein Europäisches Kartellamt, Baden-Baden 1994.

Bartosch, Andreas Die neuen Mitteilungen in der Europäischen Fusionskontrolle, in: BB 2001, S. 2013-2019.

Bartosch, Andreas Happy Birthday: 10 Jahre Europäische Fusionskontrolle, in: BB 2000, S. 1897-1901.

Baudenbacher, Carl (Hrsg.) Neueste Entwicklungen im europäischen und internationalen Kartellrecht, München 2000.

Bechtold, Rainer Die EWG-Fusionskontrolle de lege lata unter Einbeziehung von Gemeinschaftsunternehmen, in: RIW 1985, S. 442-448.

Bechtold, Rainer Die Grundzüge der neuen EWG-Fusionskontrolle, in: RIW 1990, S. 253-262.

Bechtold, Rainer Abwägung zwischen wettbewerblichen Vor- und Nachteilen eines Zusammenschlusses in der europäischen Fusionskontrolle, in: EuZW 1996, S. 389-393.

Bechtold, Rainer Die Stellung der Kommission und der Unternehmen im EWG-Kartellverfahren, in: EuR 1992, S. 41-54.

Bechtold, Rainer Die Europäische Fusionskontrolle – Erfahrungen aus der Praxis, S. 117-127, in: Neuere Entwicklungen auf dem Gebiet des europäischen Wettbewerbsrechts, hrsg. von Jürgen Schwarze, Baden-Baden 1999.
(zitiert: Bechtold in: Neuere Entwicklungen auf dem Gebiet des europäischen Wettbewerbsrechts)

Bergmann, Helmut Nachfragemacht in der Fusionskontrolle, Berlin 1989.

Blank, Josef Europäische Fusionskontrolle im Rahmen der Artikel 85, 86 des EWG-Vertrages, Baden-Baden 1991.

Bronett, G.-K. de Akteneinsicht in Wettbewerbsverfahren der Europäischen Kommission, in: WuW 1997, S. 383-393.

Bundeskartellamt Megafusionen – eine neue Herausforderung für das Kartellrecht? Dokumentation einer Veranstaltung des Bundeskartellamtes am 10./11. Mai 1999, IX. Internationale Kartellkonferenz, Bonn 2000.

Bundeskartellamt Bericht des Bundeskartellamts über seine Tätigkeit in den Jahren 1999/2000 sowie über die Lage und Entwicklung auf seinem Aufgabengebiet, Bundestagsdrucksache 14/6300, 22. Juni 2001.

Bundesverband der Deutschen Industrie e.V. (BDI) Vorschläge des BDI zur Reform der Europäischen Fusionskontrolle, 18.5.2001.
(internes Dokument des BDI)

Bundesverband der Deutschen Industrie e.V. (BDI) Europäische Fusionskontrolle, Stellungnahme zum Grünbuch der EU-Kommission vom 11.12.2001, Positionspapier, 28. März 2002.
(internes Dokument des BDI)

Burnside, Alec The Governance of EC Merger Control – Bumps in the level playing field? Paper presented to the EC Merger Control 10th Anniversary Conference, convened by the European Commission Directorate General for Competition, 14-15 September 2000.

Caspari, Manfred
Schwarz, Dieter Wettbewerb als Herausforderung und Chance, S. 383-397 in: Wettbewerb als Herausforderung und Chance, Festschrift für Werner Benisch, hrsg. u.a. von Clemens-August Andrae, Köln 1989.
(zitiert: Caspari/Schwarz in: Festschrift für Benisch)

Cook, John
Kerse, Chris EEC Merger Control - Regulation 4064/89, London 1991.

Deimel, Albert Rechtsgrundlagen einer europäischen Zusammenschlusskontrolle, Baden-Baden 1992.

Dirksen, Dirk Praktische Erfahrungen im ersten Jahr der europäischen Fusionskontrolle, S. 119- 133, in: Schwerpunkte des Kartellrechts 1990/1991, hrsg. vom Forschungsinstitut für Wirtschaftsverfassung und Wettbewerb e.V. Köln, München 1992.
(zitiert: Dirksen in: Schwerpunkte des Kartellrechts 1990/1991)

Dörr, Dieter
Haus, Florian C. — Das Wettbewerbsrecht des EGV, in: JuS 2001, S. 317-319.

Drauz, Götz — Ein Jahr Europäische Fusionskontrolle, S. 89-97, in: Schwerpunkte des Kartellrechts 1990/1991, hrsg. vom Forschungsinstitut für Wirtschaftsverfassung und Wettbewerb e.V. Köln, München 1992.
(zitiert: Drauz in: Schwerpunkte des Kartellrechts 1990/1991)

Drauz, Götz — Aktuelle Entwicklungen in der Europäischen Fusionskontrolle, S. 89-195, in: Neueste Entwicklungen im europäischen und internationalen Kartellrecht, hrsg. von Carl Baudenbacher, München 2000.
(zitiert: Drauz in: Baudenbacher, Neueste Entwicklungen im europäischen und internationalen Kartellrecht)

Drauz, Götz
Schroeder, Dirk — Praxis der europäischen Fusionskontrolle, 3. Auflage, Köln 1995.

Dreyer, Joachim — Die Europäische Fusionskontrolle aus Sicht eines Tochterunternehmens eines weltweit operierenden Konzerns, S. 33-38, in: Die Europäische Fusionskontrolle, hrsg. von Peter Oberender, Berlin 2000.
(zitiert: Dreyer in: Oberender, Die Europäische Fusionskontrolle)

Due, Ole — Verfahrensrechte der Unternehmen im Wettbewerbsverfahren vor der EG-Kommission, in: EuR 1988, S. 33-45.

Ehlermann, Claus-Dieter — Die Europäische Fusionskontrolle – erste Erfahrungen, in: WuW 1991, S. 535-545.

Elben, Roland — Der Zusammenschluss von Großunternehmen im deutschen und europäischen Kartellrecht, Frankfurt a.M. 1994.

Emmerich, Volker — Art. 86 EWGV, Art. 1, 3 VO Nr. 17 („Continental Can Comp.") in: JuS 1972, S. 280-281.

Emmerich, Volker — Kartellrecht, 9. Auflage, München 2001.
(zitiert: Emmerich, Kartellrecht)

Emmerich, Volker Art. 2, 3, 85 und 86 EWGV („Continental Can Comp. II"), in: JuS 1973, S. 508-509.

Europäische Kommission 11. Bericht über die Wettbewerbspolitik, Brüssel, Luxemburg 1982.

Europäische Kommission 13. Bericht über die Wettbewerbspolitik, Brüssel, Luxemburg 1984.

Europäische Kommission 14. Bericht über die Wettbewerbspolitik, Brüssel, Luxemburg 1985.

Europäische Kommission 17. Bericht über die Wettbewerbspolitik, Brüssel, Luxemburg 1988.

Europäische Kommission 19. Bericht über die Wettbewerbspolitik, Brüssel, Luxemburg 1990

Europäische Kommission 20. Bericht über die Wettbewerbspolitik, Brüssel, Luxemburg 1991.

Europäische Kommission 21. Bericht über die Wettbewerbspolitik, Brüssel, Luxemburg 1992.

Europäische Kommission 22. Bericht über die Wettbewerbspolitik 1992, Brüssel, Luxemburg 1993.

Europäische Kommission 24. Bericht über die Wettbewerbspolitik 1994, Brüssel, Luxemburg 1995.

Europäische Kommission 29. Bericht über die Wettbewerbspolitik, Brüssel, Luxemburg 2000.

Europäische Kommission 30. Bericht über die Wettbewerbspolitik 2000, Brüssel, Luxemburg 2001.

Europäische Kommission 31. Bericht über die Wettbewerbspolitik 2001, Brüssel http://www.europa.eu.int/comm/competition/annual_reports/2001/.

Europäische Kommission Das Problem der Unternehmenskonzentration im Gemeinsamen Markt, Denkschrift der Europäischen Wirtschaftsgemeinschaft – Kommission vom 1. Dezember 1965 – SEK (65) 3500 - in: WuW 1966, S. 330-347.

Europäische Kommission EG-Kommission drängt auf Fusionskontrolle, in: WuW 1987, S. 876.

Europäische Kommission Grundsatzurteil des EuGH zur Fusionskontrolle, in: WuW 1988, S. 3.

Europäische Kommission EG-Kommission begrüßt Zigarettenurteil des EuGH, in: WuW 1988, S. 28-29.

Europäische Kommission Grünbuch über die Revision der Verordnung (EWG) Nr. 4064/89 des Rates, KOM (2001) 745/6, Brüssel, den 11.12.2001, http://www.europa.eu.int/comm/competition/mergers/review/green_paper/de.pdf. (zitiert: Europäische Kommission, Grünbuch vom 11.12.2001)

Europäische Kommission Summary of the Replies Received, Zusammenfassung der Stellungnahmen zum Grünbuch der Kommission vom 11.12.2001, http://www.europa.eu.int/comm/competition/mergers/review/comments.html.

Faull, Jonathan The Commission`s Merger Control Draft Regulation, S. 66-79, in: National and EEC Merger Control, Conflict or Peaceful Coexistence? Chairmen of the Seminar: Cornelis Canenbley and Manfred Caspari, Berlin 19. Juni 1989. (zitiert: Faull in: Canenbley/Caspari, National and EEC Merger Control)

Feldmann, Wolfgang Die Europäische Fusionskontrolle – Ein Überblick für die Praxis –, in: WRP 1990, S. 577-583.

Fikentscher, Wolfgang
„Systemfragen im Europäischen Recht der Wettbewerbsbeschränkungen", S.261-278, in: Wirtschaftsordnung und Rechtsordnung, Festschrift zum 70. Geburtstag von Franz Böhm am 16. Februar 1965, hrsg. u.a. von Helmut Coing, Karlsruhe 1965.

Frankfurter Kommentar zum Kartellrecht
Band VI: EG-Kartellrecht, hrsg. u.a. von Helmut Glassen, Köln, Lieferung 47, März 2001.

Band I: Texte GWB/EG/Auslandsrechte, hrsg. u.a. von Helmut Glassen, Köln, Lieferung 45, April 2001.
(zitiert: Verfasser in: Frankfurter Kommentar, Band ...)

Fuchs, Andreas
Zusagen, Auflagen und Bedingungen in der Europäischen Fusionskontrolle, in: WuW 1996, S. 269-286.

Gilchrist, Joseph
Revision of the Merger Control Regulation, S. 59-75, in: Schwerpunkte des Kartellrechts 1996, hrsg. vom Forschungsinstitut für Wirtschaftsverfassung und Wettbewerb e.V. Köln, München 1997.
(zitiert: Gilchrist in: Schwerpunkte des Kartellrechts 1996)

Gilchrist, Joseph
Rights of defence and the role of the Hearing Officer in EU merger cases, Global Competition Review, December-January issue, 2000/2001, S. 19-24.

Girnau, Marcus
Die Stellung der Betroffenen im Kartellverfahren – Reichweite der Akteneinsicht und Wahrung von Geschäftsgeheimnissen, München 1993.

Gleiss, Alfred
Hirsch, Martin
Kommentar zum EWG-Kartellrecht, 3. Auflage, Heidelberg 1978.

Groeben, Hans von der (Hrsg.)
Boeckh, Hans (Hrsg.)
Thiesing, Jochen (Hrsg.)
Ehlermann, Claus-Dieter (Hrsg.)
Kommentar zum EWG-Vertrag,
3. Auflage,
Band 1: Art. 1-136,
Baden-Baden 1983.
(zitiert: Verfasser in: GBTE, 3. Auflage, Bd. 1)

Groeben, Hans von der (Hrsg.)
Thiesing, Jochen (Hrsg.)
Ehlermann, Claus-Dieter (Hrsg.)
Kommentar zum EWG-Vertrag, 4. Auflage, Band 2: Art. 85-109, Baden-Baden 1991. (zitiert: Verfasser in: GTE, 4. Auflage, Bd. 2)

Groeben, Hans von der (Hrsg.)
Thiesing, Jochen (Hrsg.)
Ehlermann, Claus-Dieter (Hrsg.)
Kommentar zum EU-/EG-Vertrag, 5. Auflage, Band 2/II: Art. 88-102 EGV, Baden-Baden 1999. (zitiert: Verfasser in: GTE, 5. Auflage, Bd. 2/II)

Groger, Thomas
Janicki, Thomas
Weiterentwicklung des Europäischen Wettbewerbsrechts, in: WuW 1992, S. 991-1005.

Gugerbauer, Norbert
Handbuch der Fusionskontrolle, Kommentar zur Verordnung Nr. 4064/89 des Rates über die Kontrolle von Zusammenschlüssen und zu den §§ 41 ff KartG, Wien 1995.

Harmjanz, Jan Dietrich
Auflagen und Bedingungen – Eine vergleichende Darstellung des EG-Fusionskontrollrechts und des U.S.-amerikanischen Antitrustrechts zu consent decrees, Baden-Baden 1999.

Hefermehl, Wolfgang
Beurteilung von Fusionen und Konzernbildungen nach Art. 85 und 86 des EWG-Vertrages, S. 771-795, in: Festschrift für Hans Carl Nipperdey zum 70. Geburtstag am 21. Januar 1965, hrsg. u.a. von Rolf Dietz, Band II, München 1965. (zitiert: Hefermehl in: Festschrift für Nipperdey, Bd. II)

Heidenhain, Martin
Zusagenpraxis in der EG-Fusionskontrolle, in: EuZW 1994, S. 135-139.

Heitzer, Eric
Konzerne im Europäischen Wettbewerbsrecht, Heidelberg 1999.

Hengeler Mueller (Rechtsanwaltskanzlei) — Review of the EC Merger Regulation, Comments on the Commission's Green Paper, Stellungnahme zum Grünbuch der Kommission vom 11.12.2001, in Zusammenarbeit mit vier weiteren Rechtsanwaltskanzleien erstellt, 29.März 2001, http://www.europa.eu.int/comm/competition/mergers/review/comments.html.

Herdegen, Matthias — Europarecht, 2. Auflage, München 1999.

Hirsbrunner, Simon — Fusionskontrolle der Kommission im Jahre 1994, in: EuZW 1994, S. 295-303.

Hirsbrunner, Simon — Neue Durchführungsbestimmungen und Mitteilungen zur EG-Fusionskontrolle, in: EuZW 1998, S. 613-617.

Hirsbrunner, Simon — Die revidierte EG-Fusionskontroll-Verordnung, in: EuZW 1998, S. 69-75.

Hitzler, Gerhard — Die europäische Fusionskontrolle kann beginnen, in: EuZW 1990, 369-371.

Hölzler, Heinrich **Rohardt**, Klaus-Peter — Deutsche und europäische Fusionskontrolle, Nebeneinander – Gegeneinander?, S. 399-415, in: Wettbewerb als Herausforderung und Chance, Festschrift für Werner Benisch, hrsg. u.a. von Clemens-August Andrae, Köln 1989. (zitiert: Hölzler/Rohardt in: Festschrift für Benisch)

Hölzler, Heinrich — EG-Fusionskontrolle: Konzepte und Konsequenzen, in: WM 1990, S. 489-494.

Hootz, Christian (Hrsg.)	Gesetz gegen Wettbewerbsbeschränkungen und Europäisches Kartellrecht, Gemeinschaftskommentar, - EU-Fusionskontrolle Einführung und Art. 1-3 VO 4064/89 5. Auflage, 3. Lieferung, Köln 2001 - EU-Fusionskontrolle Art. 4-25 VO 4064/89 5. Auflage, 5. Lieferung, Köln 2001 (zitiert: Verfasser in: GK Hootz)
Huber, Ulrich	Europäische Fusionskontrolle, Referat im Rahmen der Vortragsreihe „Europäisches Wirtschaftsrecht", Bonn, 19. November 1990, hrsg. vom Zentrum für Europäisches Wirtschaftsrecht, Vorträge und Berichte Nr. 4.
Immenga, Ulrich	Die Europäische Fusionskontrolle im wettbewerbspolitischen Kräftefeld, Tübingen 1993. (zitiert: Immenga, Die Europäische Fusionskontrolle im wettbewerbspolitischen Kräftefeld)
Immenga, Ulrich **Fuchs**, Andreas	Art. 85 EWG-Vertrag als Grenze für Unternehmensbeteiligungen?, in: NJW 1988, S. 3052-3059.
Immenga, Ulrich	Die Sicherung unverfälschten Wettbewerbs durch Europäische Fusionskontrolle, in: WuW 1990, S. 371-381.
Immenga, Ulrich **Mestmäcker**, Ernst-Joachim	EG-Wettbewerbsrecht, Band I, München 1997. (zitiert: Verfasser in: Immenga/Mestmäcker, Band I)
Janicki, Thomas	Perspektiven der Fusionskontrolle im gemeinsamen Binnenmarkt, in: WuW 1989, S. 193-202.
Janicki, Thomas	EG-Fusionskontrolle auf dem Weg zur praktischen Umsetzung, in: WuW 1990, S. 195-205.

Johannes, Hartmut	Erfahrungen eines Anhörungsbeauftragten, S. 293-309, in: Europarecht, Kartellrecht, Wirtschaftsrecht: Festschrift für Arved für Deringer, hrsg. u.a. von Ulrich Everling, Baden-Baden 1993. (zitiert: Johannes in: Festschrift für Deringer)
Jung, Hans	Anhörungs- und Verteidigungsrechte in der Rechtsprechung des Gerichtshofes und des Gerichts erster Instanz, S. 95-110, in: Schwerpunkte des Kartellrechts 1998, hrsg. vom Forschungsinstitut für Wirtschaftsverfassung und Wettbewerb e.V. Köln, München 1998. (zitiert: Jung in: Schwerpunkte des Kartellrechts 1998)
Karl, Matthias	Die Rechtsstellung privater Dritter in der europäischen Fusionskontrolle, S. 37-82, in: Die Europäische Fusionskontrolle, hrsg. vom Max-Planck-Institut für ausländisches und internationales Privatrecht, Tübingen 1992. (zitiert: Karl in: Die Europäische Fusionskontrolle)
Kartte, Wolfgang	Zur institutionellen Absicherung der EG-Fusionskontrolle, in: ORDO, 43 (1992), S. 405-414.
Kartte, Wolfgang	Chancen und Risiken für den Wettbewerb im EG-Binnenmarkt, S. 251-264, in: Beiträge zum Handels- und Wirtschaftsrecht, Festschrift für Fritz Rittner zum 70. Geburtstag, hrsg. u.a. von Manfred Löwisch, München 1991. (zitiert: Kartte in: Festschrift für Rittner)
Kerber, Wolfgang	Die Europäische Fusionskontrollpraxis und die Wettbewerbskonzeption der EG, Bayreuth 1994.
Kerber, Wolfgang	Europäische Fusionskontrolle: Entwicklungslinien und Perspektiven, S. 69-97, in: Die Europäische Fusionskontrolle, hrsg. von Peter Oberender, Berlin 2000. (zitiert: Kerber in: Oberender, Die Europäische Fusionskontrolle)
Kirchhoff, Wolfgang	Europäische Fusionskontrolle, in: BB Beilage 14 zu Heft 11/1990, 1. Halbjahr.

Kleinmann, Werner **Bechtold**, Rainer — Kommentar zur Fusionskontrolle – Nach deutschem und EWG-Kartellrecht, Heidelberg 1977.

Kögel, Rainer — Die Angleichung der deutschen an die europäische Fusionskontrolle, Baden-Baden 1996.

Korah, Valentine — The Rights of Defence in Administrative Proceedings Under Community Law, CLP 1980, S. 73-97.

Körber, Torsten — Die Konkurrentenklage im Fusionskontrollrecht der USA, Deutschlands und der Europäischen Union, Baden-Baden 1996.

Krimphove, Dieter — Europäische Fusionskontrolle, Köln 1992.

Lampert, Thomas — Die Anwendbarkeit der EG-Fusionskontrollverordnung im Verhältnis zum Fusionskontrollrecht der Mitgliedstaaten, München 1995.

Lange, Knut Werner (Hrsg.) — Handbuch zum deutschen und europäischen Kartellrecht, Heidelberg 2001.
(zitiert: Bearbeiter in: Lange, Handbuch zum deutschen und europäischen Kartellrecht)

Langen, Eugen **Bunte**, Herman-Josef — Kommentar zum deutschen und europäischen Kartellrecht, 9. Auflage, Band 1, Neuwied 2001.
(zitiert: Verfasser in: Langen/Bunte)

Lindemann, Jürgen — Die geplante EWG-Fusionskontrolle sowie die bisherige Praxis des EWG-Kartellrechts aus Unternehmenssicht, S. 115-123, in: Wettbewerbsfragen der Europäischen Gemeinschaft, hrsg. von Helmut Gröner, Berlin 1990.
(zitiert: Lindemann in: Wettbewerbsfragen der Europäischen Gemeinschaft)

Markert, Kurt Prof. — Nationales Kartellrecht im Europäischen Binnenmarkt, Vortrag vor dem Europa-Institut der Universität des Saarlandes in Saarbrücken am 6. Juli 1988, in: Vorträge, Reden und Berichte aus dem Europa-Institut / Nr. 141, hrsg. u.a. von Prof. Dr. Dr. Georg Ress.

Meiborn, Wolfgang von — Verbesserung der europäischen Wettbewerbsverfahren, S. 53-64, in: Schwerpunkte des Kartellrechts 1991/1992, hrsg. vom Forschungsinstitut für Wirtschaftsverfassung und Wettbewerb e.V. Köln, München 1993. (zitiert: Von Meiborn in: Schwerpunkte des Kartellrechts 1991/1992)

Mestmäcker, Ernst-Joachim — Europäisches Wettbewerbsrecht, München 1974.

Miersch, Michael — Kommentar zur EG-Verordnung Nr. 4064/89 über die Kontrolle von Unternehmenszusammenschlüssen, Neuwied 1991. (zitiert: Miersch, Kommentar zur EG-Verordnung Nr. 4064/89)

Miersch, Michael — Die europäische Fusionskontrolle: Inhalte und Problematik der EG-Fusionskontroll-VO 4064/89 in materieller und wettbewerbspolitischer Hinsicht, Regensburg 1991. (zitiert: Miersch, Die Europäische Fusionskontrolle)

Miert, Karel van — Markt, Macht, Wettbewerb – Meine Erfahrungen als Kommissar in Brüssel, Stuttgart/München 2000.

Monopolkommission — Fusionskontrolle bleibt vorrangig – Hauptgutachten 1978/1979, Band III, Baden-Baden 1980.

Monopolkommission — Konzeption einer europäischen Fusionskontrolle – Sondergutachten der Monopolkommission gemäß § 24 b Abs. 5 Satz 4 GWB, Baden-Baden 1989.

Montag, Frank; **Kaessner**, Ralph — Neuere Entwicklungen in der Fallpraxis der europäischen Fusionskontrolle, in: WuW 1997, S. 781-794.

Montag, Frank, **Leibenath**, Christoph	Aktuelle Probleme in der Europäischen Fusionskontrolle, in: WuW 2000, S. 852-863.
Monti, Mario	Speech on the Review of the EC Merger Regulation – Roadmap for the reform project Conference on Reform of the European Merger Control, British Camber of Commerce, Brussels, June 4, 2002, http://www.europa.eu.int/comm/competition/speeches/index_2002.html.
Moosecker, Karlheinz	Praktische Erfahrungen mit der europäischen Fusionskontrolle, S. 37-51, in: Schwerpunkte des Kartellrechts 1991/1992, hrsg. vom Forschungsinstitut für Wirtschaftsverfassung und Wettbewerb e.V. Köln, München 1993. (zitiert: Moosecker in: Schwerpunkte des Kartellrechts 1991/1992)
Möschel, Wernhard	Recht der Wettbewerbsbeschränkungen, Köln 1983.
Mülbert, Peter O.	Zusagen im deutschen und europäischen Fusionskontrollrecht, in: ZIP 1995, S. 699-712.
Niederleithinger, Ernst **Held**, Stefan	Kartellrechtspraxis und Kartellrechtsprechung 1989/90, 5. Auflage, Köln 1990.
Niemeyer, Hans-Jörg	Die Europäische Fusionskontrollverordnung, Heidelberg 1991.
Niewiarra, Manfred	Die novellierte Europäische Fusionskontrollverordnung, in: EWS 1998, S. 113-118.
Oberender, Peter (Hrsg.)	Die Europäische Fusionskontrolle, Berlin 2000. (zitiert: Verfasser in: Oberender, Die Europäische Fusionskontrolle)
Oppermann, Thomas	Europarecht, 2. Auflage, München 1999.

Pons, Jean-Francois	Statement before the Subcommittee E of the European Union Committee, House of Lords, London, 18. Oktober 2000. (internes Dokument der Kommission)
Reynolds, Michael	Kommentar, S. 94-97, in: National and EEC Merger Control, Conflict or Peaceful Coexistence? Chairmen of the Seminar: Cornelis Canenbley and Manfred Caspari, Berlin 19. Juni 1989. (zitiert: Reynolds in: Canenbley/Caspari, National and EEC Merger Control)
Riesenkampff, Alexander	Auswirkungen des Urteils des EuGH vom 17.11.1987 („Philip Morris"), in: WuW 1988, S. 465-475.
Riesenkampff, Alexander	Perspektiven und Probleme der europäischen Fusionskontrolle, S. 491-507, in: Beiträge zum Handels- und Wirtschaftsrecht, Festschrift für Fritz Rittner zum 70. Geburtstag, hrsg. u.a. von Manfred Löwisch, München 1991. (zitiert: Riesenkampff in: Festschrift für Rittner)
Rohardt, Klaus Peter	Die Europäische Fusionskontrolle beginnt Gestalt anzunehmen, in: WuW 1991, S. 365-383.
Rösler, Patrick	Der relevante Markt in der Europäischen Fusionskontrolle, in: NZG 2000, S.761-770.
Rowley, J. William **Baker**, Donald I.	International Mergers, The Antitrust Process, London 1991.
Ruppelt, Hans-Jürgen	Der Verordnungsentwurf für eine europäische Fusionskontrolle im EG-Ministerrat, in: WuW 1989, S. 187-193.
Satzky, Horst	Fusionskontrolle nach Art. 85 EWG-Vertrag?, in: DB 1988, S. 379-384.
Sauter, Herbert	Arbeitstagung der Studienvereinigung Kartellrecht am 18.1.1990, WuW 1990, 218-219.

Sauter, Herbert — Ein Nachwort zur Europäischen Fusionskontrolle, S. 657-667, in: Festschrift für Karlheinz Quack zum 65. Geburtstag am 3. Januar 1991, hrsg. u.a. von Harm Peter Westermann, Berlin 1991.
(zitiert: Sauter in: Festschrift für Quack)

Sauter, Herbert — Zwei Jahre Praxis der Europäischen Fusionskontrolle -eine kritische Bewertung-, Referat im Rahmen der Vortragsreihe „Das Weißbuch der Kommission und die Realität des Binnenmarktes – Erfolge und Misserfolge", Bonn, 23. November 1992, Zentrum für Europäisches Wirtschaftsrecht, Vorträge und Berichte, Nr. 23.
(zitiert: Sauter, Zwei Jahre Praxis der Europäischen Fusionskontrolle –eine kritische Bewertung-)

Schäfer, Helge — Internationaler Anwendungsbereich der präventiven Zusammenschlusskontrolle im deutschen und europäischen Recht, Frankfurt a.M. 1993.

Schmidt, Karsten — Europäische Fusionskontrolle im System des Rechts gegen Wettbewerbbeschränkungen, in: BB 1990, S. 719-725.

Schrempp, Jürgen E. — Unternehmen im Spannungsfeld von globalen Märkten und nationaler Politik, S. 54-66, in: Megafusionen – eine neue Herausforderung für das Kartellrecht?, hrsg. von Knud Hansen, Bonn 2000.
(zitiert: Schrempp in: Megafusionen – eine neue Herausforderung für das Kartellrecht?)

Schrödermeier, Martin — Auf dem Weg zur Europäischen Fusionskontrolle, in: WuW 1988, S. 185-194.

Schroeder, Dirk — Nebenabreden in der Fusionskontrolle nach deutschem und europäischem Recht, S. 93-128, in: Schwerpunkte des Kartellrechts 1999, hrsg. vom Forschungsinstitut für Wirtschafsverfassung und Wettbewerb e.V. Köln, München 2000.
(zitiert: Schroeder in: Schwerpunkte des Kartellrechts 1999)

Schütz, Jörg — Die EG-Fusionskontrolle aus Sicht der Industrie, S. 57-67, in: Die Europäische Fusionskontrolle, hrsg. von Peter Oberender, Berlin 2000.
(zitiert: Schütz in: Oberender, Die Europäische Fusionskontrolle)

Schwan, Rudolf — Aspekte der nationalen und europäischen Fusionskontrolle – Anmerkungen aus Sicht eines Großunternehmens, S. 39-51, in: Die Europäische Fusionskontrolle, hrsg. von Peter Oberender, Berlin 2000.
(zitiert: Schwan in: Oberender, Die Europäische Fusionskontrolle)

Schwarze, Jürgen — Europäisches Verwaltungsrecht, Band II, 1. Auflage, Baden-Baden 1988.

Sedemund, Jochim
Montag, Frank — Europäisches Gemeinschaftsrecht, in: NJW 1988, S. 601-609.

Sedemund, Jochim — Allgemeine Prinzipien des Verwaltungsverfahrensrechts, dargestellt am Beispiel des Verwaltungsverfahrens der EG in Kartellsachen, S. 45-62, in: Europäisches Verwaltungsrecht im Werden, hrsg. von Jürgen Schwarze, Baden-Baden 1982.
(zitiert: Sedemund in: Europäisches Verwaltungsrecht im Werden)

Select Committee on the European Union — Strengthening the Role of the Hearing Officer in EC Competition Cases, House of Lords, 19th Report, Session 1999-2000, London, November 2000.
(internes Dokument der Kommission)
(zitiert: Select Committee on the European Union, House of Lords, 19th Report)

Shell International Limited — The European Commission`s Green Paper on Review of Council Regulation (EEC) No. 4064/89 (the "Green Paper"), Stellungnahme zum Grünbuch der Kommission vom 11.12.2001, http://www.europa.eu.int/comm/competition/mergers/review/comments.html.

Steindorff, Ernst — Kooperativer Unternehmenszusammenschluss und Kartellverbot – Erste Bemerkungen zum Rothmans-Morris-Urteil des EuGH, in: ZHR 1988, S. 57-65.

Stockenhuber, Peter — Die Europäische Fusionskontrolle, Baden-Baden 1995.

Streinz, Rudolf — Europarecht, 5. Auflage, Heidelberg 2001.

Sub-Committee E — Strengthening the Role of the Hearing Officer, Possible questions to EC Commission, Befragung der Europäischen Kommission durch das Sub-Committee E.
(internes Dokument der Kommission)

Sub-Committee E — Befragung ehemaliger Anhörungsbeauftragter (Joseph Gilchrist, Hartmut Johannes, John Temple Lang) durch das Sub-Committee E, 1. November 2000.
(internes Dokument der Kommission)

Veelken, Winfried — Aspekte der europäischen Fusionskontrolle, S. 1-35, in: Die Europäische Fusionskontrolle, hrsg. vom Max-Planck-Institut für ausländisches und internationales Privatrecht, Tübingen 1992.
(zitiert: Veelken in: Die Europäische Fusionskontrolle)

Vodafone — Comments on the Commission`s Green Paper on the Review of Regulation 4064/89, Stellungnahme zum Grünbuch der Kommission vom 11.12.2001, http://www.europa.eu.int/comm/competition/mergers/review/comments.html.

Weitbrecht, Andreas — Zusammenschlusskontrolle im Europäischen Binnenmarkt, in: EuZW 1990, S. 18-21.

Weitbrecht, Andreas — Drei Jahre Europäische Fusionskontrolle – eine Zwischenbilanz, in: EuZW 1993, S. 687-690.

Wiedemann, Gerhard (Hrsg.) — Handbuch des Kartellrechts, München 1999.
(zitiert: Verfasser in: Wiedemann)

Winterfeld, Achim von — EG-Fusionskontrolle durch Richterrecht? Anmerkungen zum EuGH-Urteil vom 17.11.1987 in Sachen Philip Morris / Rothmans International, in: RIW 1988, S. 958-963.

Wolf, Dieter — Zusammenwirken von EG-Kommission und Bundeskartellamt, S. 1-11, in: Schwerpunkte des Kartellrechts 1991/1992, hrsg. vom Forschungsinstitut für Wirtschaftsverfassung und Wettbewerb e.V. Köln, München 1993.
(zitiert: Wolf in: Schwerpunkte des Kartellrechts 1991/1992)

Woude, Marc van der — Hearing Officers and EC Antitrust Procedures; The art of making subjective procedures more objective, in: CMLR 33, S. 531-546.

Zäch, Roger — Grundzüge des Europäischen Wirtschaftsrechts, Zürich 1996.

Zilles, Stephan — Die Anfechtungslegitimation von Dritten im europäischen Fusionskontrollrecht, Heidelberg 1997.

FSC
www.fsc.org
MIX
Papier | Fördert
gute Waldnutzung
FSC® C083411

Kolibri 360 GmbH
Ferdinand-Jühlke-Straße 7
99095 Erfurt, Deutschland
produktsicherheit@kolibri360.de

Druck:
CPI Druckdienstleistungen GmbH
im Auftrag der
Kolibri 360 GmbH
Ferdinand-Jühlke-Str. 7
99095 Erfurt